安徽大学汉语言文字研究丛书

主编 黄德宽

杨军·卷·

北京师范大学出版社
安徽大学出版社集团

图书在版编目(CIP)数据

安徽大学汉语言文字研究丛书. 杨军卷/杨军著.
—合肥：安徽大学出版社，2013.5
ISBN 978-7-5664-0200-4

Ⅰ.①安… Ⅱ.①杨… Ⅲ.①汉语—语言学—文集　②汉字—文字学—文集
Ⅳ.①H1-53

中国版本图书馆 CIP 数据核字(2013)第 017062 号

AN HUI DA XUE HAN YU YAN WEN ZI YAN JIU CONG SHU
安徽大学汉语言文字研究丛书
YANG JUN JUAN
杨 军 卷　　　　　　　　　　　　　　　　杨　军　著

出版发行：	北京师范大学出版集团
	安 徽 大 学 出 版 社
	(安徽省合肥市肥西路 3 号 邮编 230039)
	www.bnupg.com.cn
	www.ahupress.com.cn
印　　刷：	合肥远东印务有限责任公司
经　　销：	全国新华书店
开　　本：	170mm×240mm
印　　张：	16.75
字　　数：	287 千字
版　　次：	2013 年 5 月第 1 版
印　　次：	2013 年 5 月第 1 次印刷
定　　价：	45.00 元

ISBN 978-7-5664-0200-4

策划编辑：康建中　　　　　　　　装帧设计：刘运来
责任编辑：徐　建　程尔聪　　　　美术编辑：李　军
责任校对：程中业　　　　　　　　责任印制：陈　如

版权所有　侵权必究
反盗版、侵权举报电话：0551—65106311
外埠邮购电话：0551—65107716
本书如有印装质量问题，请与印制管理部联系调换。
印制管理部电话：0551—65106311

总　序

黄德宽

　　汉语言文字学是以汉语言文字为研究对象而形成的学科,这是一门渊源久远、积淀深厚的学科。对汉语汉字的研究,我国先秦时期即已肇绪,然而作为现代意义上的汉语言文字学,其历史大体上也只有百年左右。

　　安徽大学的汉语言文字学学科是从上个世纪80年代之后才较快成长进步的。经过20多年的建设,目前这个学科不仅能培养硕士、博士、博士后等高层次研究人才,同时还成为全国高等学校重点学科之一,在教学、科研方面都取得了较为突出的成绩。

　　汉语言文字学学科的发展和进步,是本学科诸多先生艰苦努力的结果,对他们的学术贡献我们不应忘记。总结发扬他们的学术精神和学科建设经验,是新形势下进一步加强学科建设、推进学科持续健康发展的任务之一。因此,我们启动编纂了"安徽大学汉语言文字研究丛书"。

　　这套丛书共10种,入选的10位教师是对本学科发展做出贡献的众多教师的代表,他们基本上是本学科各个方向的带头人和学术骨干,各卷所收论文也基本上反映出各位老师的主要研究领域和代表性成果。除已经谢世的先生外,各文集主要由作者本人按照丛书的编选宗旨和要求自行选编完成。

　　在编纂这套丛书的过程中,我一直在思考,高等学校的学科建设到底如何开展才是应该提倡的?学科建设最为关键的要素到底有哪些？对这些问题，我担任学校校长期间没少讨论过，时下我国高校关于学科建设的经验也可谓"花样翻新"、"层出不穷"。沉静下来，就我们这个学科的发展来看，我认为最重要的恐怕还是以下几点：

一是要以人为核心，尊重学者的学术追求。学者是学科的载体、建设者和开拓者。学科的发展主要靠学科带头人、学术骨干和以他们为主组成的团队。坚持"以人为核心"的学科建设思路，就要尊重学者，尊重他们的精神追求、研究兴趣和个性特色，最大限度地为他们提供自由发挥的空间，而不是用考核的杠杆和行政的手段迫使他们按设定的路径行事；那样很容易扼杀学者的研究个性和兴趣，也不大可能产生真正意义上的高水平研究成果。汉语言文字学学科的研究特色和重点，几乎都是各位教师自身研究领域的自然体现，他们坚持自己的研究方向，形成自身的研究风格，探索自己感兴趣的课题，因此能不为流俗左右，远离浮躁喧嚣，耐得住寂寞，甘愿坐冷板凳，最终取得累累硕果。

二是要以人才培养为根本任务，教学科研相得益彰。大学最根本的职能是培养人才，这就决定了大学的学科建设必须以人才培养为根本任务，将教学、科研紧密而有机地结合起来。汉语言文字学学科的教师，长期以来坚守在人才培养的第一线，他们将主要时间和精力都花在人才培养上，而且大家都很热爱自己的教师职业，像何琳仪先生就是在讲台上走完生命的最后历程的。汉语言文字学学科近年来不仅培养出一大批优秀的本科生、研究生，而且在汉语国际教育方面成绩突出，培养了许多外国留学生，在学校合作共建的孔子学院中发挥了关键作用。翻看这些文卷，不难看出，将科研与教学和人才培养工作密切结合，用科研成果丰富教学内容，结合教学开辟新的科研领域，是汉语言文字学学科教师的共同特点。一个学科建设的成就，既要看科学研究，更要看人才培养。围绕人才培养的学科建设，应该是大学学科建设必须坚持的原则。这一点我以为是大学学科建设尤为值得重视的。

三是要日积月累，聚沙成塔。学科建设是一个漫长的积累过程。

人文学科的发展关键是学者队伍的集聚、教学经验的积累和研究领域及特色的形成,更需要长期的努力。因此,开展学科建设不能急功近利,不能只寄希望于挖一两个有影响的学术带头人而收到立竿见影的效果。学科建设应该遵循学术发展的规律,通过创造环境、精心培育,让其自然而然的生长。近年来,许多高校将学科建设当重点工程来抓,纷纷加大投入,不惜代价争夺人才,虽然也可以见效一时,但是从长远看未必能建成真正的一流学科。这方面有许多教训值得记取。我校汉语言文字学学科的成长,尽管也得到国家"211工程"重点学科建设项目的支持,不过在实际建设中,我们还是坚持打好基础,通过持续努力,不断积累,逐步推进。我们深感,这个学科目前的状况离国内一流高水平学科的要求还有不小的差距。但我们相信,只要遵循规律,持之以恒,其持续发展应该是可以预期的。

四是要开放兼容,培育良好学风。学科建设应该注重自身特色和优势的培育。强调自身特色和优势并不意味着自我封闭,而是要通过学术交流不断开阔学术视野,以开放兼容的学术情怀向海内外同行学习。我校汉语言文字学学科较为重视学术交流,各学科方向的带头人或骨干,先后在中国语言学会、中国训诂学会、中国文字学会、中国古文字研究会、中国音韵学会、华东修辞学会、安徽省语言学会等全国和地区性汉语言文字研究的学术团体中兼任学会会长、副会长、秘书长、副秘书长、常务理事等职务,促进了本学科团队与国内同行的交流。同时,我们重视加强学术交流与合作,不仅经常性邀请国内外学者来校讲学交流,还特聘著名学者参与学科建设,承担教学科研任务,逐步形成开放兼容的学科建设格局。丛书中收录的高岛谦一、陈秉新、李家浩三位先生就是本学科的长期客座教授或全职特聘教授。开放兼容的学科建设思路,其核心就是要将学科建设放在本学科发展的总体背景下,跟踪学术前沿和主流,形成学科自身学习和激励的内在机制,并确立自身的发展目标、特色追求和比较优势。学科建设要实现开放兼容,要注意协调和处理好学科内外部的各种关系,这不只是要处理好相关利益关系问题,还要形成学科发展的共同理想,尤为重要的是形成优良学风。优良的学风是学人之间合作共事的精神纽带。一个学科只有崇尚学术、求真务实蔚然成风,学科成员才能做到顾全大局、团结协作、相互兼容。良好的学风,也是学科赢得学术声誉、同仁尊重和开展合作交流的基础。这一点应该成为汉语言文字学科建设长期坚持和努力的方向。

人文学科有自身的特点和发展规律,最让人文学者神往的,当然是产生影响深远的学术大师,形成风格独特的学术流派。在当前社会和教育背景下,这好像是一个高不可攀的目标。但我以为,只要创造良好的学术环境,遵循学科建设和发展的规律,经过代代学者持续不断的努力追求,在一些有条件和基础的高校将来产生新的具有中国作风和气派的人文学科学派也不是没有可能。

我校汉语言文字学学科还有一大批默默奉献的教师和很有发展潜力的青年教师,他们是学科建设的基础和生力军。我相信,这套丛书的编纂出版对他们也是一个激励和鼓舞。见贤思齐,薪火相传,一个良好的学术环境和氛围,必将促进汉语言文字学学科不断取得新的成绩和进步。

2012 年立春于安徽大学磬苑

目　录

前言 ·· （1）

第一编　音韵文献研究

读华著《扬雄方言校释汇证》札记一则 ································· （3）
刘昌宗著述考略 ·· （8）
今本《释文》中后人所增改的反切举例 ································· （17）
《周易音义》、《尚书音义》重音音切研究 ······························ （19）
今本《释文》引《切韵》《玉篇》考 ·· （37）
从《释文》引"顾野王"或"顾"论《篆隶万象名义》与原本
《玉篇》之关系 ·· （48）

第二编　中古韵书、韵图研究

"吐蕃"的读音问题 ··· （63）
中古韵书韵图的音节 ·· （68）
《集韵》见、溪、疑、影、晓反切上字的分用 ··························· （83）
《韵镜》所标"开合"及相关问题再研究 ································· （93）
《韵镜》所标"内"、"外"再研究 ··· （102）

《韵镜校证》补正 …………………………………………… (115)
《韵镜校证》续正 …………………………………………… (126)
北大本《韵镜》的版本问题 ………………………………… (137)
应永本《韵镜》的旁注字研究 ……………………………… (144)
《韵镜校笺》自序 …………………………………………… (160)
《七音略校注》自序 ………………………………………… (184)
《四韵定本》的入声及其与《广韵》的比较 ……………… (193)

第三编　训诂与词汇语法研究

"义同换读"的产生与消亡 ………………………………… (207)
《诗·氓》"复关"解 ………………………………………… (213)
《吕氏春秋》"捷于肌肤"之"捷"字新解 ………………… (217)
"伦嚘穮擩"释 ……………………………………………… (225)
关于遵义话"x的＋量"的语法形式 ……………………… (229)

主要参考文献 …………………………………………… (235)

前　言

　　这本论文集收录了23篇文章,大致可以反映我从事学术研究的范围和兴趣。走上学术道路,不能不提1977年恢复高考。这次高考,改变了我们这一代中很多人的命运。对我来说,正是这次高考彻底改变了我的人生轨迹。

　　我出身在一个书香世家,先曾祖次典公(讳兆麟)是光绪二十九年(1903)进士,殿试一甲第三名,授翰林院编修。光绪三十二(1906)年任翻译局副局长,同年赴日本早稻田大学留学,两年后获法学博士学位。回国后历任记名提学使,在任候补道,浙江嘉兴府知府加五级,二品衔。宣统三年(1911)诰封资政大夫。辛亥革命时,他避居上海。民国三年(1914)回遵义,担任《续修遵义府志》总纂。民国六年(1917)作为国会参议员赴广州参加国会非常议会,选举孙中山为大元帅,开始"护法战争"。民国八年(1919)病逝广州,终年48岁。归葬老家金鼎山下玉石坝,孙中山为其题写墓志。有遗著传世。

　　曾祖父与国学大师章太炎先生交谊甚笃,在他给太炎先生的书信里,曾提及他们在日期间,为"朝夕过从,虽救国之见彼此不同,而文字之相资,道德之相契,其欣和盖无与比"的挚友。

　　因为曾祖父先后任过正安、仁怀两县的书院山长,后又任遵义书院的山长,当地人为区别其他杨姓,把我们家叫做"书院上杨家"。又因为曾祖父是《续修遵义府志》的总纂,所以在当时的学术界、文化界、教育界都有一些影响。

　　到了我这一代,家族荣耀已然不再,父亲又是远近有名的"右派",被送到偏远的农场改造。可我自幼喜爱读书,大概是因为好奇,我会经常翻阅家里的藏书。家里的旧书、字画等虽然早就被父亲捐给了遵义图书馆,但家里还存有部分在当时不犯禁忌的书籍。在七八岁时,我已将鲁迅的《故事新编》读得很熟,甚至还会为小伙伴们讲故事。在初中时期,学校经常组织下乡劳动,到了晚上,同学们也会缠着我为大家讲故事。

初中毕业以后,因为父亲的"右派"问题和自己的"小反革命"历史,我被剥夺了进入高中的权利。在一个农畜场做了一年临时工后,终于得到了一份正式工作,进入贵阳的一家饭店做学徒工。不过我对烹调始终没有兴趣,非常向往能够做一名无线电方面的工人或者技师。于是我买来一些无线电方面书籍自己学习。刚开始,还能看明白一点,但越往后数学公式越多,当然也就看不懂了。这时候书店正好有一套"青年自学丛书",其中有《代数》、《几何》、《解析几何》、《物理》、《无机化学》、《有机化学》等。我就一点一点通过自学,学完了前面4种。没想到这竟对我后来顺利通过高考起到了关键作用。我有个特点,就是会为兴趣所致而"痴迷"。我在学习数学时,为了解出一道难题,可以好几天废寝忘食。在家里解不出,就带到饭店,用写菜牌的小黑板来演算。师兄弟还为此给我起了"科学家"、"疯子"之类的外号。当时,我们一家挤在一间不足15平米的小房内,自然有诸多不便。于是借了邻居一间堆煤的屋子,隔出半间做我的卧室。房间紧邻厕所,没有窗户,一开门,臭气熏天。我就关在这间屋里读完了范文澜的《中国通史》及巴尔扎克的《人间喜剧》和许多世界名著,抄写了龙榆生编的《唐宋名家词选》和俞平伯的《红楼梦辨》等,还制造了好多用麻袋装的演算草稿。在这期间,我还喜欢对一些问题穷根问底。比如我看到有些书上把古文中的"造物"解释为"自然"就大为怀疑,心想古人心目中的"造物"应该具有一种超自然的属性。果然,后来读《老子》,知道了"道生一,一生二,二生三,三生万物"的学说,更加相信读书不可以盲从。

到了1977年夏天,我受单位差遣去遵义买电磨,在火车上突然听到广播里传出恢复高考的消息。我感到机会来了,我终于有了再次进入学校接受正规教育的可能了。由于理科考试要考化学,这是我的缺项,所以选择了文科。考完试,我信心满满,知道录取不会有问题。初选以后就要填报志愿,但是当时没有招生简章,更不知道哪些大学到贵州招生,再加上"出身"有问题,我就报了四川大学历史系考古专业和贵州大学中文系汉语言文学专业。川大录取时,省招生办打电话到单位,要我重新送一份"政审"材料到招生办去。但是我因政治审查没过关,没有被川大录取,最后被录取到贵州大学中文系。

70年代末的大学里,学习氛围非常浓厚。"科学的春天"到来和"四个现代化"的美好前景,促使当时的青年学子为自己、为国家而孜孜不倦地努力学习,希望能在国家实现宏伟蓝图的过程中尽一份力。在大学里我第一次见到了学识渊博的学问家,遇到两位改变我一生的导师——李晔先生和蒋希文先生。李先生姓胡,原名廼廉,因为在《广韵》里"廉"是"力盐切",力在上古音属之部入声,"李"是跟它相配的阴声字;"盐"是谈部阳声字,"晔"是跟它相配的入声,所以就用古音代替了自己的原名。先生是安徽泾县人,个子不高,瘦瘦的,留着浓黑的"一字胡",戴一副深度近视眼镜,穿着蓝色的中山装,风纪扣总是系上的。在上大学期间,我跟先生接触不多,他只为我们讲授了一门"文字学课"。我上课的座位是在第一排,有些时候总忍不住要跟邻座的同学议论一下,所以落了个上课爱说话的坏名声。但是我在李先生的课上从来没说过话,因为他的课内容很多,稍不注意就会"坐飞机"。后来他告诉我,系里研究留校名单时,他问:"杨军是谁?"别的老师告诉他:"上课最爱讲话的就是。"不过他还是想不出"最爱讲话"的是谁。蒋先生是我们的系主任,江苏赣榆人,说话带着浓重的家乡口音。我还记得他说"我家有只鸡",其中"家"和"鸡"的声母都颚化为舌面塞音 c-。他告诫我们在中文系学习,有两门语言课一定要学好。一是古代汉语,这是了解古代历史、文化的重要工具;一是外国语,这是我们中国人与国际沟通的重要工具。他为我们讲授过现代汉语、古代汉语、形式逻辑和汉语音韵学等课程。蒋先生上课非常投入,至今与同学谈起他讲授《哀江南赋序》时动容的情形,大家都还记得。先生很健谈,同学们都喜欢跟他聊天。我记得他把自己《书目答问补正》带来,要我们认真念,好几位同学还利用课余抄写了一遍。在这4年里,我除了上好自己感兴趣的课程外,还抽时间大量阅读、记诵古书。比如《诗经》、《楚辞》基本顺着背,《左传》选背,《唐宋诗举要》、《唐宋文举要》也是基本全背。

1982年元月,我毕业留校分配到古典文学教研室教先秦文学。一天,我到系资料室借了郝懿行的《尔雅疏证》和朱骏声的《说文通训定声》,在楼梯上遇到蒋先生。他问我借的什么书,又问了当时一些情况,然后说:"你教先秦文学,必须去拜一个老师。"我问是谁,他说:"你去找李晔老师,他是我们学校学问最大的,他能教会你很多东西。"我有些迟疑,心想,李先生学问太大,而我基础又差,他肯收我吗?蒋先生说:"你别怕,我安排你去给他整理书籍,然后就可以向他请教了。"这件事我一直感激蒋先生,他不仅自己教了我许多年,还让一位学识渊博、精通国学的老师指导我学习了 15 年。在李先生门下,我认真读完了《毛诗》和《说文解字注》。然后按照先生的指示,把《集韵》与《类篇》详加比较,同时每天还要坐在他面前按照指定抄写一些古书和一些要我精读的文章,如帛书《易经》、《段砚斋杂文》等等,多少年一直如此。所以我读书逐渐养成了抄写和做笔记的习惯,后来还抄写并重新编排了江沅的《说文解字音韵表》,还在阅读《经典释文》、前四史、先秦两汉诸子时做了大量的笔记。在这个过程中,李先生要我跟蒋先生学好音韵学,参加方言调查。我学音韵学跟其他人可能不太一样。在念《说文解字注》时,我就跟着蒋先生学习上古音,把段玉裁的十七部和王力先生的二十九部对比,参考董同龢的《上古音表稿》,然后为每一个字标注上《广韵》的反切和中古音韵地位。因为自己当时没有《广韵》,图书馆借书额度又已借满,蒋先生就要我每周六上午到他家里去查阅。蒋先生一直很关心我的成长。记得有一天傍晚,他到我住的单身宿舍来,手里拿着两本线装书,放到我桌上,说:"你抽时间好好读读,最好能抄下来。"我翻开一看,是王引之《经义述闻》的《通说》。还有一次,他到西雅图参加汉藏语学会会议后,带回很多资料,选了一部分带到我宿舍要我读。在两位老师的精心指导下,我除了完成教学以外,大部分时间得以专心致志地系统研习。1983 年夏和 1984 年夏,我还两次随蒋希文先生到安顺和黔东南调查汉语方言。在这以后,我和涂光禄兄成为搭档,几乎每年都一起下乡调查汉语方言和少数民族语言。这些经历对我来说是系统的专业训练,而这些训练又为我后来的学术研究打下了坚实的基础。

下面说说这部论文集。这个集子大致包括音韵研究、训诂研究、音韵文献研究等方面的内容,另有一篇是方言语法研究。

音韵研究的论文有一篇是讨论《集韵》"牙喉音"声母反切上字分用问题的。上世纪 80 年代中期,我在先师李晔指导下做《集韵》与《类篇》、《广韵》等音韵文献比较研究时,读了白涤洲先生的《集韵声类考》。白涤洲先生在这篇论文里指出了《集韵》反切上字的一些特点,但他没有采用他分析《广韵》声类时使用的"分等统计法",而是沿用了陈澧的"系联法",原因在于他认为《集韵》的反切上字不能分等统计。我仔细考察了《集韵》牙喉音声母的反切用字情况,感觉只要把白涤洲先生的"分等统计"稍加修改,还是可以用来分析《集韵》声类的。于是我将等第与开、合口同时作为《集韵》反切上字出现的条件,分别考察不同反切上字出现的情况,参考"系联法",得出将《集韵》牙喉音声母反切上字分为Ⅰ一二三等开口、Ⅱ一二三等合口、Ⅲ四等与重纽四等开口、Ⅳ四等与重纽四等合口四类的结论。这种分用跟《切韵》、《广韵》的反切上字一二四归为一类、三等为一类的分用趋势差别很大,既反映《集韵》反切改良的现象,也反映出《集韵》反切上下字更重视-w-介音的和谐,而不再是-j-介音的和谐。这是我撰写的第一篇学术论文。1986年,我随蒋希文先生到重庆参加中国音韵学研究会第四届会时就带了这篇论文并在大会宣读,会后喻世长等先生给予了很高的评价。后经反复修改,直到1995年正式发表于贵州师范大学学报。

《读华著〈杨雄方言校释汇证〉札记一则》通过郭璞《方言注》对"逊"字的音注"于果反"是否有误的讨论,引据《经典释文》、《篆隶万象名义》匣于两纽的交替互用及魏晋南北朝时期音韵文献中大量匣于混用的事实,参考其他文献的引用,证明了郭璞所注的"逊于果反"中"于"并非"乎"字的讹误。《"吐蕃"的读音问题》则以白居易等唐人诗歌押韵的事实,证明"吐蕃"的"蕃"在唐代读元韵,为伯希和的读法找到了事实根据。指出今人将"吐蕃"读如"吐波"是毫无根据的误读,并由文献中保存的大量语言材料讨论了"吐蕃"的构词特点。《四韵定本》是近代大思想家、学问家方以智的一部完整韵书,通过该书对"燕呼"、"闽呼"、"杭呼"、"楚呼"、"下江呼"等方言的排斥倾向,可以确定这是一部力图表现具有"中原"地位的官话韵书。再就其语音特点来看,他所认可的"中原"地区官话,应该是明代江淮地区的"大南京官话"。因此,这部韵书的价值不会在周德清的《中原音韵》之下。但由于这部韵书长期尘封,至今音韵学界极少有人知晓。《〈四韵定本〉的入声及其与〈广韵〉的比较》,首次发布了《四韵定本》入声的演变情况及其规律,对进一步研究官话的历史与发展具有重要意义。

在汉语语音史研究中有一个极其重大而至今未能彻底解决的问题,即《切韵》(《广韵》)系韵书的性质问题。其中最使人困惑的是这个音系到底是"单一音系"还是"综合音系",如果是"单一"的音系,它的语音基础为何?如果是"综合"的音系,对它构拟是否可能?从现代学术界的长期论争来看,无论持"单一音系说"还是"综合音系说"的学者,采用的材料几乎相同,而所得的结论却分歧巨大,且其内部意见也不尽相同。这不能不让人怀疑用以研究《切韵》音系性质的材料是否有足够的证据价值。从古人"江东取韵与河北复殊"、"南北是非、古今通塞"、"河北江南,最为巨异"、"清浊"与"轻重"、"南方水土和柔,其音清举而切诣,失在浮浅,其词多鄙俗;北方山川深厚,其音沉浊而鈋钝,得其直质,其辞多古语"之类的描写性叙述中,我们很难找到确有价值的证据,更难形成可以给出一致结论的证据链。因此,要彻底解决这个问题,必须另辟蹊径。考虑到汉语是音节语言,我们应该从汉语本身的特点出发进行研究。对此,现代汉语语音系统的性质对我们有很大的启示。现代汉语是"以北京音为标准音,以北方话为基础方言的现代汉民族共同语",因而现代汉语语音系统的性质是不容置疑的。如果以最具权威的《现代汉语词典》为材料,把其中标注有"古"(古语词)、"方"(方言词)的词以音节形式进行考察,可以发现这些词在进入现代汉语语音系统时都被"折合"为现代汉语已有的音节,并未对现代汉语语音系统造成破坏或改变。再考察《汉语外来词词典》,其中收录的音译词也是根据汉语本身的特点"折合"成符合现代汉语语音形式的音节,以"词"的形式进入现代汉语的,也没有对现代汉语语音系统造成破坏和改变。我们绝不能因为现代汉语具有古词语(犹"古今")和方言词、外语音译词(犹"南北")而认为现代汉语普通话具有"综合音系"的性质。再考虑另一个因素,很多学者在怀疑《切韵》音系是"综合音系"时,往往是因为《切韵》的韵母系统比现代大多数方言的韵母系统复杂,因此认定《切韵》是一个兼包了"古今"、"南北"的"综合音系"。但他们却忽略了一个问题,汉语既是音节语言,要"综合"必然要"声韵调"一起"综合"。不可能也无法做到只"综合"韵母系统而不"综合"声母系统和声调系统。但《切韵》系韵书的35(或36)声母、平上去入4声调,从未成为"综合音系说"的质疑对象,这恰恰让人疑心"综合音系说"是否是一个"真命题"。周法高先生《玄应反切考》比较《切韵》音系与玄应《经音义》音系的相似度,用从外部类比的方法讨论"综合"的可能性,对我们进一步思考具有重要的借鉴意义。那么,我们是否可以通过内部分析与外部类比来考察这个问题呢?对这一问题的研究从思路、方法和材料等方面都已经有了重要的创新和更新。从多年前开始,我就指导研究生以音节为单位,分别对《切三》(S2071)、"王三"、"王二"、《广韵》等韵书的

"又音"进行研究。我们假定一个词只有一个语音形式,如果同一个词有两个或以上语音形式("又音"),那么,其中就有一个或以上的"冗余"成分来源于其他方言或语言;如果这些"冗余"成分可以通过"折合"而进入原有语音系统(音节系统),那么,这种外来成分的进入并不对原语音系统造成破坏。如果这些外来成分使原有音节系统的音节数有少量增加,那么,也不会对原语音系统构成破坏。除此而外,我还指导研究生对《史记三家注》、《汉书音义》、《晋书音义》、《文选李善注》、《经典释文》等随文出音的音义著作也进行了类似考察,研究其中的"又音"及其他经师注音是否会对音义作者的语音系统造成破坏。2007年,鲁国尧先生要我统计中古韵书的音节。此时,我正考虑让研究生通过"又音"考察其对原音节系统的影响以何种标的为有效的参照问题,鲁先生的命题正好启发了我,于是撰写了《中古韵书、韵图的音节》。该文分别统计了"王三"、《广韵》、《韵镜》和《七音略》的音节,并对四部书的音节数作了比较,对四部同一系统的韵书、韵图间的音节差作了分析。该项成果可为研究中古"又音"等"冗余"形式提供参照,也可为研究汉语发展中音节变化提供参考。从研究生已经完成和正在进行的研究中,我们没有发现"又音"等"冗余形式"对各种文献原有的语音系统造成实质性的破坏,而且各种文献的音系具有较大的一致性,从而可以得出初步结论,即《切韵》系韵书的音系不是"综合"性质的音系;再结合陆法言"欲广文路,自可清浊皆通;欲赏知音,即须轻重有异"的主张,得出无论"广文路"还是"赏知音",都不可能用于规范方言口语,而是作为讽读经书、撰作诗文的标准的结论。因此,对《切韵》音系的性质不难作出判断:《切韵》是南朝后期陈隋之间文人士子标准的读书音音系,这个音系不是综合音系,而是以"洛下"传入"金陵"的"帝王都邑"的标准读书音为基础的语音系统。这一结论,是对周祖谟先生《〈切韵〉的性质和他的音系基础》所主张的《切韵》音系"是六世纪文学语言的语音系统"重要支持和补充。

本集中还有一组研究《韵镜》、《七音略》等早期切韵图的论文。我对《韵镜》等早期切韵图的兴趣可以追溯到上世纪80年代中期,当时蒋希文先生为我们讲授中古音研究,分别给学生布置了研究报告,我和刘春生分到的题目就是比较《韵镜》与《七音略》的异同。记得有一次图书馆处理书籍,我买了一本《韵镜》,李晔先生和蒋希文先生又不约而同地各自给我买了一本,或许这就是我跟《韵镜》的缘分？李新魁先生的《韵镜校证》出版后，我就每天认真阅读，还把其他韵书的情况和自己的看法写在天头地脚。时间一长，这部书整个散开了。为了把这些内容保存下来，于是我撰写了《〈韵镜校证〉补正》一文，并投到《贵州大学学报》。由于学报严格控制稿件的字数，我只好截取了文章前半部分由学报刊发。1996年，鲁国尧先生到贵州大学主持答辩，我作为答辩委员会秘书，因而跟他有了较多接触。我把这篇文章和《〈集韵〉见溪疑影晓五纽反切上字的分用》送请鲁先生指教，先生看过以后大加赞赏，对我说："我真不知道在贵州还有这样一个年轻人能如此做学问。我一定要让学术界知道贵州有这么一个做学问的年轻人，绝不能把你埋没了。"我告诉先生自己希望继续研究《韵镜》，但不知还有无价值。先生说："当然有价值。你一定要坚持做下去。"我对先生说了寻找资料的困难，先生说："只要你做下去，资料是我的事，研究是你的事。"于是我有了继续研究《韵镜》并为《韵镜》作一个新的校注本的信心。1999年，我到南京大学鲁先生处做国内高级访问学者，到达南京的第二天，丁志民带我到南秀村先生的家里，先生把事先准备好的一袋子书递给我说："看看对你研究《韵镜》有没有用？"我打开一看，有日本汲古书院《六地藏寺善本丛刊》第五卷、《古代韵学资料》等许多从来没有听到过、见到过的书籍，我翻开六地藏寺本古写本《韵镜》，如获至宝，不肯放下。先生说："现在别看了，我们聊聊天。一会你把书带走，这是专门为你准备的。其他还有，但是我的书太乱，一时找不到，只好以后陆续给你。"为了研究《韵镜》，先生还要我开书目，由他发动国内外朋友一起帮助寻找。他还经常把海外寄来的资料直接给我。储泰松等看见我手中还没有拆开的邮件往往非常羡慕，说先生如此为学生找资料，除我以外还从来没有过。在南京的这一年，对我非常重要。一方面通过向鲁先生请教，逐渐了解了他的语言学思想，对"层累"学说的接受也从半信半疑到坚信不疑。一方面又能在很好的学术环境里心无旁骛地进行研究。鲁先生要我既作《韵镜》，索性同时为《七音略》作一个详注本。我在南京图书馆和南大图书馆半个月就找到《七音略》近10个版本，并完成了各本的校异，难免感慨效率甚高，颇有如鱼得水之势，这在贵州是难以想象的。看到厚厚的校勘记，鲁先生自然也非常满意。南京一年，我完成了《韵镜》、《七音略》长编，为后来撰写《七音略校注》和《韵镜校笺》打下了坚实的基础。在南大，我跟储泰松几乎是朝夕相处，常常一起讨论音韵学、语言学问题。泰松的功底极为厚实,无论是诗文韵部的归纳、反切材料的系联,还是梵汉对音研究,都有很深的造诣。我在跟他的频繁讨论中获得的启发和收益都很大,后来我们合作撰写了几篇文章。他还介绍我认识了黄笑山、刘晓南、汪维辉、何亚南等一批已经在汉语言文字学界产生了很大影响的同行专家,跟他们的交往对我以后的研究大有裨益。

回到贵州以后,《七音略校注》和《韵镜校笺》先后出版。在此期间,我发表了几篇在我看来比较重要的论文,分别解决了《韵镜》的"开合"与"内外"问题。由于前人的研究忽略了文献本身的体例,把文献的错讹误认为语音问题,从而使本来简单的问题复杂化了,以致造成近百年的争论。我之所以能够比较顺利地解决这些问题,最重要的原因是尊重古代文献自身的体例,让研究回归文本。重视古书的条例并有效解决历史留存的问题,即颜之推所谓"櫽栝有条例",是清代皖派学术在继承与光大汉代学术精华而获得的创新,也是古人为我们留下的宝贵思想遗产。在比较诗学界,曾经有过"回归文本"的主张,这是要求诗学与艺术哲学重归文学本体的思想历程。而在汉语言文字学界尤其是汉语音韵学界,由于记载了大量汉语信息的古代文献因阅读的困难而被有意无意的忽视,导致了大量语言信息被严重误读与误解。甚而有人认为通过古代文献研究语言已经做得差不多了,用古代文献研究语言已是昨日黄花等等。如果外国学者这样认为尚可原谅,因为文化的差异使他们对中国的历史和中国文献存在"隔膜"。如果中国的学者这样认为就不可原谅,因为忘掉了几千年的文化、并带着与外国学者一样的"隔膜"看待和评价自己的历史,显然是数典忘祖的行为。重新审视被一些学者认为已经被研究得"差不多"的文献,真正被理解并研究透的不是太多,而被误读、误会、误解、误说的反倒俯拾皆是。例如把不早于唐代孙强改定本《玉篇》的《篆隶万象名义》音系作为梁代顾野王的原本《玉篇》音系;以唐宋人屡经删改增损的《经典释文》"首音"作为考订陆德明《经典释文》音系的基本材料等等,莫不如此。究其原因,即在于对古代文献内在条例,存在生疏与漠视两端。生疏则往往视而不见,失之于"隔";漠视则往往自我作古,失之于"勇"。科学的精神是实事求是,这就要求我们尊重各种古代文献的内在条例"并根据事实作出客观、正确的解释,这也是我们这一代学人应该坚持和努力的。后来在2006年,我完成的国家社科基金项目"《韵镜》再研究"(02BYY023)结项时被定为"优秀"

等级,该项目的最终成果《韵镜校笺》又于 2009 年先后获得"王力语言学奖"二等奖和教育部"科学研究优秀成果奖"三等奖。我以为获得"王力语言学奖"是对我多年坚持"层累"学说进行研究的最高奖励,因为我自走上学术道路的第一天,就是读着王先生的著作如《汉语音韵学》、《汉语史稿》、《汉语诗律学》、《同源字典》、《龙虫并雕斋文集》等成长起来的。王力先生在汉语史研究领域筚路蓝缕,有开创之功;在汉语同源词(同源字)研究中卓然独立,成为"新训诂学"的里程碑。获此殊荣,则可将自己的名字永远附骥于大师名后,不啻李贺《高轩过》所云:"我今垂翅附冥鸿,他日不羞蛇作龙!"

20 多年前,我在跟李晔先生攻读文献时就对《经典释文》产生浓厚兴趣。李先生多次告诉我今本《经典释文》中有许多后人添加的内容,并要我读《先秦经籍考》里的有关文章。我当时就有弄清《经典释文》的想法,但是由于学术功力的欠缺和文献资料的匮乏,因而久久不能实现。2000 年,我到徐州参加音韵学年会,提交了一篇《今本〈释文〉中后人所增改的反切举例》,就是清理《经典释文》音切的尝试。后来我指导研究生完成了对《礼记音义》中后人增改的音切研究。到了安徽大学以后,优越的地理位置有利于学术交流,研究的条件也得到很大改善,我终于有机会系统实施《经典释文》的研究计划了。我先后就这个计划向鲁国尧先生、赵振铎先生讨教,并得到了他们的认同。又跟黄笑山、虞万里、储泰松、黄耀堃等师友反复磋商,就其可行性征求意见。同时先后撰写了几篇文章,《〈周易音义〉〈尚书音义〉重音音切研究》讨论了今本《经典释文》中"重音音切"的性质问题,首次指出发现这个问题并严加批评的是南宋的岳珂。同时又以无主名的"首音"往往是一个"音和切"而有主名的"次音"每每为"类隔切"的事实为线索,论证了这些在用字上极有规律的"重音音切"并非陆德明为保存"读音相同而用字不同"的反切造成的,而是在唐宋时期语音演变导致古反切产生"类隔"现象,而使时人拼合时产生不和谐后,在原来的"类隔切"前增加一个"音和切"的"首音"导致的。因此,在今本《经典释文》的各种反切材料中,对考订陆德明语音系统最不可靠且最需逐一甄别的就是"首音"。如果不加筛选而以"首音"考订陆德明的语音系统,得到的必然是一个不伦不类的音系。最近我在研究日本奈良兴福寺所藏古抄本《礼记音义》残卷时,发现数十条今本有"重音"而古本无、今本为"音和切"而古本为"类隔切",以及诸多今本增、删、刊、改古本的证据,使我得出的这些结论不仅有逻辑上的推断,也有了一定数量的版本依据。其实,清儒如段玉裁、卢文弨、法伟堂等都零散指出过唐宋人增改《经典释文》反切的事实,而我的工作只不过是对这些问题作了穷尽式的研究并使之系统化、条理化而已。此外,我认为要考订真正的陆德明音系,不仅要先剔除后人增加的异质成分,还应分别对不同经典进行单独考察,因为后人增改《释文》就是分经进行的。然后将不同经典的音系进行比较研究,最后得出陆德明的音系。这是考订出陆德明音系的唯一有效方法。目前已有两篇博士论文和一篇博士后研究报告按照此思路进行。

《今本〈释文〉引〈切韵〉〈玉篇〉考》也是这项研究的一篇论文,其目的在于证明今本《释文》所引《切韵》、《玉篇》不是陆德明所为,这也是太老师吴承仕早在《经籍旧音辨证》中就已作出的结论,再次证明的目的在于希望当今学者重视先贤的学说。《从〈释文〉引"顾野王"或"顾"论〈篆隶万象名义〉与原本〈玉篇〉之关系》一文,用最为可靠的顾野王注释材料,与《篆隶万象名义》、所谓"原本"《玉篇》残卷及宋《玉篇》进行比较,通过版本对比及逻辑推理,提出空海《篆隶万象名义》依据的《玉篇》既非宋陈鄂本,也非梁顾野王原本,最有可能的是唐代孙强的改定本。杨守敬《日本访书志》谓《名义》"直当一部顾氏原本《玉篇》可矣"的结论存在严重的逻辑缺陷,因为在《玉篇》的 A 顾野王、B 孙强和 C 陈鄂三个版本系列中,不同于 C 未必即同于 A。周祖谟先生《〈万象名义〉中之原本〈玉篇〉音系》谓《名义》"虽为原著之略出本,然全部完整无阙,即不啻为一部顾氏原书矣",且"以此为根据,探求原本《玉篇》之音系",因过信杨守敬而为其所误。再就五种《玉篇》残卷与陆德明引顾野王及《名义》之间仅存的数条可比反切看,残卷大同于《名义》而反与顾音多异,当是残卷、《名义》本极为接近,也非出自顾野王原本《玉篇》。因此可以得到以下结论:《名义》所本断非顾野王原本《玉篇》,顾氏原书早已无完帙存世,今人所谓"原本《玉篇》",当不早于唐代孙强本。此外,我最近撰写的《〈经典释文〉的协韵、协句研究》和《兴福寺本〈礼记音义〉研究》没有收到本集中,后者以大量事实证明后人的增、删、刊、改造成了现代学者对《经典释文》反切、体例的误会;前者则以陆德明引据郑玄、孙毓、徐邈等人的协韵、协句多为声调的改读事实,指出最早认识到汉语声调并为协韵改读的经师当是东汉的郑玄,由宋入晋的孙毓及东晋的徐邈也余绪未绝。因此,史书记载齐梁时期沈约、周颙始发现汉语声调与史实不符。沈约等的功绩在于为汉语的四声定名并自觉运用于文学创作，而并非发现汉语有声调。由此还可以引起进一步思考：决定汉语声调的主要因素是音高，构成音阶的决定因素也是音高。因为《诗经》时代诗歌入乐，汉语声调被音乐曲调掩盖，所以异调押韵没有明显的不和谐。到了汉代，《诗经》作为汉人的经典和教科书，逐渐脱离了音乐，在诵读中异调押韵的不和谐显现出来，于是出现了临时改变字调以求押韵和谐的"协韵"、"协句"。

集子中有几篇关于训诂的论文，尝试用文献考证与汉语词源学结合的方法解释古书中疑难问题。这些文章，大多是师从李晔先生研读文献时的作业，后来陆续整理发表了。另有一篇讨论了我家乡贵州遵义的一种特殊语法形式。我对方言调查有很浓的兴趣，也有很深的感情。还在1986年，我随蒋先生到黔东南复查16个县的汉语方言，发现了贵州汉语方言撮口呼消失的轨迹。因为在黔东南几个相邻的区域，"淤"、"鱼"、"雨"、"遇"等既有-y-，又有-yi-;-vi-;-i-等语音形式，而"晕"、"云"等有-yn-、-yin-、-vin-、-in-等形式。我把材料粗略整理了一下，认为贵州的撮口呼丢失大致经历一个-y-→-yi-→-vi-→-i-的过程，并报告了蒋先生。蒋先生非常高兴，要我正式写成文章。但当时我觉得题目小，同时又忙着《集韵》与《类篇》的对校，始终没写。有几次蒋先生对我发火，都提到我没写这篇文章。一直到2007年我去看他，他还提这件事。我说"这件事老师都批评我20几年了，而且我还是您的弟子中做得最好的，您老以后就别再提这件事了吧。"

贵州有很多少数民族，他们在本民族内部使用自己的语言，跟汉族交往时使用汉语。而苗、布依、侗、水等少数民族都没有自己的文字（少数民族语言研究所后来为他们制定的拼音文字不算），因此这些少数民族的很多文献都用汉字记录。如苗族的古歌、布依族摩经、侗族和水族的歌词等等。如果我们用这些记录少数民族语言的汉字与当地民族语言进行对音研究，可以研究贵州官话方言的发展历史，是一批极具研究价值的原始材料。此外水族的水书大多也是记录汉语读音的，用它与周边汉语方言及中古音比较，也可以发现一些贵州汉语官话发展的轨迹。但是因为各方面的条件有限，并且也不易形成研究团队，所以这项研究始终不能开展。这是我2007年离开贵州时留下的一大遗憾。不过到了安徽大学，还是来到了一个方言资源特别丰富的省份。在学校领导、学科带头人黄德宽教授的直接关心下，在学校有关部门的大力支持下，经过"211 三期工程"建设，我们已经建成了具有一流设备的语音实验室，引进了相关人员，相信方言研究将会在更好的平台上展开。黄德宽教授本身就是一位严谨的学者，同时又是思想丰富，视野开阔，胸怀博大，善于把握大局，善于引领团队持续发展的真正意义的带头人。在他领导下，不仅可以身心愉快地放手工作，更重要的是在学科发展、团队建设、方向凝练甚至思考方法等诸多方面都可以从他身上学到很多。我到安徽大学虽仅短短几年，但收获颇丰。过去我的几位老师李晔先生、蒋希文先生、赵振铎先生、向熹先生等在评价学生特点时曾经说我是"可以铺摊子的"，过去在贵州只能单打独斗，没有团队和平台，想铺"摊子"而始终铺不起来。现在因为有了平台和团队，又有领导和各部门的支持，多少年想铺的"摊子"不仅铺开了，而且还有信心比过去铺得更好。只要安徽大学的方言研究顺利开展，我就将以《经典释文》的研究为最后课题，什么时候做好，什么时候"收摊"。

最后我要感谢培养了我的母校，感谢为我成长付出大量心血的老师们，感谢长期关心我、帮助我的朋友们，感谢家人对我的理解和支持。感谢帮助我核对论文集的王曦博士、刘华江博士和孙合肥博士，感谢出版社为这部集子付出的劳动。

杨军
2012 年孟春于磐苑观复斋

第一编 音韵文献研究

读华著《扬雄方言校释汇证》札记一则[①]

吾友华学诚新著《扬雄方言校释汇证》,体大思精,胜义纷呈,实堪嘉惠学林,"沾丐"后人。然其中似有一二可商者,今不揣固陋,尝试言之如下。

《校释汇证》七一页[一四]有"遇,于果反"一音,乃从吴承仕《经籍旧音辩证》、周祖谟《方言校笺》之说,以为"于"乃误字,当作"乎"。按"于果反"切"遇"不误。《切韵》系韵书中,"于"为喻三、"乎"为匣纽,而魏晋以降经师注音中凡于《切韵》系韵书之匣、于两纽每混切,则"于果"、"乎果"实为一音。今撮举相关例证如下:

《经典释文》于《礼记·檀弓下》、《左昭二十六年传》注云:"滑,于八反。"于《礼记·曾子问》注云:"滑,胡八反。又于八反。诸卷皆同。"于《礼记·投壶》、《左襄十九年传》、《庄子·徐无鬼》、《尔雅·释草》并注云:"滑,乎八反。"于《左隐元年传》注云:"滑,于八反。又乎八反。"于《左庄三年经》注云:"滑,乎八、于八二反。"于《左昭九年传》注云:"呼(当作乎)八反,又于八反。"于《左僖二十年传》、《宣八年传》、《成十三年传》、《襄十八年传》、《定十二年传》、《哀元年传》、《公羊庄十六年传》、《谷梁庄十六年传》、《庄子·胠箧》并注云:"滑,于八反。"于《左昭二十六年传》注云:"滑又作猾,于八反。"于《庄子·齐物论》注云:"滑,崔户八反。"《庄子·列御寇》"滑,音骨。又户八反。"此乃"于"与"胡"、"乎"、"户"互用不别之例。

《释文》又于《尚书·舜典》注云:"猾,户八反。"(敦煌本作于八反)于

[①] 原载《合肥师范学院学报》,2010年第5期。

《左僖二十一年传》、《左成八年传》注云:"猾,于八反。"此乃"于"、"户"互用之例。

于《诗经·鲁颂·泮水》注云:"皇皇,毛如字。郑作暀暀,于况反。犹往往也。"于《周礼·地官·保氏》注云:"济济皇皇,于况反。又音往。"于《礼记·少仪》注云:"齐齐皇皇,皇音往,出注。徐于况反。"于《尔雅·释言》注云:"皇,胡光反。"此乃"于"、"胡"互用之例。

于《尚书·吕刑》注云:"尤,有牛反。"而《论语·为政》"寡尤"注云:"下求反。"此乃"有"、"下"互用之例。

于《诗经·陈风·墓门》注云:"鸮,户骄反。恶鸟声也。"于《庄子·大宗师》注云:"鸮,户骄反。"于《尚书·金縢》、《周礼·秋官·萩蔟氏》、《礼记·内则》、《庄子·齐物论》、《尔雅·释鸟》注云:"鸮,于骄反。"于《诗经·豳风·鸱鸮》注云:"鸱鸮,于娇反。"于《周颂·泮水》"飞鸮"注云:"于娇反。恶声鸟也。"于《周礼·夏官·射鸟氏》注云:"鸮,于苗反。"此亦"于"、"户"互用之例。

以上《释文》各例中,凡"胡八反又于八反"、"于八反又胡八反"若"乎八、于八二反"者,颇似德明匣于不同之证,而实则不然。诸条中"胡八反"、"乎八反"皆后人所增,非德明原书即有。事可参拙文《今本〈释文〉中后人所增改的反切举例》。则《释文》匣于无两类亦无疑也。

而按日僧空海本于顾野王《玉篇》而作之《篆隶万象名义》,其于《切韵》之匣、于两类之混切,较《释文》则更甚,且大有不可分之势。今取《名义》中匣于混切之例作二表如下。

表1 《名义》以匣切于例

例字	名义	王三	广韵	集韵
熊	胡弓、胡公①	羽隆	羽弓	胡弓
为、沩	胡妫	蘧支	蘧支	于妫
䳑	穴妫	——	蘧支	于妫
违、闱	胡归	王非	王非	于非
匩	胡挥		王非	于非
骭	户俱	羽俱	羽俱	云俱

① 部目胡弓反,正文胡宫反。

续表1

例字	名义	王三	广韵	集韵
韹	下俱	——	——	云俱
云	胡熏①	王分	王分	于分
员	胡军	王分	王分	于分
员	胡拳	王权	王权	于权
寪	胡彼	——	为委	羽委
痏	胡轨		荣美	羽轨
羽	侯诩	于矩	王矩	王矩
寙②	胡甫			王矩
远	胡阮	云晚	云阮	雨阮
位	胡愧	洧冀	于愧	于累
飅、汇、绢	胡贵	云贵	于贵	于贵
篲	胡麿③	为翙	于岁	于岁
辖	候翙	为翙	于岁	于岁
运	胡愠	云问	王问	王问
靦	胡奋	云问	王问	王问
鞙	胡问	云问	王问	王问
禁	胡命	为柄	为命	为命
佑、趙	胡救	尤救	于救	尤救
佑	胡究	尤救	于救	尤救
烋	侯密	于笔	于笔	越笔
越	胡厥	王伐	王伐	王伐
迲	胡厥		王伐	王伐
觟④	胡跃	——		王缚
箷	胡碧	——	王缚	王缚
疫	胡璧	营只	营只	营只

① 此为部目,正文作于勋反。
② 寙,原本《玉篇》注"古文寓字。"寓字《名义》于甫反。可参。
③ 麿,原作"荙",当是"俗"讹字也。《广韵》祭韵列小韵有蹶字,居卫切。
④ 此字有误,当从《集韵》作"觸"。

续表1

例字	名义	王三	广韵	集韵
赋、赋	胡逼	——	——	越逼
輙	胡偪			越逼
皣	胡辄	笃辄	笃辄	域辄

表2 《名义》以于切匣例

例字	名义	王三	广韵	集韵
瀤	为乖	——	户乖	乎乖
恖	禹萌	——	户盲	乎盲
揈	于盲	——	——	胡盲
㽣	禹萌	——	户萌	乎萌
纮	为萌	户萌	户萌	乎萌
黌	禹丁	户经	户经	乎经
崣	为买	韈买	胡买	下买
顐①	有混	胡本	胡本	户衮
暅	于但	——	胡管	户管
蘎	于殄②	——	胡茧	胡典
缳	禹善	——	——	下兖
邁䫆	于果反	——	胡果	户果
蘾	禹瓦	——	胡瓦	户瓦
蕙	禹桂	胡桂	胡桂	胡桂
媾	尤卦	尤卦	胡卦	胡卦
学	为角	户角	胡觉	辖角
欯	禹八	——	户八	户八
瘦	于郭	——	胡廓	黄郭
核	为革	下革	下革	下革
翮	雄革	下革	下革	下革
鞫	于革	——	下革	下革

① 此字在《广韵》、《集韵》中作"顐"。
② 切下字原作"殀",即"殄"之俗写。

顾野王是梁人,陆德明则是陈隋以降人。虽然,野王造《玉篇》、德明撰《释文》,皆有所本,但以前引《释文》、《名义》而论,六朝时期,匣于混而不分可以定论。昔罗常培先生作《〈经典释文〉和原本〈玉篇〉反切中的匣于两纽》所言可参。景纯是晋人,其注《方言》时匣于不分盖亦如此。而《名义》辵部正有"遃"字,注云:"于果反。凡人语而过。"今本《玉篇》作:"乎果切。过也。"而《集韵》注云:"秦晋之间凡人语而过谓之遃。"是"遃"字为扬雄记录方言所造,原本《玉篇》与《集韵》"遃"字及子注皆当本诸《方言》而有详略之别。野王所音"于果反"正取自景纯《方言注》,而《广韵》"胡果切"与《集韵》"乎果切",则是以后世音变,匣于已然"类隔"而改。是郭注"于果反"之"于"非"乎"字之误,自当"不烦改字"也。又周祖谟先生曾作《〈篆隶万象名义〉中之原本〈玉篇〉音系》,考原本《玉篇》中匣于不分。而二十余年后之《方言校笺》则疑郭注"于果反"之"于"为"乎"字之误,有此"昨是而今非"者,或即世所谓"千虑一失"也欤?

刘昌宗著述考略①

刘昌宗,生卒年、字号、事迹均不详。据现存零星史料及音注材料所考,仅知其为东晋时期南方经师,以注《三礼》名世,一度颇有影响。

关于刘昌宗的时代,清儒卢文弨说:"《经典释文》载之于李轨、徐邈之间,当是晋人。"②段玉裁说得更为肯定,直云:"刘昌宗东晋人。"③后来吴承仕先生也说:"《序录》④列于李轨后,徐邈前;《隋志》⑤亦次在晋人中。按《仪礼音义》'大羹湇'刘云:'范去急反,他皆音泣。'刘引范音,故次诸范宣后。"⑥据吴承仕所考,范宣之卒当于东晋穆帝世(公元345~360年)以后,时年54岁。以此上溯,则生年约当晋怀帝中(公元307~310年)。倘此推断不误,则刘昌宗主要生活年代当不早于此间。

谓刘为"南人"者,北齐颜之推说:"其谬失轻微者,则南人以钱为涎,以石为射,以贱为羡,以是为舐。"⑦此斥以"南人"读音中船、禅不分,从、邪相混为"谬失"⑧而又责"刘昌宗《周官音》读乘若承"⑨。按《广韵》"乘,食陵切"。禅

---

① 原载《安徽大学学报》,1996年第1期。
② 《颜氏家训集解》三九八页注[七]引卢注。
③ 《古文尚书撰异·禹贡第三》。
④ 此指陆德明《经典释文序录》。
⑤ 即《隋书·经籍志》。
⑥ 《经籍旧音序录》四三页。
⑦ 《颜氏家训·音辞篇》。
⑧ 《广韵》钱,昨仙切(从,仙);涎,夕连切(邪,仙)。贱,才线切(从,线);羡,似面切(邪,线)。读钱同涎、贱同羡。即从、邪不分。石,常只切(禅,昔);射,食亦切(船,昔)。是,承纸切(禅,纸);舐,神氏切(船,纸)。
⑨ 《颜氏家训·音辞篇》。

纽蒸韵。"承,署陵切。"船纽蒸韵。《广韵》船、禅划然二类。而《周礼·夏官·隶仆》"王行洗乘石"《释文》:"乘石,刘常烝反。"正同颜所斥"读乘若承",而刘音声类中船、禅共为一类,与颜氏所引"南人"音读一致。颜氏又说:"徐仙民《毛诗音》反'骤'为'在遘'。"则批评南方经师不分从、崇。《周礼·夏官·大司马》:"车骤徒趋。"《释文》:"车骤,刘才遘反。"才、在同为从纽,是刘昌宗读骤音与徐邈同。考刘音声类,中古庄组尚未从精组完全分化出来,又与徐邈音相似。徐邈为东晋时期南方著名经师,而刘音声类特点与之一致,故亦可为刘属南方经师之旁证。

刘昌宗为《礼经》名家,其所著《周礼音》等对后世学者影响较大。唐颜师古《匡谬正俗》郑七"卷"字条云:"赍字训贷,《声类》及《字林》并音势。古读皆然,而近代学者用刘昌宗《周礼音》,辄读赍字为'食夜反',不知昌宗何以凭据?"又《汉书·高帝纪》:"常从王媪、武负赍酒。"师古注云:"赍,赊也。李登、吕忱并音式制反,而今之读者谓与射同。"按《史记·高祖本纪》:"常从王媪、武负赍酒。"司马贞《索隐》曰:"邹诞生赍音世,与《字林》声韵并同。又音时夜反。"而《史记·汲郑列传》"县官无钱,从民赍马"下《索隐》径云:"赍音时夜反。"又于《史记·酷吏列传》"乃赍贷"下音"赍"为"食夜反"。除此而外,《史记·萧相国世家》:"今君胡不多买田地,贱赍贷以自污?"张守节《正义》亦曰:"赍音世,又食夜反。"如此之类,不一而足,而皆为颜师古所谓"近代学者用刘昌宗《周礼音》"之例也。此外,陆德明《周礼释文》广采众家音注,而引用最多者首推刘昌宗《周礼音》,其数多达580余条,比所引徐邈的160余条音注竟多出420余条。而《仪礼释文》中亦引刘音约417条之多,亦为所引诸家之最。由此可见,刘昌宗确乎《礼经》名师,所著《周礼音》等对后世学者有很大的影响。

刘昌宗著作中有《周礼音》、《仪礼音》两种。《经典释文序录》著录刘有《周礼音》、《仪礼音》各一卷。《隋书·经籍志》亦于《周礼》下著录:"《礼音》三卷,刘昌宗撰。"刘氏二书音注,多存于《经典释文》,知唐初其书尚存。而《隋书·经籍志》著录书名与卷数皆与陆氏《序录》不相同,则颇疑当时传本不一,或有将刘氏二书合刻而另行分卷,径名为《礼音》者与?而刘氏原书久佚,其体制格局已难以详知矣。

《释文序录》又著录刘昌宗有《礼记音》五卷,《隋书·经籍志》同,且注云:"亡。"今考《礼记释文》,四卷之中所录刘音仅有9条,且有2条属前后重出,与其《序录》中著录的五卷之数相差过远,因疑陆作《礼记释文》时或未亲见刘氏五卷之本,其所录者,或竟采自他师《礼记》音注中所引者。现将《礼记释文》所存刘音转录于下。

(1)《礼器》:"天子诸侯之尊废禁,大夫士棜禁。"注:"废犹去也;棜,斯禁也。"《释文》:"斯禁,如字。刘昌宗音赐。"

(2)《礼器》:"丹、漆、丝、纩、竹、箭,与众共财也。"《释文》:"丝纩,音旷,绵也。刘昌宗古旷反。"

(3)《内则》:"鸟皫色而沙鸣郁。"《释文》:"麃,本又作皫,刘昌宗音普保反。"

(4)《杂记》:"夫人至,入自闱门。"《释文》:"闱音韦,宫中之门。刘昌宗音晖。"

(5)《丧大记》:"皆升自东荣。"《释文》:"荣,如字。屋翼也。刘昌宗音营。"

(6)《丧大记》:"朝一溢米。"《释文》:"溢,音逸。刘昌宗又音实。下同。"

(7)《间传》:"朝一溢米。"《释文》:"溢,音逸。刘音实,二十两也。"

(8)《大学》:"大学之道。"《释文》:"大,旧音泰。刘直带反。"

(9)《乡饮酒》:"洗当东荣。"《释文》:"荣,如字。屋翼也。刘音营。"

除以上 9 条之外,清马国翰《玉函山房辑佚书》又从《集韵》中辑出 4 条,以为刘氏《礼记音》佚文者,今逐条考辨于下。

(1)东韵"纵",徂聪切。注:"髻高大貌。《礼》'尔无纵纵尔。'刘昌宗读。"按《礼记·檀弓》上:"尔毋从从尔。"注:"从从,谓大高。"《释文》:"从,音揔。高也。一音崇,又仕江反。"《释文》所引无刘音,亦不与《集韵》徂聪切之音相应。而《集韵》引字又与今本《礼记》及《释文》小异,或宋有本作"纵"者且存刘音,今所见负刊落,或开宝间李昉、陈鄂改窜《释文》时删削也。①

(2)模韵"杜",同都切。注:"姓也。晋有杜蒯,刘昌宗读。通作屠。"按《礼记·檀弓》下:"杜蒉自外来。"注:"杜蒉或作屠蒯。"《释文》:"蒉,苦

---

① 《崇文总目》及宋王应麟《玉海》皆有载。

怪反。注蒯同。屠音徒。"此亦不引刘音。而《周礼·春官·序官》:"大师下大夫二人。"注:"命其贤知者以为大师、小师。晋杜蒯云,旷也,大师也。"《释文》:"杜蒯,如字。刘音屠;下苦怪反。"《集韵》同都切正与此屠音全同,而云"通作屠"者,则据《檀弓》郑注。因颇疑《檀弓释文》原本"姜"上有"杜"字,下注"刘音屠"三字,且知刘昌宗乃依郑注"或作"为读也。

(3)真韵"文",眉贫切。注:"饰也。《礼》'大夫以鱼须文竹。刘昌宗读。'"按《礼记·玉藻》:"大夫以鱼须文竹。"注:"文犹饰也。大夫、士饰竹以为笏。"《释文》"文"字无音。而《仪礼·士丧礼》"竹笏"注:"《玉藻》曰:'笏,天子以球玉,诸侯以象,大夫以鱼须文竹,士以竹。'《释文》:'文竹,如字。刘目真反。'"《集韵》眉贫切与目真反声韵皆同,而注"饰也"则本《玉藻》郑注。或《玉藻释文》原本亦有刘音。

(4)清韵"荣",维倾切。注:"屋梠之两头起者。《礼》'升自东荣。'刘昌宗说。"按此已见《礼记释文》所引,而所注"屋相之两头起者"盖《丧大记释文》原本所引刘说而开宝中为李昉、陈鄂删落者。综《礼记释文》与《集韵》所存刘氏《礼记音》佚文,共得十三条,其中一例为二书重复,二例为《释文》前后重出。

刘昌宗除音注《三礼》外,还有《毛诗音》,不知卷数。清卢文弨云:"其《毛诗音》,《匡谬正俗》引两条。"①吴承仕《经籍旧音序录》列刘昌宗《诗注》并云:"《序录》及《隋志》并不著录,《颜氏家训·书证篇》一引之,但言《诗注》,当是《毛诗》也。"今按《颜氏家训·书证》:"《诗》云:'黄鸟于飞,集于灌木。'②《传》云:'灌木,丛木也。'此乃《尔雅》之文,故李巡注曰:'木丛生曰灌。'《尔雅》末章又云:'木族生为灌。'族亦丛聚也,所以江南《诗》古本皆为丛聚之丛,而古丛字似冣字,近世儒生,因改为冣,解云:'木之冣高长者。'"按:众家《尔雅》及解诗,无言此者。唯周续之《毛诗注》音为徂会反,刘昌宗《诗注》音为在公反,又祖会反。③ 皆为穿凿,失《尔雅》训也。又《匡谬正俗》卷一"架"字条:"《诗》

---

① 《颜氏家训集解》三九八页注[七]引卢注。
② 此为《诗经·召南·葛覃》句。
③ 《集韵》太(泰)韵引周续之音作"祖外切"(精泰),引刘昌宗音作"徂外切"(从泰)。与此稍有不同。

郑氏《笺》云：'鹊之有巢，冬至加功，至春乃成。'此言始起冬至加功力作巢，盖直语耳。而刘昌宗、周续等音加为架。若以构架为义，则不应为架功也。"考今本《诗经·召南·鹊巢》郑《笺》，"加功"作"架之"。阮元《校勘记》云："小字本、相台本同。"《释文》："架之，音嫁。俗本或作加功。"小颜所据，则与陆氏所云之"俗本"同。阮元又说，今本"架之"，刘昌宗本当为"加之"，故音"架"而读为构架之义，其说甚是。小颜不察，故有此讥。同卷"夹"字条："又《诗传》曰：'山夹水曰涧'。此引《尔雅》正文，言两山夹水名之为涧，居然可晓。而刘、周之徒又音夹为颊，于义无取，亦为专辄。"按《集韵》太（泰）韵有"丛"，祖外切。注："丛木，灌木也。刘昌宗说。"此盖本诸《颜氏家训》而音义略异。据二颜称引及卢文弨、吴承氏说，刘昌宗著有《毛诗》音注是可依信的。《释文序录》及《隋志》皆无著录者，盖以其书亡佚已久故也。今据刘《周礼音》等，并依卢文弨定其书名为《毛诗音》。

另外，《诗经释文》又引刘音三条，《集韵》引一条，而细绎之，终非刘氏《毛诗音》佚文。现亦条辨如下。

（1）《郑风·出其东门》："有女如荼。"《笺》："荼，茅秀。"《释文》："本或作莩，音同。刘昌宗《周礼音》莩音酉。"《周礼·地官·序官》："掌荼下士二人。"注："荼，茅莠。"《释文》："莠，刘音酉。《毛诗注》作秀。"此即《毛诗释文》所本。

（2）《召南·采蘋》："于以湘之，维锜及釜。"《笺》："亨蘋藻者，于鱼湆之中，是铏羹之芼。"《释文》："羹，音庚。刘昌宗音《仪礼》音衡。"《仪礼·乡饮酒》："羹定"注："肉谓之羹。"《释文》："羹，如字。刘户庚反，卷内皆同。"知此亦为陆彼引所本。

（3）《召南·采蘩》："被之僮僮，夙夜在公。"《笺》："《礼记》：'主妇髲鬄。'"《释文》："鬄，本亦作剔。徒帝反。刘昌宗吐历反。"按，此《笺》所称之《礼记》，实指《仪礼》，乃汉以来经师习称也。《仪礼·少牢馈食礼》："主妇被锡衣侈袂。"注："被锡读为髲鬄。"《释文》："被锡，依注读为髲鬄。上音皮义反；下大计反。刘土历反。"又知《采蘩释文》所引刘音本于此。

（4）《集韵》笑韵"勺"，之笑切。注："《诗·颂》篇名。刘昌宗说。"按此即《周颂·酌》名,毛作"酌",鲁、齐或作"勺"。① 《释文》"酌"下唯出异文"汋",无"勺"及刘音。考《集韵》此条,亦非引自《周颂释文》。《仪礼·燕礼》:"若舞则勺。"注:"《勺》,《颂》篇。告成《大武》之乐歌也。"《释文》:"则勺,音灼。刘又音照。"《集韵》即本于此而改"音照"为"之笑切",声韵并同也。

综上所考,《毛诗释文》所引刘音及《集韵》所录,皆本诸刘氏《周礼音》及《仪礼音》,不当以刘有《毛诗音》而相淆杂也。

余萧客、卢文弨且以为刘昌宗著有《尚书音》。② 而段玉裁则曰:"《集韵》上声十七准,'蠙,婢忍切。《书》淮夷蠙珠。刘昌宗读。'此本《周礼音义》也。"按《周礼·夏官·川师》:"川师掌川泽之名,辨其物。"注:"川泽之名与物,若洒滨浮,淮夷蠙珠暨鱼。"《释文》:"蠙,薄田反。刘扶忍反。"此正是段引《集韵》所本。段氏又谓刘昌宗"未尝作《书音》"也。余氏仲林《古经解钩沉》乃云刘昌宗有《尚书音》,且列为唐人,误矣。《周礼·大司乐释文》又云:'夏,刘古八反。''於,刘音乌。'《司几筵》又云:'翣,刘音育。'皆刘为注所引《尚书》作音。"③ 段氏批评余萧客以刘昌宗为唐人,所言极是。然据《周礼释文》中有三例属刘氏为郑注所引《尚书》作音而断定刘无《尚书音》,则似嫌证据不足。今考《尚书释文》,辑得刘音四例,亦条具于下。

(1)《尚书序》:"《春秋左氏传》曰:'梦左史倚相,能读三坟、五典、八索、九丘。'"《释文》:"倚,於绮反。刘琴绮反。"刘氏此音,不见于他经《释文》,当即为孔序所作之音。

(2)《益稷》:"乃赓载歌。"《传》:"赓,续。"《释文》:"赓,加孟反。刘皆行反。《说文》以为古续字。"陆音"加孟反"者,读为更。《史记·平准书》:"悉巴蜀租赋不足以更之。"韦昭注:"更,续也。"明二字义通。而刘音"皆行反"者,盖以《传》训赓为续,故如字读也。此例亦不见于他经《释文》,明刘即为本篇作音。

(3)《禹贡》:"大野既猪。"《传》:"水所停曰猪。"《释文》:"猪,张鱼反。马云,水所停止深者曰猪。刘东胡反。"陆读猪张鱼反,依孔《传》、马融之

---

① 此《诗经·召南·采蘩传》文。
② 见注。颜作"祖会反"(精泰)与《集韵》声异韵同。
③ 郑《笺》所引实《仪礼·少牢馈食礼》文。而改"被锡"为"髲鬄"者,依义破读也。

义。刘昌宗音"东胡反"者,则读猪为都。按猪、都并有聚意,析言有水止聚与人所聚之别,如《穀梁传·僖公十六年》:"民所聚曰都。"浑言则义无别。如《尚书·尧典》"幽都"《传》云:"都谓所聚也。"故《水经注·谏水》曰:"水泽所聚谓之都,亦曰猪。"刘氏作都读者,《史记·夏本纪》正作"大野既都"。又郑玄注《周礼·职方氏》"其浸波溠"引《禹贡》"荥播既猪"作"荥播既都"。又《礼记·檀弓》下:"洿其宫而猪焉。"注:"猪,都也。南方谓都为猪。"段玉裁说:"古音无鱼、虞、模敛侈之别,都音同猪,二字皆者声也。'南方谓都为猪'者,谓北人二音略有别,南音则无别也。"① 按《广韵》猪在知纽鱼韵,都在端纽模韵,上古同声同部。刘昌宗声类端知同类,鱼、模也有混读,是两音相近。刘氏此读,盖以二字既音近且义同,又见《尧典》所作、《史记》及郑注《周礼》所引《禹贡》,字皆作"都",而径以"东胡反"音"猪"也。此亦不见于他经《释文》,当刘氏为《尚书》所作音。

(4)《梓材》:"王启监,厥乱为民。"《传》:"言王者开置监官,其治为民,不可不勉。"《释文》:"监,工暂反。刘工衔反。下同。"陆作去声者,盖以监为泛称,刘读平声者,则以为专名也。按《周礼·天官·太宰》:"立其监"注曰:"监谓公、侯、伯、子、男各监一国。《书》曰:'王启监,厥乱为民。'",陆氏彼音"古衔反",正与刘"工衔反"之音同。刘氏此音,盖即依郑注《太宰》之说而为《梓材》作音也。

以上四条,皆刘氏尝作《尚书音》之明证,段氏之说失之偏颇。

《集韵》又有两条既引《尚书》,又称为"刘昌宗读"者,实非刘为《尚书》所作之音,而如段氏所云乃为《周礼》郑注引《尚书》所作。一为屋韵"翌",余六切。注:"明也。《书》'翌日九丑'。② 刘昌宗读。"此条见于《春官·司几筵释文》,段氏已言之矣。一为侯韵"蠡",莫候切。注:"龟兆气郁冥也。《洪范》'曰蠡日尅。刘昌宗读。"按《尚书·洪范》作"曰蒙",《释文》无刘音。而《周礼·春官·太卜》注:"五色者,《洪范》所谓'曰雨、曰济、曰圈、曰蠡、曰尅。'"《释文》:"蠡音濛。刘莫遘反。"知《集韵》所本在此也。

卢文弨又以为《集韵》引有刘氏《左传音》。③ 按《集韵》既引《左传》又注

---

① 郑《笺》所引实《仪礼·少牢馈食礼》文。而改"被锡"为"髢髻"者,依义破读也。
② 见《诗三家义集疏》。
③ 余萧客说见《古文尚书撰异·禹贡第三》引《古经解钩沉》。

为"刘昌宗读"者仅一例,即劲韵"郢",于正切。注:"楚地名。《春秋传》'吴其入郢'。刘昌宗读。"《左传·昭公三十一年》:"吴其入郢乎"。《释文》:"郢,以井反。又羊政反。"不载刘音。而《周礼·春官·占梦》:"以公日月星辰占六梦之吉凶。"注:日月星辰谓日月之行及合辰所在。《春秋·昭公三十一年》:"十二月辛亥,朔,日有食之。是夜也。晋赵简子梦童子倮而转以歌,旦而日食。占诸史墨,对曰:六年及此月也,吴其入郢乎?终亦弗克。"《释文》:"入郢,以井反。刘余政反。"此音实与《左传释文》之"郢"字又音"羊政反"全同。彼所引"又音",或即本于此乎?又"余政反"声纽属以,"於政切",声纽属影。两纽在上古揆隔难通,在刘氏声类中也分别划然,直到《广韵》亦不相淆杂。《集韵》此例,当是据刘为《周礼》郑注所作"余政反"而收,然因宋代以、影之细音相混而误纽于"於政切"内。

另外,《左传释文》录有刘音三例,考之皆非刘氏为《左传》所作音注。现条理于下。

(1)《襄公三十年》:"或叫于宋太庙,曰:'嘻嘻,出出。'"《释文》:"出出,如字。郑注《周礼》引此作'诎诎',刘昌宗音出。"按《周礼·秋官·庭氏》:"若神也,则以大阴之弓与枉矢射之。"注:"神谓非鸟兽之声,若或叫于宋太庙嘻嘻、诎诎者。"《释文》:"刘音出。本亦作出。"是《襄公三十年释文》所本。

(2)《襄公三十一年》:"巾车脂辖。"《释文》:"巾车,如字。刘昌宗《周礼音》居觊反。"按刘氏此音并见于《春官·序官》及《春官·巾车》等《释文》。此条非刘为《左传》作音甚明。

(3)《僖公三十二年》:"晋人御师必于殽。"《释文》三"于殽,本又作崤,户交反。刘昌宗音豪。"按《周礼·夏官·大司马》:"若师不功,则厌而奉主车。"注:"郑司农曰,厌谓厌冠,丧服也。军败则以丧礼,故秦伯之败于殽也,《左传》曰:'秦伯素服郊次,向师而哭。'"《释文》:"于殽,户交反。刘音豪。"知此《左传释文》所引刘音亦本于刘氏《周礼音》也。

综上所辨,刘氏未尝为《左传》作音注,今见《集韵》、《左传释文》所录者,皆刘为《周礼》郑注所引《左传》而作。考辨既明,可将刘氏著述条具于下:

《周礼音》一卷《经典释文序录》著录一卷(《隋书经籍志》作三卷),存于《周礼释文》者约580条。

《仪礼音》一卷。《经典释文序录》著录一卷(《隋书·经籍志》无著录),存于《仪礼释文》者约 417 条。

《礼记音》五卷。《经典释文序录》著录五卷(《隋书·经籍志》五卷,且注云:"亡。"),《礼记释文》存 9 条,《集韵》存 4 条,有 2 条与《释文》重。

《毛诗音》不知卷数,亦不见著录。《颜氏家训·书证》存 1 条,《匡谬证俗》存 2 条。《尚书音》不知卷数,亦不见著录。《尚书释文》存 4 条。

今本《释文》中后人所增改的反切举例①

今本《释文》中有一种很特别的反切,如《礼记·少仪释文》有"辟匹亦反。徐孚益反",两个反切的声韵全同,当《广韵》滂纽昔韵。如此者今本《释文》中所存尚多,而至今未见说者。检陆德明《叙录》自定条例有云:

> 文字音训,今古不同。前儒作音,多不依注,注者自读,亦未兼通。今之所撰,微加斟酌。若典籍常用,会理合时,便即遵承,标之于首。其音堪互用,义可并行;或字存多音,众家别读,苟有所取,靡不毕书,各题姓氏,以相甄识。义乖于经,亦不悉记。其"或音"、"一音"者,盖出于浅近,示传闻见,贤者察其衷焉。

则陆氏作音,乃以"典籍常用,会理合时"者为首音,且仅系"遵承"而非自作也。附其后者三:一为音义虽与首音异而可并行互用者;二为多音字各家异读而义有可取者;三即出于浅近之异读而仅以"示传闻见"者。据此知德明原书同条内并无声韵全同之反切,否则"自坏其例"。细绎今本《释文》中此类切语,大率与"类隔"有关。而即是今本,德明仍端、知不分,帮、非互切,匣、于为一(王力 1985)。即便是《广韵》,仍然保存了这些混切的例子(罗常培 1931)。若此,陆德明何由得于"类隔"之前标一"音和切"邪?因颇疑前例中陆德明原仅有"辟徐孚益反"一音,今本有"匹亦反"者,乃后世好事者之所为也。按《释文》几经删改,已非原书之貌,其中尤以宋人陈鄂等改动为大。宋人性不守旧,好改古书,《释文》不能独免。隋至唐初之唇、舌音及匣(于)纽,

---

① 原载《中国音韵学研究会第十一届学术讨论会汉语音韵学第六届国际学术研讨会论文集》,香港文化教育出版有限公司,2000。

已然各为两类,是宋人读之与时音龃龉,因更"类隔"为"音和",或于旧切前增缀今音,虽顺理随时,然终非陆氏旧式,或竟陈鄂辈所为也?纵《释文》之旧已无全本,幸有敦煌所出残卷数种,与今本互校,仍可得数事以证此说。

今本《释文》	敦煌本
1. 编必然(庄子马蹄)	编甫连(伯三六〇二)
2. 鳖步结(同上)	鳖扶结(同上)
3. 辟匹壁反。向音檗,徐敷历反,李父历反。本或作僻,同。	僻敷历(同上)
4. 胈畔末反。向父末反,李扶盖反。(在宥)	胈扶末反。郭扶盖反。(同上)
5. 涤大历反(尚书尧典)	涤直历反(伯三三一五)
6. 饕吐刀反(庄子骈拇)	饕勑高反(伯三二〇二)
7. 倬陟角反(诗大雅·桑柔)	倬都角反(伯三三八三)
8. 猾户八反(尚书·舜典)	猾于八反(伯三三一五)

例1和例2系将原切上字改为重唇,例3中"匹壁反"与徐邈之"敷历反"音同,例4中"畔末反"与向秀之"父末反"音同。例3和例4"匹壁"、"畔末"为后增。例5、例6和例7或改"舌上"为"舌头",或改"舌头"为"舌上"。例8改于为匣。

要之,今本《释文》反切列于首音者,多有非陆氏之旧者,或以时音改"类隔"为"音和",或径增缀"音和"切于首,恐多宋人所为。此事不明,当被其所误,故作短文以数事发其墨焉。

《周易音义》、《尚书音义》重音音切研究[①]

一、重音音切及重音音切的发现

在今本《经典释文》里有"牝,频忍反"的反切,同条又出"徐邈扶忍反"一切。从汉语语音史的角度看,这两个反切所表示的读音完全相同且意义无异,仅有反切用字的不同可以表明时代早晚有别。因此,"牝,频忍反"="牝,扶忍反",从《切韵》音系角度言这是完全等值的重复音切。邵荣芬(1995:P20)称之为"重音音切"。本文沿用这一术语,并规定只有同时满足以下三个条件的每一对重复音注,才是"重音音切"。

条件1:在同一条注中出现并同时为一个字注音的两个音切。
条件2:两个音切表示的读音音韵地位相同。
条件3:两个音切所注的字意义相同。

例如:"而逋,补吴反。徐方吴反。"(讼卦80)此例同时满足以上三个条件,所以"补吴反"与"方吴反"是为"逋"字注音的一对重音音切。

又如:"漂,匹妙反。徐敷妙反。又匹消反。"(武成176)此条"匹妙反"与"敷妙反"同时满足三个条件,是一对重音音切。"匹妙反"与"匹消反"不能满足"条件2",所以不是重音音切。同理,"敷妙反"与"匹消反"也不满足于"条件2",不构成重音音切。

再如:"钊,姜辽反。又音昭,徐之肴反。"(顾命191)此条又音用直音

[①] 原载《中国音韵学——中国音韵学研究会太原国际研讨会论文集·2010》,北京,九州出版社,2012。

"昭",与徐邈的"之肴反"等值。但是可以理解为徐邈用"之肴反"给又音"昭"字作切,"昭"和"之肴反"并非同时为一个字注音,不能满足"条件1",所以不是重音音切。

再如:"沛,本或作旆,谓幡幔也。又普贝反。姚云滂沛也。王廙丰盖反,又补赖反。徐普盖反。"(丰卦115),其中"丰盖反"跟徐音"普盖反"同。但王廙有两个读音,而徐邈有一个读音,分别录存是为反映"众家"异同,跟我们所说的重音反切性质不同。

由于本文讨论的反切注音问题,涉及古书用字,所以全部采用繁体。文中引例后括号里汉字是该条出现的篇名,阿拉伯数字是上海古籍出版社影印宋元递修本《经典释文》的页码。

今本《经典释文》存在相当数量的重音音切,每对重音音切大多仅为反切用字有异而在《切韵》时期音韵地位相同,且两个读音表示的词义也相同。最早发现这种重复音注现象并严加批评的是南宋的岳珂,他的《九经三传沿革例》①"音释"条云:

> 有音重复而徒乱人意者。如《尧典》"光被四表",被,皮寄反。而徐又音扶义反。以扶字切之,则为音吠。盖徐以五音为字母,遂以扶为蒲。以蒲切之,无异于皮寄反。法应删。又如《曲礼》"负剑辟咡诏之",辟,匹亦反。是音僻矣,而徐氏又音芳益反,沈氏又音扶赤反。以芳与扶切之,实不成字。盖吴音以芳为滂、以扶为蒲,二切皆音僻,又何必再三音此一字为哉?如此者甚多。

岳珂指出《释文》存在大量的重音音切是一重要发现,然将这种重音造成的混乱归咎于陆德明,而未悟所见本《释文》已非陆氏原书之旧。且又以为《释文》用"吴音"作切尤误。其书同条又云:

> 有用吴音为字母而反切难者。沈氏、徐氏、陆氏皆吴人,故多用吴音。如以丁丈切长字,丁仲切中字,是切作吴音也。以至蒲之为扶、补之为甫、邦之为方、旁之为房、征之为丁、铺之为孚、步之为布②、惕之为饬、

---

① 《粤雅堂丛书》本。
② "步之为布"与前后凡轻重唇不别及舌头舌上混切之例不类,步为并母、布为帮母,此为清声母与浊声母相混之例,而在《经典释文》中并不明显。

领之为冷、茫之为亡、姥之为武、敌之为直,是以吴音为切也。此类不可胜纪,但欲知此,则以吴音切之可也。

岳氏所举之例可类分为四,一是轻重唇互用:如蒲之为扶、补之为甫、邦之为方、旁之为房、铺之为孚、茫之为亡、姥之为武是也;二是舌头舌上不分:如丁丈切长字、丁仲切中字、征之为丁、惕之为饬、敌之为直是也;三是声母清浊相混:如步之为布、步为並母、布为帮母是也;四是等第不同:如领之为冷、领三等、冷二等是也。则岳珂所谓"以吴音切之可也"者,盖南宋时期"吴音"仍存轻重唇同类、端知不分的音韵现象。然视《经典释文》此类现象为陆德明以"吴音"作切乃大误。王力先生说:"陆德明是吴县人,有人怀疑《经典释文》用的是吴音。这个论据是不能成立的。卢文弨在《重雕经典释文缘起》中说:'陆氏虽吴产,而其所汇辑前人之音,则不尽吴产也。'陆氏自己也说'方言差别,固自不同。河北江南,最为巨异。或失在浮清,或滞于沉浊。今之去取,冀祛兹弊。'他岂有采用吴音的道理?况且他大量引用六朝注释家的反切,更不能认为是吴音了。"徐邈、沈重及陆德明确系吴人,分别为东晋、梁末、陈隋时期的南方经师,但所用非为吴语,而是南方经师的读书音。因为无论是陆德明本人还是引据徐邈、刘昌宗、李轨、沈重等南方经师的音注,注音对象都是古代经典,注音目的都是为了使学子读书有所依凭,正如《叙录》"条例"所谓:"书音之用,本示童蒙。"而陆氏时任"国子博士",所作既为"童蒙"时的国子诵读经典而注音,自不得以方音作切,而必当依据符合某一地域范围中通语的读书音。上述南方经师依据的通语,当是来自魏晋时期的"洛下",而以南朝时期的"金陵"为中心的南方通语,亦即东晋南朝时期具有政治、经济、文化中心地位的"帝王都邑"区域的通语。很难想象古代经典尤其是《周易》、《尚书》中的大量古词语,历经千年以后,直到南朝末期仍能在"吴语"方言区中大量保留下来且频繁使用①。因此,把南方经师的读书音一概称为"吴音"显然是错误的。再则从《释文》看,徐、陆音读在不分轻重唇、不分舌头舌上等

---

① 一方面,如果大量古代词汇仍然保留在"吴语"中而被使用,而徐邈、沈重、陆德明又系吴人,那么,他们为古代经典注释且频繁作音就毫无必要。另一方面,司马迁在《史记》中凡引《尚书》,都用汉代的词汇替换古语词,而韩愈《进学解》有"周《诰》殷《盘》,佶屈聱牙"的描写,正说明经典保留的大量古代词汇到汉、唐时期已经不再使用,以致后世阅读经典感到非常困难。

方面颇为一致,但徐邈音庄组声母尚未从精组声母中完成分化(蒋希文1999),而陆德明精、庄两组判然为二(邵荣芬 1996)而与《切韵》一致。也就是说,虽然徐邈、沈重与陆德明都是南方经师,但因时代不同而其读书音也有差别。这些差别,或许正是以南朝通语语音系统为基础的南方读书音历时变化的一种反映。

总之,岳珂首次指出所见《经典释文》存在大量重音音切的事实,但他把"类隔切"归咎于徐邈、沈重、陆德明等以"吴音"作切,则难免唐宋人有每以不合时音即斥为"吴音"的通病[①]。况且他对重音音切如何形成未置一词,故无助于解决重音音切所造成的混乱。

考求陆德明音系,必须确保所用的数据真实可靠。考察《经典释文》的重音音切的问题,从而对其"首音"的性质作出正确判断,就是为考求陆德明音系的先期基础研究。为了使讨论能够集中、有效,本文根据《经典释文》各经在流传中被后人"改撰"、"刊改"的不同情况,选择《周易音义》和《尚书音义》先行研究,以保证材料的纯一性,避免不同时代、不同人物"改撰"、"刊改"而产生的不同异质成分干扰我们的观察和判断。

二、《周易音义》和《尚书音义》的重音音切分析

从《周易音义》和《尚书音义》的重音音切来看,两个音切之间的关系通常表现为:首音是不标名氏的"音和切",与首音相重的则是标有名氏的"类隔切"。以下根据每对重音音切中反切上字的关系,分类列出《周易音义》及《尚书音义》中重音音切的全部例子。跟首音相重的反切用楷体字表示。为便于考察被注字的音义关系,原书的释义部分一律保留。

帮/非:

1. "而逋,补吴反。徐*方吴反*。"《讼卦》80(博孤切:帮模一)

[①] 唐李涪《刊误》说:"至陆法言采诸家纂述而为己有……然吴音乖舛不亦甚乎?"就以《切韵》为吴音。又卢文弨《周易音义考证》于"之长,张丈反"下云:"书内多作丁丈反,毛居正云,作丁丈反者吴音也。然则此书内凡张丈反者,皆疑出宋人所改。《广韵》亦有丁丈一音,毛说非。今官本多作之丈反。"笔者认为卢说是对的。毛居正谓以"丁丈反"切"张"为吴音,正与岳珂相类。

2."不陂,彼伪反。徐**甫寄反**,倾也。注同。又破河反。偏也。"《泰卦》83

3."贲,彼为反。徐**甫寄反**。李轨府瓫反。傅氏云贲,古班字。文章貌。郑云有也,文饰之貌。王肃符文反,云有文饰,黄白色。"《贲卦》89

4."蔽,必世反。徐**甫世反**。"《大禹谟》149

5."秕,悲里反。徐**甫里反**,又必履反。"《仲虺之诰》163

6."俾,必尔反。徐**甫婢反**。使也。"《汤诰》163

7."辟,必亦反。徐**甫亦反**。"《太甲上》164

8."不畀,比二反。徐**甫至反**。注同。与也。"《洪范》177

9."俾,必尔反,使也。徐**甫婢反**。下同。"《牧誓》175

10."畀,必利反。徐**甫至反**。"《康王之诰》195

分析:以上 10 例,首音以帮切帮,属音和切。次音全引徐邈,以非切帮,属类隔切。

另有"嶓,音波,徐甫河反。韦音播。"(禹贡 157)此条首音为直音"波","甫河反"可理解为徐邈直接为"波"、间接为"嶓"作音,不是重音音切。"韦音播"的"播"有平、去两读,也不能确定就是重音反切,因此可以排除。

滂/敷:

11."丰,芳忠反。《字林》匹忠反。依字作丰。今并三直画,犹是变体。若曲下作豆,礼字耳,非也。世人乱之久矣……"《丰卦》114

12."扑,普卜反。徐**敷卜反**。"《舜典》146

13."漂,匹妙反。徐**敷妙反**,又匹消反。"《武成》176

14."伻,普耕反。徐**敷耕反**,又甫耕反。下同。"《洛诰》186

15."伻,普耕反。徐**敷耕反**,又甫耕反。"《立政》191

分析:第 11 条首音以敷切敷,次音以滂切敷;其他 4 例首音以滂切滂,次音以敷切滂。5 例首音皆为不标作者名氏之音和切,次音皆类隔切,其中 4 例引徐邈,1 例引《字林》。

並/奉:

16."利牝,频忍反。徐邈**扶忍反**。又扶死反。"坤卦 76(参考"牝,频忍反。徐又扶死反。"离卦 96、第 28 条"牝,频引反。徐又扶忍反。"《牧

誓》175)

17."被,皮寄反。徐**扶义反**。"《尧典》142
18."薄,蒲各反。徐**扶各反**。"《益稷》152
19."坟,扶粉反。后同。韦昭音**勃愤反**。起也。马云有膏肥也。"《禹贡》154
20."蠙,蒲边反。徐**扶坚反**。字又作玭,韦昭薄迷反,蚌也。"《禹贡》155
21."被,皮寄反。徐**扶义反**。注同。"《禹贡》157
22."亳,旁各反。徐**扶各反**。"《胤征》161、《伊训》164
23."圮,备美反。徐**扶鄙反**。马云毁也。"《咸有一德》166
24."弁,皮彦反。徐**扶变反**。"《金縢》180
25."薄,蒲各反。徐**又扶各反**。"《酒诰》184
26."比,毗志反。徐**扶志反**。"《召诰》185
27."辟,婢亦反。徐**扶亦反**。"《蔡仲之命》189
28."牝,频引反。徐**又扶忍反**。"《牧誓》175
29."被,皮义反。徐**扶伪反**。注同。"《顾命》193
30."凭,皮冰反,下同。《说文》作凴,云依几也。《字林》同,**父冰反**。"《顾命》193
31."弁,皮彦反。徐**扶变反**。"《顾命》194
32."卞,皮彦反。徐**扶变反**。"《顾命》195
33."比,毗志反。徐**扶志反**。"《召诰》185

分析:第19条首音以奉切奉,次音以并切奉。其他17例首音以并切并,次音以奉切并。首音皆为不标名氏的音和切,次音皆属类隔切,其中徐邈17例,韦昭1例。

另有"背;音佩,徐扶代反"(太甲中165)。其中"佩"是"背"的直音,"扶代反"可视为徐作反切为"佩"直接注音,为"背"间接注音。因此,这一条可以排除。此外又有"比,徐扶志、毗志二反"(《牧誓》175)。按本条跟上面所有的例子都不同,是在同一主名下出了两个读音相同的反切。但其中的"毗志反"是不是徐邈音大有问题,上引第26、33两条作:"比,毗志反。徐扶志反。"而《周易音义》和《尚书音义》中另有"比,毗志反。徐扶至反"(《伊训》164)、"比,毗志反。徐扶至反。注及下同"(《盘庚》中168)。此外"比,毗志反"还在这两部《音义》中出现32次,分别见于屯77、蒙78、比81、无妄92、杂卦135、同人84、序卦135、大有84、观88、既济120、贲90、颐94、解103、复91、夬106、习95、明夷101、睽102、革110、中孚118、略例下137、萃107、困108、兑117、未济120、杂卦136、杂卦137、卦略138、盘庚下168、泰誓中174、洪范177、多士187等①。这些"比"字都只有"毗志反"一音,既无重音,且不跟徐邈发生关系。从常识来看,作者显然认为在这些"比"的反切中"毗志反"是最重要的"合理"音切,否则不会列在首音位置。而"徐扶志反"则可有可无,所以列在次音位置或者干脆不用。如果说"毗志反。徐扶志反"是因为"录存前人读音相同而用字不同的切语"而造成首音与徐邈同音重出,那么"徐扶志、毗志二反"则不能作同样的解释。首先因为凡有重音例子中,"毗志反"都是用于区别徐邈"扶志反"的首音,既要区别,必有不同,因此只有徐邈没有"毗志反"才能用它来做区别。其次,徐邈为"比"字所作的反切还有"扶至反",如果他真要想在同一个字的注音中收录自己所有用字不同的反切,为什么不录"扶至反"呢? 更为重要的是,徐邈的唇音没有分化为帮、非两组(蒋希文1999),而同一作者断无在同一条中为同一个字注上两个读音相同的反切之理。所以本条的"毗志反"不是徐邈为"比"字所作的音。而且"徐扶志、毗志二反"也不可能是陆德明所为,否则无以解释什么会有"比,毗志反。徐扶志反"这类大量的标注形式,而这些形式无疑是在向读者强化"毗志反"跟徐邈的"扶志反"用字不同且更加"合理"的倾向。如果"徐扶志、毗志二反"是陆德明所作,那么就是承认了徐邈音是合理的,也等于承认在徐邈音前加注的反切毫无意义。在"比,徐扶志、毗志二反"条里,显然是有人将"毗志"移到"徐扶志"之后,再改"反"为"二反",变成了徐邈的反切。总之,无论何人将"毗志反"放到徐邈音里都是错误的,所以这一条也可以排除。

明/微:

33."厖,无甫反。徐**莫柱反**。"《洪范》178

分析:第33条首音以微切微,为无主名之音和切。次音以明切微,为引

---

① 《周易音义》和《尚书音义》还有两处为"比"作音,一是"比,毗至反"(系辞下13),一是"比,必二反,又如字"立政(191)。

徐邈之类隔切。第 36 条徐音前为音和切,后为类隔切。

另有"薆,徐莫刚反,又武刚反。马云,勉也。"(《洛诰》186)此条又出现同一个人为同一个字作了重音音切的情况,而徐邈第 33 条"庬"音"莫柱反"以明切微,而"沫,徐武盖反"(《丰卦》115)、"泯,徐武轸反"(《康诰》182)、"蔑,徐亡结反"(《君奭》189)等,皆以微切明,徐邈反切系统里明微不为两类(蒋希文 1999),所以该条最大的可能是原作"薆,徐武刚反","莫刚反又"四字是"武"切一等"刚"已不和谐①的时代被人加上去的。

端/知:

34."窒,张栗反。徐**得悉反**。又得失反。马作至,云读为踬,犹止也。郑云觉悔也。"《讼卦》79

35."窒,珍栗反。徐**得悉反**。郑、刘作愼。愼,止也。孟作怪。陆作窨。"损卦 104(二反皆知质开三)

分析:此二条首音以知切知,为无主名的音和切。次音以端切知,为引徐邈的类隔切。

端/章:

36."晢,之舌反。徐**丁列反**,又之世反。"洪范 177

分析:此条首音以章切章,为无主名的音和切。次音以端切章,引自徐邈。按中古的章纽 tɕ-,部分来自上古的 * t-;端章交替,可视为较帮非、端知历史更早的古"类隔"。

以上 36 例,全是首音为音和切,次音为类隔切,无例外。而其中次音为徐邈音的有 35 例,韦昭音 1 例,《字林》音 1 例。全是因为既有音和切的首音,又有类隔切的次音,所以形成重复注音的重音音切。

其他:

虽为重音而不构成音和与类隔关系的只有以下数例。

37."戛,居八反。徐**古八反**。马云撠也。"《益稷》152

38."虢,寡白反。徐**公伯反**。"《君奭》189

---

① 唐代景审《慧琳一切经音义序》:"武与绵为双声,企与智为迭韵,盖所不取。"其所谓"武与明为双声"之旧法慧琳"不取"者,明、武已经分化为明 m-、微 ɱ-两类,混切不和谐。

第 37 条被切字"戛"属黠韵二等开口。"居八反"以三等开口字为切,"徐古八反"以一等合口字为切。此类牙喉音切上字使用时要求与切下字在等第、开合口方面的和谐,始于唐代慧琳《一切经音义》,而在宋代的《集韵》里这种趋势更为明显。以《集韵》为例,"居"一般总是与一、二、三等韵开口的反切上字;而"古"通常总是作为一、二、三等韵合口的反切上字(杨军 1995)。因此,"戛"字的"居八反"与《集韵》反切上下字之间注重开合口介音一致的趋势相符,而徐邈的"古八反"则跟《切韵》系韵书反切上下字所要求的-j-介音和谐趋势一致。第 38 条被切字"虢"属陌韵二等合口,"寡白反"以二等合口字为切,"徐公伯反"以一等开口字为切。因此,"虢"的"寡白反"也跟《集韵》反切上下字之间所要求的和谐趋势相符,而徐邈的"公伯反"则同于《切韵》系韵书反切上下字所要求的和谐趋势。

此外,有"膴,枉略反。徐乌郭反。马云,善丹也。《说文》云,读与霍同也。又一郭反。《字林》音同。"《梓材》185

此条首音与引录诸家音切不重,而徐邈"乌郭反"则与《说文》"又一郭反"音同,但徐邈仅一读,而《说文》有两音,徐与《说文》正音别而与又音同,正为"各题氏姓,以相甄识"之例,跟前面的重音音切性质不同,可以排除。

又有"迟,直疑反。徐持夷反。"《盘庚》上 167

按此条"直疑反"澄/之:"持夷反"澄/脂。切下字有之、脂韵别,不为重音①,也可以排除。

39."钥,予若反。徐**以略反**。马云藏卜兆书管。"《金縢》179

此条"钥"字的两个反切"予若反"和"徐以略反"除用字不同外,没有其他任何差别。为什么会有这种同音音切的存在,暂时没有合理的解释。

不构成音和切与类隔切对立的重音音切中,第 37、38 两条,可以得到其他的解释,只有第 39 条"钥,予若反。徐以略反"重复原因不明,姑且作为例外保留。不过例外仅此一例,占总数的 2.56%,对我们的观察并无大碍。

---

① 邵荣芬(1995:P.45)以此条为重音音切,收于"陆氏合并《广韵》音类所形成的重音音切表"。因陆德明支、脂、之三韵系的分合,情况较为复杂,当另作专文讨论。又陆氏早于《广韵》数百年,而谓其"合并《广韵》音类",逻辑上不成立。

三、重音音切产生的原因及其性质

上面列出的重音音切中有一个对注音没有任何价值而可以删除的冗余形式。造成这种冗余的原因只能有两种：一是陆德明有意而为，一是在流传过程中产生的。邵荣芬(1995)说陆德明"不仅仅录存前人不同的音切，而且也录存前人虽然同音但用字不同的音切。"万献初(2004)也说："收这类音同而切语用字不同的同音切语，说明陆德明收录前人的音切是十分详尽的。"显然认为《经典释文》的这类重音音切是陆德明为了保存前人的反切材料而有意而为的。沈建民(2007)则认为："这些又音的差别只在切上字轻重唇的不同，而且首音都是音和切，又音才是类隔切。这似乎说明轻重唇在徐邈、刘昌宗、郭璞或《字林》的读音中是相同的，但陆德明听起来却不怎么和谐，所以要把反切改了。"这是认为陆德明轻重唇已经分化而将类隔切更改为音和切。总之，都认为重音反切是陆德明有意而为的。但是，根据陆德明《叙录》自定条例，《经典释文》没有冗余形式存在的理由，而且在汉魏以来其他类似的古书注音中，亦无如此大量的冗余形式。换言之，今本《释文》中这种没有任何区别意义的重复注音，极少见于其他古代音义文献，如郭璞《尔雅注》、曹宪《博雅音》、《史记三家注》、《汉书音义》、《晋书音义》、《李善注文选》、《骞公毛诗音》、《玄应经音义》、《慧琳经音义》等。因此，重音音切不合古书注音的一般通则。一方面，同条注音中出现重音音切，也不合于陆德明《经典释文叙录》所定的体例。如果承认这些重音音切是《经典释文》原有的，是邵先生所说的"也录存前人虽然同音但用字不同的音切"，就无法解释"牝，频忍反。徐又扶死反"(《离卦》96)为什么跟16条不同，而要删去徐邈又音前的"扶忍反"。同时也无法解释重音音切为什么在《周易》、《尚书》、《左传》等《音义》中大量出现，而很少见于《毛诗》、《尔雅》等《音义》。因此，"录存说"难以成立。

请注意岳珂的这段话："如《尧典》光被四表，被，皮寄反。而徐又音扶义反。以扶字切之，则为音吠。盖徐以五音为字母，遂以扶为蒲。以蒲切之，无异于皮寄反。法应删。又如《曲礼》'负剑辟咡诏之'，辟，匹亦反。是音僻矣，而徐氏又音芳益反，沈氏又音扶赤反。以芳与扶切之，实不成字。"岳珂认为当时"扶义反"切出的已经不是"被"的读音而是"吠"的读音，而无论是"芳益反"，还是"扶赤反"都已切不出完整的音节。既然是切不出正确读音甚至切不出字音的"无效"反切,当然"法应删"①。虽然岳珂认为"应删",但仅仅是表明一种态度,而其所刻相台岳氏家塾本"九经三传"并没有真正删掉这些古反切。这对我们应该有所启示:岳珂不删并不能保证别人不删。

陆德明《经典释文叙录》在"条例"下云:"音堪互用,义可并行,或字有多音,众家别读,苟有所取,靡不毕书。各题氏姓,以相甄识。"而第16条作:"牝,频忍反。徐邈扶忍反。又扶死反。"从《切韵》、《广韵》的角度来看,"频忍反"与"扶忍反"音韵地位相同,皆并轸开三,相当于《广韵》毗忍切。这是一对等值且表示同一读音的"重音音切"。"扶死反"则相当于《广韵》的"又扶履切",为并旨开三。因此"徐邈扶忍反,又扶死反",符合牝字"字有多音,众家别读"的规定,自然可以"靡不毕书"。然"频忍反"与"扶忍反"读音释义皆无别,唯反切上字在唐宋以后并、奉不同,不在"苟有所取"之列,断无两存之理。从逻辑上看,如果第16条首音是陆德明所作,那么,陆德明必定认为徐邈音"扶忍反"用轻唇作重唇的反切上字不合适。这样认为的唯一理由就是陆德明唇音已经分化为帮、非两组,陆德明认为轻唇已经不能切重唇了。但是《离卦》(96)又有一例作:"牝,频忍反。徐又扶死反。"其中"徐又扶死反"说明徐邈原先还有一个与本条首音相同的反切被省掉了,而这个反切只能跟16条里的"扶忍反"相同。省掉的原因也只能是因为这个反切的音值跟"频忍反"相同,否则也应当保留。那么陆德明在这里又承认了帮、非两组声母没有分化。我们用 x_1V_1 代表频忍反、x_2V_1 代表扶忍反、x_2V_2 代表扶死反,这两条可以表述为:

(1)牝,x_1V_1;徐 x_2V_1 又 x_2V_2。

(2)牝,x_1V_1;徐又 x_2V_2。

(1)强调 x_1V_1 与徐 x_2V_1 不同。认为帮、非两组已经分化,唇音有轻重之别。

(2)承认 x_1V_1 与徐 x_2V_1 相同。认为帮、非两组尚未分化,唇音无轻重之别。

那么,(1)(2)并存违反了逻辑上的矛盾律。

为什么出现这种矛盾?唯一合理的解释是在首音 x_1V_1(频忍反)和 x_2V_1(扶忍反)中,必有一个反切不是《经典释文》原有的。那么其中哪一个是《经典释文》原有的呢?要证明这个假定,可以考察:其一,《经典释文》首音是否帮、非两组声母已经分化。其二,《经典释文》首音是否可以引录诸家音切。

按"牝"字后世不变轻唇,如果16条原来就是"频忍反。徐扶忍反"(A1V1、A2V1),目的在于通过这对重音音切用字的不同表明反切的变迁,即"牝"的"频忍反"乃以重唇音自切,"扶忍反"则以轻唇切重唇,那么,一定是陆氏作《释文》时轻、重唇已然分别,故作"频忍反"置于徐邈的"扶忍反"前,用以区别。但是这一假定必须满足下面的条件:陆德明注音中帮组、非组已经分化,帮、非两组反切上字不再混用。而陆氏轻、重唇亦无分别,在《尚书释文》中有"别,方列反"(《洪范》178)、"毗,房脂反"(《微子之命》181)、"辟,扶亦反"(《梓材》184)、"辟,扶亦反。下同"(《君陈》192)、"乃辟,扶亦反"(《文侯之命》199)等,而诸例皆为首音,可为陆德明不分轻、重唇之证。又据邵荣芬(1995)研究,《经典释文》首音轻、重唇混切,没有分化为帮、非两组。在汉语史上轻唇音声母从重唇音分化出来是较晚近的变化,晚于陆德明《经典释文》的《切韵》,也还没有产生这种分化。

至于《经典释文》是否可以直接采用前人以反切为首音的问题,邵荣芬(1995)的看法是肯定的。陆德明在《经典释文叙录》的"条例"中为首音自定了规则,云:"典籍常用,会理合时,即便遵承,标之于首。"既云"遵承",必有旧音。倘若诸家音切符合"经典常用,会理合时"的标准,就应该可以"遵承"而"标之于首"。如果删除重音音切中的音和切首音,有主名的次音就上升到首音的位置。那么,有主名的首音在《经典释文》中是否合理?仅仅在《周易音义》和《尚书音义》中,引录前人的反切作为首音的例子多达90条。其中徐邈音78例,占引用总数的比例高达86.7%。在《经典释文》中,引用前人注音以徐邈音为最,其次为刘昌宗,再次为李轨[①]。在《尚书音义》和《毛诗音义》中,凡言"徐云毛音"、"徐云郑音"等也有25条之多,"孙毓云毛音"1条,"沈云毛音"、"沈云郑音"4条,"一云"、"或云"、"旧云""毛音"或"郑音"4条。结合《叙

[①] 据蒋希文(1999,3页):"《经典释文》保存下来徐邈为经籍注音的切语两千多条,去其重复及无效的音切(所谓'无效音切'是指切语中往往有'如字'、'附近之近'等语,此就当时人言之,均不失为有效音注),仍可得一千四百余条。"

录》"汉人不作音,后人所托"[①]的说法,毛、郑等汉代经师的读音很多转引自徐邈,也可见徐邈等东晋时期的南方经师读音在陆德明心目中的权威地位。把他们符合"典籍常用"且"会理合时"的反切作为首音当然就顺理成章了。

既然陆德明的唇音没有分化为帮、非两组,如果他将自己认可的标准读音置于首音的位置,同时保留前人合理的音注,将 16 条作"徐扶忍反又扶死反",就可以同时达到这两个目的。因此今本第 16 条的首音"频忍反"不可能是陆德明原书旧有的,而是轻重唇分化为两套声母后被人加上去的,增加时又未删掉徐邈"扶忍反"一切,以致造成同音重出。是 16 条原当作"徐扶忍反又扶死反"。而《离卦》的"牝,频忍反。徐又扶死反"一条,就是后人增加了"频忍反",并且删削"徐"下"扶忍反"一音而避免重音之例。原亦当作"徐扶忍反又扶死反"而跟 16 条的旧本一致。由此,我们可以根据上面的分析得出结论,因为陆德明《经典释文》首音不分重唇、轻唇,所以,其一,今本《周易音义》和《尚书音义》中诸如首音音和切、次音类隔切之类的重音音切不是陆德明所为。其二,在有主名的类隔前出现的音和切首音是后人增加的。其三,造成重音音切的原因是唐宋以后唇音分化为帮、非两组,时人以混切不和谐而增加符合时音的反切。

第 35 条"窒,张栗反。徐得悉反"和第 36 两条"窒,珍栗反。徐得悉反"的首音也是后人增加的,否则无以解释陆德明何以有那么多端、知互混的反切。这两条的首音"张栗反"、"珍栗反"与徐邈"得悉反"皆属知质开三,与《广韵》"陟栗切"相当,而陆德明端、知同样不分。混切的例子如"有它,敕多反。本亦作池"(《比卦》81)、"咥,直结反,啮也。马云龁"(《履卦》82)、"见咥,直结反"(《略例》下 137)[②]、"惕,勅历反。荀翟作锡,云赐也"(《夬卦》105)[③]、"为耜,音似。京云耒下耓也。陆云广五寸。耓音勅丁切"(《系辞下》128)。此外"阴长,丁丈反"(《小畜卦》81)与"而中,丁仲反。注同"(《系辞下》130)比比皆是,不胜枚举。皆足证陆德明知组声母尚未从端组声母中分化,故屡以舌头

---

①　宋元递修本"汉人"前有"成"字,盖为"或"之误字。"或",疑辞。"或汉人不作音"者,疑汉人不作音也。"后人所托"疑为"后人所记"之误。"所托"是后人假托汉人作反切,"所记"则是后人将汉人的读音折合为反切。

②　参考"大耊,田节反。马云七十曰耊。王肃又他结反,云八十曰耊。京作絰,蜀才作咥。"(离卦 96)

③　参考"夕惕,他历反,怵惕也。郑玄云惧也。《广雅》同。"(乾卦 74)

切舌上或以舌上切舌头。然则上引两条的首音"张栗反"、"珍栗反"亦与徐邈"得悉反"音义全同,属于毫无收录价值的重复注音,同样有违陆氏《叙录》所定体例,也是后人妄增的。

至此我们可以得出另一个结论,以上所举例子中,凡首音为无主名的音和切、次音为有主名的类隔切者,其首音都是唐宋人后来增加的,不是陆德明《经典释文》原有的。而这些例子中有主名的次音,才是陆德明《经典释文》原来的首音,也才真正是陆德明认可的标准读音。

第一个系统讨论《经典释文》重音音切的是邵荣芬的《〈经典释文〉音系》。邵荣芬先生(1995:21页)说:"还有很多重音不容易解释。对此音韵学学界存在两种不同意见。一派认为这类重音不仅从《广韵》的角度看是重音,从《释文》的角度看也是重音。不过这一派只有结论,没有论证。这可以举王力先生为例。王先生在谈到《释文》的注音时说:'甚至各家异读也只是字面不同,切出来的读音并没有甚么两样。'另一派则认为这类重音从《释文》的角度看都是有分别的,不是读音有分别,就是反切用字有适当不适当的分别。持这一派主张的是晚清的法伟堂。"邵先生不同意法伟堂的意见,同时极力主张《释文》的重音反切无论从《广韵》的角度看,还是从《释文》的角度看,都是没有分别的。他认为《释文》的重音音切是陆德明录存前人反切造成的。他说:"既然陆氏以尽量保留前人所造音切的原貌为宗旨,那么他不仅仅录存前人不同的音切,而且也录存前人虽然同音但用字不同的音切就是理所当然的。"(同上)虽然重音反切从理论上说是有限的,可以"穷尽",但是操作起来却十分困难。所以,要通过一部目的在于注释古代经典音义的著作来保存前人所有读音相同而用字不同的反切①,是很难实现的。如果诚如邵先生(1995)所说,陆德明要"录存前人虽然同音但用字不同的音切",为什么往往在每条内只录存一个跟首音相重的音切,而不是两个、三个或更多?陆德明在录存时的弃取标准是什么?为什么这些重音音切之间关系大多表现为首音是一个没有主名的音和切,而次音是一个有主名且多为徐邈的类隔切?为什么同一部书里,《周易》、《尚书》、《周礼》等《经典释文》有大量的重音音切,而在《毛诗》、《尔雅》等《释文》里很少甚至几乎没有?这些问题都是"录存说"必须解释的,而邵先生都没有讨论。况且陆德明在《叙录》里说《经典释文》的宗旨是

---

① 《经典释文》是一部音义书,其目的并不是作一部保存古人所有反切的数据汇编。

"质而不野,繁而非芜。示传一家之学,用贻后世"。而大量采录没有读音区别的重音音切,不惟直接违反陆德明"质而不野,繁而非芜"的初衷,而且必然导致岳珂批评的"徒乱人意"的芜杂局面,何以达到令国子"奉以周旋,不敢坠失"的目的?

邵先生的"录存说"是基于他确信《经典释文》的首音就是陆德明认可的标准读音。就一般情况而言,作者把自己认可的标准读音放在首音的位置当然毋庸置疑,但前提是这部书自始至终没有被篡乱而能保持原貌。对《经典释文》这部历经唐宋人多次"改撰"、"刊改"而遭大乱的特殊著作,如果还要坚持认为所有首音都是陆德明所作,就必须进行详细的论证,才能得出结论。唐玄宗因《尚书·洪范》"无偏无颇,王道之义"于时音不能协韵,遂诏改"颇"为"陂"已是众所周知的事实。既改经文,音释难免。因此今本《尚书释文》作:"陂,音秘。旧本作颇,音普多反。"(《洪范》178)其中除经文"颇"改为"陂"外,音注中"音秘旧本作"五字为唐玄宗诏改时所加,而陆德明原书当只作"颇普多反"四字。这是后人更改陆德明首音的铁证。文献中还有很多相关的记载。天宝三载玄宗诏云:"上古遗书,实称于训诂,虽百篇奥义,前代或亡;而六体奇文,旧规犹在。但以古先所制,有异于当今;传写浸讹,有疑于后学。永言刊革,必在从宜。"①所谓"永言刊革"可见其更改经注之决心,"必在从宜"则为其"刊革"之标准。唐人封演《封氏闻见记》"石经"云:"天宝初,敕改《尚书》古文,悉为今本。十年,有司上言:'经典不正,取舍难准。'诏儒官校定经本,送尚书省并国子司业张参共相验考。"所谓"悉为今本",定非偶改一二,而是大量改动。不惟《尚书》如此,其他典籍也有相同的遭遇。

《玉海》卷四十五"唐《开元文字音义》"条:

> 《集贤注记》有敕,依《文字音义》改撰《春秋》、《毛诗》、《庄子》音,张九龄奏。校理官吕证撰《春秋音义》,郑钦说撰《毛诗音义》,甘晖、卫包撰《庄子音义》。
>
> 郭忠恕曰:"玄宗《老子》上卷改载为哉,《洪范》一篇更颇作陂。"

唐玄宗在历史上是很重视文化建设且好著述的皇帝,《唐会要》卷三十六"修撰"载:"其年三月二十七日,上注《老子》并修《疏义》八卷,并制《开元文字

---

① 《唐大诏令集》卷八一。

音义》三十卷,颁示公卿。"《册府元龟》卷五十三:"二十三年(735)三月癸未,亲注《老子》并修《疏义》八卷及《开元文字音义》三十卷。颁示公卿士庶及道、释二门,听直言可否。"吕证等改撰诸经《音义》,不排除有迎合玄宗的动机。唐代对《经典释文》的全面校勘,文献也有记录。《全唐文》卷一百二十《令张昭田敏校勘经典释文敕》云:

> 经典之来,训释为重,须资鸿博,共正疑讹,庶使文字精研,免至传习眩惑。其《经典释文》,已经本监官员校勘外,宜差兵部尚书张昭、太常卿田敏详校①。

这是唐代钦命"刊正"《经典释文》的事实。而这种"勘校"后来一直延续。《册府元龟》卷六百八:

> 周墀为起居舍人,集贤殿学士。开成元年(836)正月,中书门下奏墀及监察使张次宗、礼部员外郎孔温业、兵部员外郎集贤殿直学士崔球等,同就集贤院勘校《经典释文》。

由于《经典释文》是为古代的教科书和重要思想著作所作的注释,它的命运当然不能跟其他书籍一样,一方面会受到统治者的特别重视,一方面也会根据统治者在教育等方面的需要而进行调整。无论唐宋,都是如此。《玉海》卷三十七载:

> 唐陆德明《释文》用古文,后周显德六年(959),郭忠恕定古文刻板。太祖命判国子监周惟简等重修。(北宋)开宝五年二月,诏翰林学士李昉校上之。诏名"开宝新定尚书释文"。

又"开宝校释文"条:

> 周显德二年(955年)二月诏刻《序录》、《易》、《书》、《周礼》、《仪礼》四经释文,皆田敏、尹拙、聂崇义校勘。自是相继校勘《礼记》、《三传》、《毛诗》音,并拙等校勘。
>
> (北宋)建隆三年(962年)判监崔颂等上新校《礼记》释文。
>
> 开宝五年(972年)判监陈鄂与姜融等四人校《孝经》、《论语》、《尔

---

① 《玉海》卷四十三"唐石经,后唐九经刻板"条:"显德二年(955年)二月校勘《经典释文》三十卷雕印,命张昭、田敏详校。"

雅》释文上之。二月李昉知制诰,李穆、扈蒙校定《尚书》释文(自注:德明释文用《古文尚书》,命判监周惟简与陈鄂重修定,诏并刻板颁行)。

咸平二年(999年)十月十六日直讲孙奭请摹印《古文尚书音义》与新定《释文》并行,从之(是书周显德六年(959年)田敏等校勘。郭忠恕覆定古文并书刻板)。景德二年(1005年)二月甲辰,命孙奭、杜镐校定《庄子》释文。

又"景德校诸子"条：

咸平六年(1003年)四月命杜镐等校《道德经》,六月毕。景德二年(1005年)二月甲辰,校定《庄子》并以释文三卷镂板,后又命李宗谔等雠校《庄子》序。

狩野直喜《唐钞古本〈尚书释文〉考》引《崇文总目》云：

《尚书释文》一卷。陆德明撰。皇朝太子中舍人陈鄂奉诏刊定。如开宝中,诏以德明所释乃《古文尚书》,与唐明皇所定今文驳异。今删定其文,改从隶书。盖今文自晓者多,故切弥省。

既然唐人依玄宗《开元文字音义》改音而撰诸经《音义》在前,而宋人又屡屡"刊正"各经《释文》在后,那么,今本《释文》多首音为符合唐宋人读音的音和切而次音为有主名的类隔切,就不难解释了。只要在《经典释文》原书类隔切注音前加上一条符合唐宋人反切习惯的音注,就形成今本首音与次音相重的格局,且一般表现即如今本：首音是无主名的音和切而次音是有主名的类隔切。

关于唐宋时期后人刊革增删《经典释文》之记载,频见于《新唐书》、《唐大诏令集》、《玉海》及《崇文总目》等。本人在《今本〈释文〉引〈切韵〉〈玉篇〉考》(《中国语言学》第四辑)有专门讨论,由于唐宋时期对各经《音义》的改动情况不一,故对今本《释文》的问题必须区别不同经典《音义》进行分别考察。本文即为《经典释文》重音音切系列研究的一部分。

本人曾撰文指出今本《释文》中存在后人所增改的反切(杨军2000),随后指导沈红宇对《礼记音义》中后人增改的反切进行专项研究(2004,2005),目的就在于分别甄别今本《经典释文》中唐宋人羼入的异质成分,为探求陆德明的语音系统提供可靠的文本。

结　论

一、《周易》、《尚书》二《音义》所重音切,首音为"音和切"而次音有主名且为"类隔切"者十之八九,且"类隔切"之主名十有八九为徐邈。

二、两书首音凡有主名者亦十有八九为徐邈。而此类材料中绝无重音音切,且首音多帮非、端知"类隔"。

三、陆德明帮非、端知不分,则重音反切毫无意义。根据陆德明《叙录》所述体例,断不容无意义之重音反切。因此,在"类隔切"音注前出现的"音和切"首音,不是陆德明本人所为,而是吕证、陈鄂辈刊革增删《释文》时添加。

四、"重音音切"中音和切的首音,不能用以研究陆德明《经典释文》的音系,但可藉以考察后代的语音变化。

今本《释文》引《切韵》《玉篇》考①

一、今本《释文》中所见《切韵》考

在今本《经典释文》中,《尚书音义》引《切韵》凡单举《切韵》者10例,《玉篇》、《切韵》并举者2例,省称"篇韵"者1例。类似情况不见于其余13种经典,仅出现在《尚书音义》内。因此很早学术界就怀疑此系后人妄增,而非陆德明原书旧貌。吴承仕《经籍旧音辨证》云:

> 唐写本《尚书音义》残卷"逸说殄行"不引《切韵》(《大禹谟》以下写本阙,不得对校)。承仕按:德明撰《释文》当在陈至德元年,下迄仁寿之初相距十有九年,自不得引《切韵》。今本《释文》引《切韵》十一事,则宋开宝中陈鄂所为也。而陈鄂之删定《释文》,下距景德重修《广韵》时相去约四十年。所引《切韵》十一事,其切语用字校今本《广韵》无稍差异。(以《释文》所引《切韵》校唐写本《切韵》唯"绵"作"武连反"、"殄"作"徒显反"为异,余并同;"嗜"、"耄"二字唐本阙,不得对勘)。然则修《广韵》者唯增字耳,于旧有反音盖不尽改。

同书又于"漯,天荅反。篇韵他合反"下云:

> 承仕按:"篇韵"者,指《玉篇》、《切韵》而言,此亦宋人语,非德明之旧。今本《玉篇》"漯,通合切",《广韵》"漯,他合切",与此引《篇》、《韵》同。又按:"天荅"、"他合"二反同音。

---

① 原载《中国语言学》第四辑,北京大学出版社,2010。

今本《释文》所引《切韵》音，唯见于《尚书音义》。倘《切韵》为撰作《释文》时陆德明本人所引，不当仅用于《尚书》一篇。吴承仕先生所谓"所引《切韵》十一事，其切语用字校今本《广韵》无稍差异"者可以依信。唯吴先生所计总数较本文所考相差 2 例，盖属百密一疏，偶有失检。现将《尚书音义》所引《切韵》分别开列于下，每条后附切三、王三及《广韵》的反切以相参照。每条后附篇名，篇名后用阿拉伯数字注出上海古籍出版社影印宋元递修本《经典释文》页码。

（一）《尚书音义》单引《切韵》者

1."谗，《切韵》士咸反"《舜典》148（切三、王三咸韵谗，士咸反。《广韵》同。大徐同）。

2."殄，《切韵》徒典反"《舜典》148（切三铣韵殄，徒显反。王三徒典反。《广韵》徒典切。大徐同）。

3."惇，《切韵》都昆反"《皋陶谟》150（切三、王三魂韵敦小韵惇，都昆反。《广韵》同。大徐同）。

4."愨，《切韵》苦角反"《皋陶谟》150（切三、王三觉韵殻小韵愨，苦角反。《广韵》同。《唐韵》同。大徐同）。

5."菹，《切韵》侧鱼反"《禹贡》156（切三、王三鱼韵字作葅，侧鱼反。《广韵》作菹，侧鱼切。注："亦作葅。"《说文》作"菹"，大徐侧鱼切）。

6."緜，《切韵》武延反"《禹贡》157（切三仙韵作绵，武连反。王三同，注云："絮。正作緜。"《广韵》作緜，武延切。大徐同）。

7."触，《切韵》尺玉反"《禹贡》158（切三、王三烛韵触，尺玉反。《广韵》同。《唐韵》同。大徐同）。

8."嗜，市志反。《切韵》常利反"《泰誓上》173（王三至韵嗜，常利反。《广韵》同。大徐同）。

9."褒，薄谋反。《切韵》博毛反"《洛诰》186（切三、王三豪韵褒，博毛反。《广韵》同。大徐同）。

10."耄，本亦作耊，毛报反。《切韵》莫报反"《吕刑》197（王三号韵帽小韵耄，莫报反。《广韵》在冒小韵，莫报切。《唐韵》同。大徐同）。

(二) 同条并引《玉篇》、《切韵》者

11. "勦,子六反。《玉篇》子小反。马本作巢,与《玉篇》、《切韵》同"《甘誓》160(切三小韵:"口,绝。子小反。二剿。剿,劳。又锄交反。"王三:"剿,子小反,绝。亦作剿。剿,劳。又锄交反。亦作巢。"《广韵》作:"剿,绝也。子小切。剿,上同,出《说文》。剿,劳也。又音巢。"《说文》作"勦",大徐子小切。今本《玉篇》力部:"勦,楚交、子小二切。劳也。"《玉篇》刀部:"剿,子小切,绝也。"下有"剿",注:"同上。"《篆隶万象名义》①力部作:"勦,子小反。劳。掌。"刀部:"剿,子绍反,截。剿字,绝。"按《尚书·甘誓》"天用剿绝其命。"注:"剿,截也。截绝谓灭之。"依注"剿"当作从刀作"剿"或"剿",从力者皆字之误)。

12. "隮,子细反。《玉篇》子兮反,《切韵》祖稽反"微子 171(切三齐韵赍小韵即嵇反,王三即黎反,均无此字。《广韵》赍小韵祖稽切②,跻字下有隮,注:"上同。"《说文》无"隮"字。赍、跻,大徐并祖鸡切。今本《玉篇》:"隮,子计、子兮二切。气也。登也。升也。"残卷:"子诣反。"《名义》:"隮,子诣反。气。虹。")

(三) 并引《玉篇》、《切韵》而省称为"篇韵"者

13. "漯,天荅反。篇韵他合反"《禹贡》154(切三合韵錔小韵漯,他合反。王三他阁反。《广韵》漯字亦在錔小韵,他合切。《唐韵》有漯,所属小韵首字坏缺。《说文》作"湿",大徐它合切。今本《玉篇》:"湿,同上③。《说文》他合切。"又:"漯,通合切。水在东郡东武阳。《说文》亦作湿。"《名义》作"漯,通合反")。

以《尚书音义》所引《切韵》与切三(S2071)、王三及《广韵》相校,凡与切三、王三相同之切语皆与《广韵》同,盖以《广韵》反切用字沿袭前代韵书反切之故。需要注意的是,第 5 条"莅"字字形同《广韵》而不同切三、王三;第 6 条"武延反"反切用字同《广韵》而不同切三、王三。第 12 条"隮"字引《切韵》"祖

---

① 以下简称《名义》。
② 泽存堂本误为"相稽切",巨宋本、影宋本并作"祖稽切",是也。
③ 上为"湿,尸及切。水流就湿也"。

稽反",切三、王三齐韵有赍小韵与此音相当,而切三即秸反,王三即黎反,不唯反切用字不同,且两书该小韵皆未收"脐"字。然《广韵》赍小韵正作"祖稽切",脐字下有脐,注:"上同。"此更说明《尚书音义》所引《切韵》不是陆法言原书。然则《尚书音义》所引《切韵》凡同切三、王三者必同《广韵》及大徐音,所引不同切三、王三者亦同《广韵》;除12、13两条反切用字小有不同,亦合于大徐音。足见《尚书音义》所引《切韵》与陆法言原书已有一定距离,而与《广韵》悉数相同;与大徐音切亦多相同。而《广韵》与大徐音,多沿用李舟《切韵》。按王国维《李舟切韵考》云:

> 唐人韵书,以部次观之,可分为二系。陆法言《切韵》、孙愐《唐韵》及小徐《说文解字篆韵谱》、夏英公《古文四声韵》所据韵书为一系;大徐改定《篆韵谱》与《广韵》所据为一系……大徐于雍熙四年作《韵谱后序》云:"《韵谱》既成,广求余本,颇有刊正。今复承诏,校定《说文》。更与诸儒,精加研核。又得李舟《切韵》,殊有补益。其间疑者,以李氏为正。"是大徐改定《韵谱》,多据李舟……大徐改定《篆韵谱》,既用其次,陈彭年亦江南旧人,又尝师事大徐,故修《广韵》亦用之……李舟《切韵》为宋韵之祖。

然则《尚书音义》所引《切韵》不尽合于陆法言《切韵》,而与《广韵》毫无差异,且与大徐音大抵一致之缘由可得而说也。《玉海》卷四十五"景德校定《切韵》、祥符重修《广韵》"条载:"景德四年(1007)十一月戊寅,崇文院上《校定切韵》五卷,依九经例颁行本陆法言撰。祥符元年(1008)六月五日,改为《大宋重修广韵》。三年(1010)五月庚子,赐辅臣人一部。"是知景德四年之《校定切韵》与祥符元年之《大宋重修广韵》乃二名一书,而《尚书释文》引据之《切韵》非陆法言《切韵》,而为景德四年崇文院所上之《校定切韵》,数月后即更名《大宋重修广韵》,故所引合于《广韵》自在情理之中。然则今本《释文》所引之《切韵》,既非陆德明本人所为,又非引自陆法言《切韵》,则窜乱陆氏《释文》者究为何人? 上文13条:"漯,天荅反。篇韵他合反。"吴承仕(1986)云:"'篇韵'者,指《玉篇》《切韵》而言,此亦宋人语,非德明之旧。"且此条"天荅反"与"他合反"两音相重,不合陆德明《叙录》所定体例,则"篇韵"音必为后人所增。关于《经典释文》之重音音切,大多首音为"音和切",次音为"类隔切"。据邵荣芬(1995)所考,今本《释文》首音端组与知组、帮组与非组皆未分化。则"音和"与"类隔"所构成之重音就陆德明而言显然毫无意义,而类似"漯,天荅反"

与"他合反"之相重音切更无意义,且在《释文》,既少而散,分布并无规律。因此,此类重音必为唐宋人增加反切所致,而非如邵先生(1995)所说为陆德明"体例不严"而造成。关于今本《释文》重音音切,本人将另有专文讨论。而《尚书音义》既经唐人、宋人屡改,则陆氏原书内容必已大乱。关于唐宋人改动《释文》,据《新唐书·艺文志》(卷五十七)载:

> 今文尚书十三卷
> 注:开元十四年玄宗以《洪范》"无偏无颇"声不协,诏改为"无偏无陂"。天宝三载又诏集贤学士卫包改古文从今文。

又《唐大诏令集》卷八十一载唐玄宗开元十三年(725年)《改〈尚书·洪范〉"无颇"为"无陂"敕》云:

> 典谟既作,虽曰不刊,文字或讹,岂必相袭。朕听政之暇,乙夜观书,匪徒阅于微言,实欲畅于精理。每读《尚书·洪范》至"无颇","遵王之义",三复兹句,常有所疑。据其下文,并皆协韵;唯"颇"一字,实则不伦。又《周易·泰卦》中"无平不陂",《释文》云"陂"有"颇"音①,"陂"与"颇"训诂列别。为"陂"则文亦会意,为"颇"则声不成文。应由煨烬之余,编简坠缺,传授之际,差别相沿。原始要终,须有刊革。朕虽先觉,兼访诸儒,佥以为然,终非独断。其《尚书·洪范》"无偏无颇"字,宜改为"陂"。庶使儒先之义,去彼膏肓;后学之徒,下其鱼鲁。仍令宜示国学。

玄宗所改"无偏无颇"之"颇"为"陂",今本《尚书释文》作:"陂,音秘。旧本作颇,音普多反。"(《洪范》178)其中除"颇"改为"陂"外,"音秘旧本作"五字为唐玄宗诏改时所加,而陆德明原书当只作"颇普多反"四字无疑。既改经古文从今文,则相应音释难免更替。而且玄宗"原始要终,须有刊革"之"创新"之举早已有之。天宝三载(744年)玄宗就曾下诏云:"上古遗书,实称于训诂,虽百篇奥义,前代或亡;而六体奇文,旧规犹在。但以古先所制,有异于当今;传写浸讹,有疑于后学。永言刊革,必在从宜。"所谓"永言刊革"可见其更改经注之决心,"必在从宜"则为其"刊革"之标准。据《新唐书·艺文志》(卷五十七)载:

---

① 今本《周易释文》:"无陂,彼伪反,徐甫寄反。倾也。注同。又破河反,偏也。"唐玄宗所谓《释文》陂有颇音"者,即"陂"有"破河反"一音之谓也。

今文尚书十三卷

注：开元十四年玄宗以《洪范》"无偏无颇"声不协，诏改为"无偏无陂"。天宝三载又诏集贤学士卫包改古文从今文。

然玄宗改经之举，后世屡有非议。《宋会要辑稿·崇儒》四之十三载北宋宣和六年(1123)宋徽宗手诏：

唐开元中，以《洪范》"无偏无颇，尊王之义"声不协韵，遂改"颇"为"陂"，诬伪汨真。可下国子监、秘书省，复从旧文，以"陂"为"颇"，使学者诵习，不失箕子之言。

宋徽宗虽下诏令国子监、秘书省回改，以图复原古籍旧貌，但因北宋亡国而未果。且徽宗以前，宋代刊定增删《经典释文》又较唐代为甚。唐宋之间，"刊正"《释文》之事见载于文献者，如《全唐文》卷一百二十《令张昭田敏校勘经典释文敕》云：

经典之来，训释为重，须资鸿博，共正疑讹，庶使文字精研，免至传习眩惑。其《经典释文》，已经本监官员校勘外，宜差兵部尚书张昭、太常卿田敏详校。

而《玉海》卷三十七载：

唐陆德明《释文》用古文，后周显德六年(959)，郭忠恕定古文刻板。太祖命判国子监周惟简等重修。(北宋)开宝五年二月，诏翰林学士李昉校上之。诏名"开宝新定尚书释文"。

又同书卷四十三：

显德二年(955年)二月校勘《经典释文》三十卷雕印，命张昭、田敏详校。("唐石经，后唐九经刻板"条)

又同卷：

周显德中二年(955年)二月诏刻《序录》、《易》、《书》、《周礼》、《仪礼》四经释文，皆田敏、尹拙、聂崇义校勘。自是相继校勘《礼记》、《三传》、《毛诗》音，并拙等校勘。

(北宋)建隆三年(962年)判监崔颂等上新校《礼记》释文。

开宝五年(972年)判监陈鄂与姜融等四人校《孝经》、《论语》、《尔雅》释文上之。二月李昉、李穆、扈蒙校定《尚书》释文（自注：德明释文用《古文尚书》，命判监周惟简与陈鄂重修定，诏并刻板颁行）。

咸平二年（999年）十月十六日直讲孙奭请摹印《古文尚书音义》与新定《释文》并行，从之（是书周显德六年（959年）田敏等校勘。郭忠恕覆定古文并书刻板）。景德二年（1005年）二月甲辰，命孙奭、杜镐校定《庄子》释文。（"开宝校释文"条）

又同卷：

咸平六年（1003年）四月命杜镐等校《道德经》，六月毕。景德二年（1005年）二月甲辰，校定《庄子》并以释文三卷镂板，后又命李宗谔等雠校《庄子》序。（"景德校诸子"条）

狩野直喜《唐钞古本〈尚书释文〉考》引《崇文总目》云：

《尚书释文》一卷。陆德明撰。皇朝太子中舍人陈鄂奉诏刊定。如开宝中，诏以德明所释乃《古文尚书》，与唐明皇所定今文驳异。今删定其文，改从隶书。盖今文自晓者多，故切弥省。

由此可见，《尚书释文》被"刊革"、"校勘"、"校定"或"重修定"、"新定"次数为十四经之最。在玄宗诏改之后，先后有周显德（955年）田敏、尹拙、聂崇义校勘；宋开宝五年（972年）二月李昉、李穆、扈蒙校定《尚书释文》一事；周惟简与陈鄂重修定德明《古文尚书释文》；咸平二年（999年）十月十六日直讲孙奭请摹印《古文尚书音义》与新定《释文》等数次大修订。其中又以宋开宝五年陈鄂之修订为最巨。既改古文为通行文字，则必于音义作相应删汰或增添。《崇文总目》所谓"今文自晓者多，故切弥省"，足见一斑。正因如此，今本《释文》中偶可见宋人惯用之语如"篇韵"等，可稍显宋人更改古书之迹。关于"篇韵"连言，为宋人习语者，鲁国尧先生（2003）曾曰：

《玉篇》、《广韵》二者连言，是宋人的习惯，不独张麟之如此……甚至径以二字简称，如《玉海》卷四五载祥符三年邱雍上《篇韵筌蹄》三卷，杜从古《集篆古文韵海序》："又爬罗篇韵所载。"；李焘《序资治通鉴长编》太平兴国七年六月"乃诏（王着）令详定篇韵"。又，景德二年载戚伦与贡院上言："旧敕止许以篇韵入试。"《切韵指掌图》"辨匣喻二字母切字歌"："当今篇韵少相逢。"赵叔向《肯綮录》："篇韵皆无馅字"、"字篇韵皆所不载"、"蘠字不见于篇韵"。叶大庆《考古质疑》卷三:"古字音义,有出于经史之通用,而篇韵或不能尽载,亦不可不知也。"

虽《尚书音义》之"篇韵"指《玉篇》、《切韵》,与鲁先生所举宋人之"篇韵"为《玉篇》、《广韵》不尽同,然亦为宋人之语(吴承仕 1986)。《玉海》卷四五:"太平兴国二年(977年)六月,诏太子中舍人陈谔等五人详定《玉篇》、《切韵》。"二书连言,盖得简称为"篇韵"矣。

此外《尚书音义》另有一条不合陆德明用语者:"鈆,寅专反,字从㕣。合音以选反。"(《禹贡》155)其"合音某"当为后人语,陆德明书中每用"音宜某"或"宜某"而罕有"合音某"者。如:"度,旧音杜洛反,恐误。注云,作册书法度。音宜如字。"(《顾命》194)此类例多不赘。"合音"、"合作"等是宋人惯用术语。如宋杨伯嵒《九经韵补》:"《周易》假,更白切。《家人》王假有家。合于入声二十陌韵内添入。"全书通篇用"合于"、"合在",皆其例。

根据上述证据,可以推断《尚书音义》中所见《切韵》13 例,当是宋代陈鄂等删改《释文》时,将与李舟系统相同且亦名《切韵》者之音切增附于《尚书音义》各条后,遂使后人不明此《切韵》竟为何书。

另外,据吾友虞万里(2000)研究,《经典释文》单刊单行在前,十四经《音义》合刊在后。因此各经《音义》校勘或刊改情况不平衡理属自然,且与《新唐书》、《唐大诏令集》、《玉海》、《崇文总目》等所载刊改《释文》之史实吻合。此正可释《切韵》何以唯见于《尚书音义》而不见于他经之疑,亦可知宋人何以为《尚书释文》增《切韵》音切之故。说者或见今本《释文》引《切韵》,则云陆德明《释文》书成于隋唐之际,然未考今本《释文》中《切韵》实非隋仁寿年间陆法言所作之书,而是经宋人校定之景德《切韵》。相距四百余年,陆德明既不得见,而安能用之?故今本《释文》引录《切韵》一事,于考订陆氏《释文》成书之年代,毫无证据价值。

二、今本《释文》引《玉篇》考

考今本《释文》全书,除前述《尚书音义》并引《玉篇》、《切韵》或"篇韵"外,具名《玉篇》者尚 10 例,分别为《尚书音义》3 例、《毛诗音义》5 例、《礼记音义》1 例、《庄子音义》1 例。现开列于下。

（一）《尚书音义》所引

1."玑,其依反,又音机。马同。《说文》云,珠不圜也。字书云。小珠也。《玉篇》渠依、居沂二反。"禹贡156(今本《玉篇》:"渠气、居沂二切。"《名义》渠气反。)

2."隩,於六反。《玉篇》於报反。"《禹贡》159(今本《玉篇》:"隩,乌到切。浦隩也。水涯也。又藏也。亦作墺、澳。"《名义》"隩,於报反。隈。藏。"残卷於报反。)

3."刻,亥代反。《玉篇》胡得反。"《吕刑》199(按今本《玉篇》字在力部,作"劾,胡盖、胡勒二切。推劾也。"《名义》"劾,胡戴反。法有罪。")

（二）《毛诗音义上》所引

4."维锜,其绮反,三足釜也。《玉篇》宜绮反。"214《采蘋》(今本《玉篇》:"锜,宜倚切。三足釜也。又渠义切。"《名义》宜倚反。足釜。)

5."谪,直革反,责也。《玉篇》知革反。"229《北门》(今本《玉篇》:"谪,知革切。咎也;罪也;过也;怒也。"别无讁字。残卷同。《名义》知革反。)

6."玼音此,又且礼反。鲜盛貌。《说文》云,新色鲜也。《字林》云鲜也。音同。《玉篇》且礼反,云鲜明貌……"232《柏舟》(今本《玉篇》且礼切。《名义》且礼反。)

7."菼,他览反。《玉篇》通敢反。"239《硕人》(今本《玉篇》他敢切。《名义》通敢反。)

8."哆,昌者反,大貌。《说文》云,张口也。《玉篇》尺纸反,又昌可反。"《巷伯》319(今本《玉篇》处纸、尺写二切。《名义》处乔反。)

（三）《礼记音义》所引

9."扂,《字林》户腊反,闲也。《篡文》云,古阖字。《玉篇》羌据、公荅二反,云閇也。"782杂记(今本《玉篇》:"羌据、公荅二切,闭户声。"《名义》"公荅反,閇、合。")

（四）《庄子音义》所引

10."嗃,许交反,管声也。《玉篇》呼洛反,又呼教反。《广雅》鸣也。"1549

则阳(今本《玉篇》:"呼洛切。《易》曰家人嗃嗃。严大之声也。"《名义》呼洛反。)

今将前引《尚书音义》中《玉篇》、《切韵》及"篇韵"并引者合并作为下表,以与大广益会本及《名义》比较。

表1 《释文》所引《玉篇》与今本及《名义》比较表

	例字	释文引《玉篇》	今本《玉篇》	《名义》	《释文》所引
1	隩	於报反	乌到切	於报反	同《名义》
2	菼	通敢反	他敢切	通敢反	同《名义》
3	剿	子小反	楚交、子小二切	子小反	同《名义》
4	嗃	呼洛反,又呼教反	呼洛切	呼洛反	较二书多一音
5	玑	渠依、居沂二反	渠气、居沂	渠气反	同今本
6	刻	胡得反	胡盖、胡勒二切	胡戴反	与今本反切不同而音同,今本多一音
7	锜	宜绮反	宜倚切	宜倚反	三书音同,用字不同
8	谪	知革反	谪,知革切	谪,知革反	不同二书
9	㦖	尺纸反	处纸、尺写二切	处㦖反	反切不同而音同,今本多一音
10	阼	子兮反	子计、子兮二切	子谐反	子兮反同今本,今本多一音
11	漯	他合反	通合切	通合反	《名义》、今本同
12	㞒	羌据、公荅二反	羌据、公荅二切	公荅反	同今本,《名义》少一音
13	玼	且礼反	且礼切	且礼反	三书同

据表一,三书全同者1例,《释文》所引同于《名义》者4例,同于今本《玉篇》者2例,同于二书者1例,同于二书而多一音者1例,与二书皆不同者1例,与今本同音而今本多一音者1例,与今本反切不同而音同,今本多一音者2例。情况复杂,是难以质言《释文》所引《玉篇》之性质,然颇疑与孙强本稍近。周祖谟《论〈篆隶万象名义〉》(1966)说:"顾氏之作成于梁代,经萧恺删改行世。至唐高宗上元间增字本出(见《新唐书·艺文志》),则渐失本来面目。宋真宗时复命陈彭年等广益之,增字一万二千有余,大乱部中次第。且注中所引经传及野王按语大都芟刈无遗,去原书更远。"则今本《释文》所引《玉篇》,盖非陆氏原书所有,而亦为后人修订《经典释文》时所加,故不当与陆书

引据"顾野王"及"顾"①等同视之。

结 论

一、今本《尚书释文》所引《切韵》13 例，与切三、王三有差异而与《广韵》不别，与大徐音亦较一致。是所出非自陆法言《切韵》，而是景德四年《校定切韵》。因景德四年《校定切韵》（次年大中祥符元年更名《大宋重修广韵》）陆德明无从引据，因此，该书中《切韵》为后人所增无疑。

二、《尚书音义》、《毛诗音义》、《礼记音义》、《庄子音义》所引《玉篇》非顾野王《玉篇》原书，其书大抵出于孙强本与陈彭年本之间，其《释文》中《玉篇》亦为后人所增。

---

① 《尔雅音义》、《毛诗音义》、《老子音义》共引"顾野王"及"顾"56 条，笔者将在《从顾野王〈尔雅音〉论〈篆隶万象名义〉与原本〈玉篇〉之关系》一文中讨论。

从《释文》引"顾野王"或"顾"
论《篆隶万象名义》与原本《玉篇》之关系①

一、《释文》所录"顾野王"与"顾"考

《经典释文》所引"顾野王"或简称"顾"者凡56条,其中《尔雅音义》53条,《毛诗音义》2条,《老子音义》1条。为便讨论,先将所有56条分别开列于下。括号内附入今本《玉篇》、《名义》相关材料,与《玉篇》残卷(文中简称《残卷》)可比者一并录存。为便比对,每条内凡称"顾野王"或"顾"者,字体皆加黑。

(一)《尔雅音义》所引

1. "豿,郭陟孝反。**顾野王**都角反。《说文》云,草犬也。孙都好反。"《释诂》1595(今本《玉篇》猪效切。《名义》猪效反。)

2. "昄,沈旋蒲板反,此依《诗》读也。孙、郭方满反。《字林》方但、方旦二反。施乾蒲满反。**顾**音板,又普奸、蒲练二反。"《释诂》1595(今本《玉篇》步板切。《名义》菩板反。)

3. "胵,旧音之日反。本又作至,又作胫。**顾**音充尸反。"《释诂》1595(今本《玉篇》日部无。肉部胵,充脂切。《名义》之逸反。)

4. "艘,郭音届,孙云古届字。**顾**子公反。"《释诂》1595(今本《玉篇》:"祖公切,船着不行也。又音届,至也。"残卷作:"子公反。《尔雅》艘,至也。《说

---

① 原载《传统中国研究集刊》第九辑,上海人民出版社,2012。

文》船着沙不行也。《尚书》遂伐三艘为此字。"《名义》子公反。)

5. "观,顾、谢音官。施古唤反。注同。"《释诂》1600（今本《玉篇》:"古换切,谛视也。又古桓切。"《名义》古桓反。)

6. "弛易,施、李音尸纸反;下音亦。顾、谢本弛作施,并易皆以豉反。注同。"《释诂》1603（施,《玉篇》:"舒移切。施张也。又式豉、以忮二切。"《名义》:"舒移反。展;行;教。"易,《玉篇》:"余赤切。象也;异也;转也;变也。又以豉切。"《名义》:余尺反。)

7. "齂,郭、施、谢海拜反。孙虚贵反。顾乎被反。"《释诂》1605（今本《玉篇》呼介切。《名义》呼秘反。)

8. "妯,顾依《诗》勅留反。郭卢笃反,又徒历反。"《释诂》1605（今本《玉篇》:"直六切,妯娌也。又勑流切,扰也。"《名义》勑流反。)

9. "契,郭苦计反,又作挈。顾苦结反。注同。《左传》云……"《释诂》1605（今本《玉篇》:"契,口计切,券也;大约也。又口结切。"又"挈,苦结切。"《名义》契,口计反。挈,苦节反。)

10. "汰,姑犬反。施胡犬反。顾徒盖反,字宜作汰。"《释诂》1606（今本《玉篇》:"徒盖切,洗也。又勑达切,过也。"残卷作:"达盖反,《楚辞》……《广雅》洗也。又勑达反。《左氏传》……"《名义》徒盖反。)

11. "尼,本亦作昵,同,女乙反。谢羊而反。顾奴启反。下同。"《释诂》1607（今本《玉篇》奴启、女饥二切。《名义》奴启、女饥二反。)

12. "啜,常悦反。郭音锐。顾猪芮反。施丑卫、尺锐二反。《说文》云,啜,尝也。《广雅》云,食也。"《释言》1610（今本《玉篇》:"昌悦、常悦二切,茹也。又音辍。《诗》云,啜其泣矣。啜,泣貌。"《名义》:"猪芮反,茹;尝;食。")

13. "诿,郭女睡反。顾汝恚反。谢音矮。孙云,楚人曰谣,秦人曰诿。"《释言》1610（今本《玉篇》女恚切。残卷同。《名义》同。)

14. "烘,沈、顾火公反。郭巨凶反。孙音恭。《字林》巨凶、甘凶二反。"《释言》1611（今本《玉篇》许公切。《名义》许公反。)

15. "炷,郭音恚。《字林》口颖反。《说文》云,行灶也。顾口井、乌携二反。"《释言》1612（今本《玉篇》口迥、乌圭二切。《名义》乌携反。)

16. "介也,音界。李、孙、顾、舍人本并云,缡,罗也;介,别也。"《释言》1613（今本《玉篇》:"介,居蕯切,甲也;大也;助也;绍也。《说文》云,画也。"《名义》:"居蕯反。"训释无"别"义。)

17."戎,如字。本或作拔又作㦓。顾如勇反。沈如升反。"《释言》1614(今本《玉篇》戎,如终切。《名义》如终反。)

18."虹,音洪。顾作讧,音同。李本作降,下江反。"《释言》1614(今本《玉篇》讧,胡东切。《名义》胡公反。)

19."佗佗,本或作它字,音徒河反。顾、舍人引《诗》释云,祂祂它它,如山如河。谢羊而反。"《释训》1619(今本《玉篇》:"托何切,蛇也。上古草居而畏它,故相问无它乎。又非也,异也,今作佗。"《名义》:"徒河反。囊。")

20."怟怟,郭徒启反,与恺悌音同。顾、舍人渠支反。李余之反,怟怟,和适之爱也。"《释训》1619(今本《玉篇》:"渠支、是支二切。敬也;亦爱也。"《名义》上支反,爱也。)

21."忳忳,之闰、之屯二反。或作谆,音同。顾、舍人云,梦梦话忳忳,烦懑乱也。"《释训》1620(今本《玉篇》:"之闰切又之纯切,乱也。"《名义》:"之纯反。乱;闇。")

22."伹伹,顾音此。郭音徒。谢音紫。舍人云,形容小貌。"《释训》1620(今本《玉篇》"七纸切,小舞貌。"《名义》作:"伹,且紫反。小;细?①。伹字。")

23."儵儵,郭徒的反。顾舒育反。樊本作攸,引《诗》云,攸攸我里。"《释训》1622(今本《玉篇》他狄切,又大的、尸育二切。《名义》舒六反。)

《释亲》下无

24."柣,郭千结反。顾丈乙反。吕伯雍大一反。《广雅》云,砌也。"《释宫》1627(今本《玉篇》"驰栗切,门限也。又音佚。"《名义》未见。)

25."衿谓,又作纻。郭同。今、钳二音。顾渠鸠、渠今二反。"《释器》1632(今本《玉篇》巨禁、巨今二切。《名义》渠金反。)

26."捐,吕、沈囚娟反。顾辞玄反。郭与专反。"《释器》1633(今本《玉篇》余专切。《名义》有专反。)

27."骲,火交反。《埤苍》云,骨镞也。沈五瓜反。顾蒲交反。"《释器》1636(今本《玉篇》蒲交、平剥二切。《名义》平笃反。)

28."巢,孙、顾并仕交、庄交二反。孙又徂交反。巢,高也。言其声高。"《释乐》1638(今本《玉篇》仕交切。《名义》仕交反。)

《释天》下无

---

① "细"下一字难以辨识。

29. "枳,本或作贅。**顾**音居是、猪是二反。郭巨宜反。孙音支,云蛇有枝首者,名曰率然。施音指。案枳首谓蛇有两头。"《释地》1651(今本《玉篇》居纸、诸氏二切。《名义》居纸反。)

《释丘》下无

30. "厜,秭规反。郭才规反,《字林》同。**顾**视规反。本或作崔,又作嶉。皆才何反。"《释山》1654(今本《玉篇》是规切。残卷视规反。《名义》视规反。)

31. "羼,郭语规反。《字林》音危。**顾**鱼奇反。本或作㕒,又作羛,皆五何反。"《释山》1654(今本《玉篇》牛奇切。残卷语奇反。《名义》语奇反。)

32. "嵰,本或作嵊,字同。郭鱼检反。《字林》云,山形似重甗。居俭反。**顾**力俭、力俨二反。"《释山》1655(今本《玉篇》:"鱼检切,重甗也;厓也。又方检切。"军按"方检切","方"当作力,字之误也。《名义》张?检反。)

《释水》下无

33. "茵,沈、**顾**音祥由反。谢音由。"《释草》1665(今本《玉篇》叙留切。《名义》叙留反。)

34. "茈,本又作藆。沈、**顾**徂斯反。谢徂咨反。"《释草》1666(今本《玉篇》积豕切。《名义》资豸反。)

35. "蓚,郭汤雕、他周二反。**顾**他迪反。"《释草》1673(今本《玉篇》他笛切。《名义》他迪反。)

36. "薜,本或作䕸。**顾**、谢同音圭。孙苦圭反。"《释草》1674(今本《玉篇》古畦、苦畦二切。《名义》苦携反。)

37. "薇,音微,又音眉。**顾**云,水滨生,故曰垂水。"《释草》1675(今本《玉篇》音微。《名义》:"莫飞反,菜,食。")

38. "薰,谢蒲苗反,或力骄反。孙蒲骄反。《字林》工兆反。**顾**平表、白交、普苗三反。"释草1677(今本《玉篇》平表切。《名义》:"白交反。平表。"①)

39. "芺,沈、**顾**乌老反。谢乌兆反。《说文》云,味苦,江东食以下气。"《释草》1678(今本《玉篇》:"乌老切,苦芺也。《说文》曰,味苦,江南食之以下气。又乙矫切,《尔雅》曰,钩芺。郭璞云,大如拇指,中空茎,头有薹,似蓟,初生可食。"《名义》:"乌曰高反②,大如拇指,中空茎。")

---

① 《名义》"平表"下夺"反"字,此切语遂与子注相淆。
② "乌曰高反","高"字衍,当删。

40."芛,郭音獮,羊捶反。顾羊述反。谢私尹反。樊本作苇。"《释草》1679(今本《玉篇》惟毕、羊捶二切。《名义》惟毕反。)

41."荄,顾、谢音该。郭音皆。《说文》云,草根也。"《释草》1679(今本《玉篇》古来切。《名义》居来反。)

《释木》、《释虫》下无

42."鱦,郭音绳。顾音孕。本或作鯀,同。"《释鱼》1693(今本《玉篇》弋证切。《名义》作:"鯀"注:"鱦字。"无音切。)

43."鯲,音列。顾间结反。"《释鱼》1693(今本《玉篇》力结切。《名义》间结反。)

44."蜬,本又作函。顾古含反,又呼含反。下同。谢音含。"《释鱼》1695(今本《玉篇》古含、乎甘二切。《名义》姑今反。)

45."贲,谢音奔,又音坟。顾彼义反。"《释鱼》1695(今本《玉篇》彼寄切。《名义》彼奇反。)

46."贻,顾余之反。本又作胎,他来反。《字林》作蛤,云黑贝也。大才反。"《释鱼》1696(今本《玉篇》弋之切。《名义》余之反。)

47."䰫,郭匡轨反。顾又巨追反。"《释鱼》1696(今本《玉篇》渠追、丘轨二切。《名义》作:"䫔䰫,匡饥反。")

48."嗜嗜,《说文》亦借字也。一云大声也。庄百反。顾子夜反,又子亦反。《广雅》云,嗜嗜,鸣也。"《释鸟》1701(今本《玉篇》:"子夜切。《广雅》云,嗜嗜,鸣也。"《名义》子夜反。)

49."貋,郭音与上麇字同。顾五见反,又古典反。"《释兽》1706(今本《玉篇》公田切。《名义》公？反。)

50."踦,郭去宜反。顾居绮反。"《释畜》1713(今本《玉篇》居绮、丘奇二切。《名义》居绮反。)

51."騽騽,字或作骍。《字林》于必反。顾余橘反。郭音述。阮于密反。"《释畜》1713(今本《玉篇》余橘切。《名义》余橘反。)①

52."駽,《诗音》及吕忱、颜延之、苟楷并呼县反。郭火玄反。谢、孙犬县反。顾胡昞反。"《释畜》1714(今本《玉篇》:"胡见切,青骊马,今之铁骢。又火

---

① 参考第55条。

涓、许衔二切。"《名义》胡町反。①）

53. "犪，巨龟反。《字林》云，牛柔谨也。顾如小、如照二反。"《释畜》1716（今本《玉篇》而小、而照二切。《名义》如昭反。）

（二）《毛诗音义》所引

54. "炷灶，音恚，又丘弭反。郭云，三隅灶也。《说文》云，行灶也。吕、沈同音口颍反。何康莹反。**顾野王**口井、乌携二反。"343《白华》（今本《玉篇》口迥、乌圭二切。《名义》乌携反。）

55. "有驈，户橘反。阮孝绪于密反。顾野王余橘反。郭音述。骊马白跨曰驈。"407《驷》（今本《玉篇》余橘切。《名义》余橘反。）②

并观 15"炷"、54"炷灶"两条，15 条见于《尔雅音义》所引称"顾"，54 条见于《毛诗音义》而称"顾野王"，其读音及反切用字全同；又 51、55 两条，音义相同，51 条见于《尔雅音义》，称"顾"，55 条见于《毛诗音义》，称"顾野王"。以此可知，《经典释文》中凡"顾"皆为"顾野王"之省称。

《尔雅音义》引"顾野王"与"顾"共 53 例，占全书所引 56 例之 94.6%，以之为准，则陆德明引录顾氏之体例为：首次引用称"顾野王"，以后一律简称"顾"。陆氏所引"顾野王"与"顾"，或即顾野王《尔雅音》。《经典释文叙录》"注解撰着人"云："右《尔雅》，梁有沈旋（约之子）集众家之注，陈博士施干、国子祭酒谢峤、舍人顾野王并撰音。既是名家，今亦采之，附于先儒之末。"而《毛诗音义》2 例，皆称全名。而顾氏不为《诗》作音，陆德明当引自顾野王《玉篇》。是陆德明作《释文》时，同时参考了顾野王的《尔雅音》和《玉篇》。若论顾氏二书之关系，无虑何书先成，既为同一作者，其后撰必参先作。故二书虽一为随文出音，一为按部编排，而音义当无大异。要之，《释文》所引"顾野王"与"顾"56 条，皆当陆德明本人引据顾氏学说，其内容当与顾野王原本《玉篇》最为接近。

（三）《老子音义》所引"顾云"

《老子音义》有"歙歙，许及反。一本作惵惵。河上本作忄炎。顾云许叶反，

---

① 《名义》"町"字误从日。
② 参考第 51 条。

危惧貌。简文云,河上公作怵"《德经》(1402)(今本《玉篇》呼及、尸叶二切。残卷作呼及、刀叶二反①。《名义》尸叶反。)此条阪井健一《魏晋南北朝字音研究》也作顾野王音。今谓此条引作"顾云",与《毛诗音义》、《尔雅音义》引作"顾野王"及"顾"不同,当非引自顾野王。《经典释文叙录》"注解撰述人"于《老子》有"顾懽《堂诰》四卷(自注:一作《老子义疏》)",所引"顾云"之"顾"当即顾懽。"注解传述人"于《周易》云:"顾懽,字景怡,或云字玄平。吴郡人,齐太学博士。征不起。"顾懽见于正史者,《南齐书·高逸》:"顾欢字景怡,吴郡盐官人也……欢年二十余,更从豫章雷次宗谘玄儒诸义。母亡,水浆不入口六七日,庐墓次,遂隐遁不仕。于天台山开馆聚徒,受业者常近百人……太祖辅政,悦欢风教,征为扬州主簿,遣中使迎欢。及践祚乃至。……永明元年,诏征为太学博士,同郡顾黯为散骑侍郎。黯字长孺,有隐操,与欢俱不就征……欢晚节服食,不与人通。每旦出户,山鸟集其掌取食。事黄老道,解阴阳书,为术数多效验……卒于剡山,身体柔软,时年六十四。……世祖诏欢诸子撰欢《文议》三十卷。"

《南史·隐逸上》所载略同,唯"太祖"改称"齐高帝","世祖"改称"武帝"。

顾懽又作顾欢。《隋书·经籍志》有:"《老子义疏》一卷,顾欢撰。"《旧唐书·经籍志》有:"《老子道德经义疏》四卷顾欢撰。"《新唐书·艺文志》有:"顾欢《道德经义疏》四卷。"

《老子释文》共有"顾云"10条,皆当引自顾懽(欢)《堂诰》;《隋书经籍志》称《老子义疏》,亦即两《唐书》著录之《老子道德经义疏》或《道德经义疏》。

二、陆德明所引顾音与《名义》、残卷同异考

有人以为日僧空海法师所著《篆隶万象名义》与《玉篇》残卷收字、次第等无异,即谓《名义》直可当顾野王原本《玉篇》。此说肇始于杨守敬,其于所著《日本访书志》"《篆隶万象名义》"条云:

> 按野王《玉篇》,一乱于孙强,再乱于陈彭年,其原本遂不可寻。今得古钞卷子本五残卷,刻入《古逸丛书》中,可以窥见顾氏真面目矣。然亦

---

① 残卷"刀叶反"之"刀"当是"尸"字之讹。

只存十之一二。今以此书与五残卷校，则每部所系之字，一一相合，绝无增损凌乱之弊；且全部无一残缺。余以为可宝当出《玉篇》五残卷之上。盖广益本虽删顾氏所引经典原文，而经典义训，大氐尚存。唯顾氏上承《说文》，其所增入之字，皆有根据。而其系字次第，亦多与《说文》相合。其有不合者，正足与今本《说文》相互证验，则此中之源流、升降，有关小学者匪浅。况空海所存义训，较广益本亦为稍详（顾氏原书于常用之字往往列举四五义，广义本概取二三义而已）。盖据此书校刻饷世，非唯出广益本《玉篇》上，直当一部顾氏原本《玉篇》可矣。唯钞此书者，草率之极，夺误满纸，此则不得不有待深于小学者理董焉。

周祖谟《〈篆隶万象名义〉中之原本〈玉篇〉音系》则曰："虽为原著之略出本，然全部完整无阙，即不啻为一部顾氏原书矣。"且"以此为根据，探求原本《玉篇》之音系"(1966)。自是说出，再无异议，其影响巨大如此！然考诸《释文》，陆氏所引"顾野王"与"顾"，乃真同于原本《玉篇》之文（前文有述），而《名义》之反切训释，与之差异巨大。现将二书异同列为下表以资参照。

表1 《释文》引"顾野王"及"顾"与《名义》比较表

例字	顾野王或顾	音韵地位	名义	音韵地位	备注
箌	顾野王都角反	知觉入	猪效反	知效去	上字、声调不同
昄	顾音板，又普奸、蒲练二反。	帮潸上 滂删平 并霰去	菩板反。	并潸上	与顾氏三音皆不同
胵，又作脘	顾音充尸反	昌脂平	之逸反	章质入	反切、韵不同
艐	顾子公反	精东平	子公反	精东平	全同
观	顾、谢音官	见桓平	古桓反	见桓平	直音、反切不同，音同
弛易	顾、谢本弛作施，并易皆以豉反	施、易并以寘去	施，舒移反 易，余尺反	书支平 以昔入	顾音破读，《名义》易无去声一读。
鼥	顾平被反	匣寘去	呼秘反	晓至去	声韵不同
妯	顾依《诗》勑留反	彻尤平	勑流反	彻尤平	下字不同，音同
契，又作挈	顾苦结反	溪屑入	契，口计反 挈，苦节反	溪屑入	下字不同，音同。
汰	顾徒盖反	定泰去	徒盖反	定泰去	全同

续表1

例字	顾野王或顾	音韵地位	名义	音韵地位	备注
尼	顾奴启反	泥荠上	奴启、女饥	泥荠上 泥脂平	前音同 多一音
啜	顾猪芮反	知祭去	猪芮反	知祭去	全同
諉	顾汝恚反	日寘去	女恚反	泥寘去	上字不同,音同。
烘	沈、顾火公反	晓东平	许公反	晓东平	上字不同,音同。
娃	顾口井、乌携	溪梗三上 影齐平	乌携反	影齐平	少"口井"一音,后音同。
介	音界。李、孙、顾、舍人本并云,介,别也		居薤反。训释无"别"义	见怪去	直音、反切不同,音同;训释不同。
戎	顾如勇反	日用上	如终反	日东三平	韵及声调不同
虹,音洪。	顾作讧,音同。	匣东平	胡公反	匣东平	直音、反切不同,音同
它,音徒河反	顾、舍人引《诗》释云,袘袘它它,如山如河。		徒河反。囊。		义训不同
忯	顾、舍人渠支反	群支开	上支反	禅支开	声不同
讻之闰、之屯	顾、舍人云,梦梦讻讻,烦懑乱也。		之纯反。乱;阐。		多义项
仳	顾音此	清纸上	仳,且紫反。仳字	清	字形及直音、反切不同,音同
儵	顾舒育反	书屋三	舒六反	书屋三	下字不同,音同
柣	顾丈乙反	澄质入	未见		《名义》缺
衿	顾渠鸠、渠今	群沁去 群侵平	渠金反	群侵平	少前一音 下字不同,音同。
㳙	顾辞玄反	邪先四	有专反	于仙三	声、韵不同①
骲	顾蒲交反	并肴平二	平笃反	並沃入一	韵、调、等不同

---

① "辞玄反"盖借先仙切,然则韵同下字不同;声不同。

续表 1

例字	顾野王或顾	音韵地位	名义	音韵地位	备注
巢	孙、顾并仕交、庄交二反	崇肴平 庄肴平	仕交反	崇肴平	前音同 少后一音
枳	顾音居是、猪是二反	见纸上 知纸上	居纸反	见纸上	下字不同，音同 少后一音
厜	顾视规反	禅支合平	视规反	禅支合平	全同
厬	顾鱼奇反	疑支平	牛奇反	疑支平	上字不同，音同
陳	顾力俨、力俨二反	来琰上 来俨上	（张）①旅检反	来琰上	下字不同，音同。少后一音
茵	沈、顾音祥由反	邪尤平	叙留反	邪尤平	反切不同，音同
呲	沈、顾徂斯反	从支平	资呰反	精纸上	声韵调不同
蓚	顾他迪反	透锡入	他迪反	透锡入	全同
薛	顾、谢同音圭	见齐合	苦携反	溪齐合	声不同
薇	顾云，水滨生，故曰垂水。		莫飞反。菜，食。		训释不同
藨	顾平表、白交、普苗三反	並小上 並肴平 滂宵平	平表 白交	並小上 並肴平	前二音同 少普苗反一音
芺	沈、顾乌老反	影皓上	乌曰高反②	影豪平	声调不同
芋	顾羊述反	以质合	惟毕反	以质开	开合不同
荄	顾、谢音该	见咍平	居来反	见咍平	直音、反切不同
鲬	顾音孕。本或作鲬，同。		鲬无音切，注"鲬字"。		用字正，或体不同
烈	闾结反	来屑入	闾结反	来屑入	全同
蜐	顾古含反，又呼含反	见覃平 晓覃平	姑今反	见侵平	音不同且少一读
贲	顾彼义反	帮寘去	彼奇反	帮支平	声调不同

① "张检反"之"张"当是"旅"之误。
② "乌曰高反"，"高"字衍，当删。

续表1

例字	顾野王或顾	音韵地位	名义	音韵地位	备注
贻	顾余之反	以之平	余之反	以之平	全同
頯	郭匡轨反,顾又巨追反	群支合平	匡饥反	溪支开平	声及开合不同
唶	顾子夜反	精禡三去	子夜反	精禡三去	全同
豜	顾五见反,又古典反	疑霰去 见铣上	公?①反	无以判断	少前一音,至少反切用字不同
踦	顾居绮反	见纸上	居绮反	见纸上	全同
鹬	顾余橘反	以术入	余橘反	以术入	全同
骱	顾胡昴反	匣皓去	胡昴反	匣皓去	全同
㑩	顾如小、如照笑去	日小上 日	如昭	日宵平	声调不同且少一音
炷灶,音恚,又丘弭反	顾野王口井、乌携	溪梗三上 影齐平	乌携反。	影齐平	少"口井"一音,后音同。
鹬	顾野王余橘反	以术入	余橘反	以术入	全同

据上表,可见《名义》与陆德明所引顾野王原本《玉篇》差距甚大,绝不如杨守敬、周祖谟等所谓《名义》"不啻为一部顾氏原书"。整理上表后又得如下数据。

表2 陆氏所引与《名义》异同统计表

	全同	音同而多少一读	音同反切用字不同	读音不同	字形、义训等不同	顾有,名义无	难辨
总数	11	7	11	17	7	1	1
百分比	20	12.7	20	30.9	12.7	1.81	1.81
合并		32.7	20	45.4		1.81	

《名义》与陆氏所引完全相同仅有11例,仅占所引的20%。即使将前三项相加,《名义》与陆氏所引顾野王《玉篇》相同及部分相同者仅29例,占52%。若以读音虽同而反切用字不同者亦为不同,则《名义》与顾音相同及部

---

① 切下字似从廴,田声作廸,难以辨识。

分相同者才 18 例,仅占总数的 32.7%。相同及部分相同之比例竟然如此之低,而可谓《名义》直可当顾野王原本《玉篇》乎?究杨守敬等说之误盖有二因,一则未检《尔雅音义》等引录之顾野王原书材料,故不能比勘合按而考其真;二则过信五种《玉篇》残卷,仅以残卷多存顾野王按语且与陈彭年改定之广益本大异,又因孙强改定本不存而无可按据,乃径以五种残卷即是顾氏原本。然与陈彭年本异岂必即异于孙强本哉?不以《释文》所引顾书即原本《玉篇》之旧,而欲证五种残卷即顾氏原本,非唯证其大异于陈彭年本即可成立,且必证其与孙强本亦有相当差异而后能定,不能则不必也!今以陆德明所引为最早,故得视为顾氏原书,盖非无据。然则将《释文》所存顾氏原书之材料,可与五种残卷、陈彭年广益本及《名义》相校,仅得 7 条,现将诸书同异表之如下。

表 3　四种《玉篇》及《名义》比较表

序号	例字	释文引顾	释文引玉篇	残卷	今本玉篇	名义	附注
1	鯼	子公		子公	祖公	子公	音同而今本玉篇上字不同
2	厜	视规		视规	是规	视规	同上
3	汰	徒盖		达盖	徒盖	徒盖	残卷上字不同,音同
4	㦚	鱼奇		语奇	牛奇	语奇	残卷、名义同,与其他上字不同
5	歙	许叶		呼及、刀叶①	呼及、尸叶	尸叶	顾与三书不同,残卷、今本玉篇同,且与名义部分同
6	隩		于报	于报	乌到	于报	音同而今本玉篇上字不同
7	阱		子兮	子诣	子兮、子计、	子诣	释文引玉篇与今本玉篇部分同,残卷、名义同与今本玉篇部分同

《释文》所引《玉篇》非顾野王原书,上文已详言之。残卷与之相较 1 同 1 异,故可不具论。而残卷与顾音全同者 2 例,音同而反切用字不同者 2 例,不同音者 1 例。残卷与今本《玉篇》全同者 1 例,其余 6 例音同而反切用字不

---

① 残卷"刀叶反"之"刀"当是"尸"字之讹。

同，其中1例今本多一音。残卷与《名义》全同者5例，音同而反切用字不同者1例，音同而多一音者1例。以此而论，残卷与《名义》之音切最为接近，当同出一系。再与顾音相较，表中第5例颇可注意，"歙"，顾为许叶反（晓叶）一音，与各本并异。而残卷、今本全同，皆呼及（晓缉）、尸叶（书叶）二反。《名义》无呼及反，盖亦刊落者也①。据此，杨守敬、周祖谟诸先生谓《名义》与五种残卷无大异是也，而以为《名义》即出顾氏原书则非。若以顾氏原书为一系，孙强改定本为一系，陈彭年益会本为一系，而五种残卷及《名义》既不同于陈彭年系，又不同于顾氏原书系，则残卷及《名义》最大可能是同出于孙强系。换言之，不唯《名义》不可当顾野王原本《玉篇》，即日本所存之五种残卷亦非原本《玉篇》，而当与《名义》性质相似，共源自唐上元年间孙强增加字本。

结 论

一、《毛诗音义》引"顾野王"2条为陆德明作《释文》时本人引录自原本《玉篇》，《尔雅音义》所引"顾野王"及"顾"53条则出自顾野王《尔雅音》，凡此55条，皆出顾野王之书，故当与顾野王原本《玉篇》无异，是乃今存最可靠之顾氏原本《玉篇》材料！

二、《篆隶万象名义》与日本五种《玉篇》残卷最为接近，而与《释文》所引55条顾野王原书材料差异过半，故不得视为顾野王原本《玉篇》。《名义》及残卷所出，当不早于孙强改定本《玉篇》。

三、《老子音义》引"顾云"1条为顾懽（欢）《堂诰》（即《老子义疏》）文，阪井健一以为出于顾野王，乃大误。

---

① 《名义》与残卷相较，残卷有两音而《名义》仅存一音者往往有之。参周祖谟《〈篆隶万象名义〉中之原本〈玉篇〉音系》。

第二编 中古韵书、韵图研究

"吐蕃"的读音问题[①]

"吐蕃"是唐人对西藏的称呼,在现在一些有影响的字典、词典里,"吐蕃"被注上了 tǔbō 的读音,如《汉语大词典》、《辞海》(1999 普及本)等。而近些年来,历史教学和一些新闻媒体也都把"吐蕃"读成了 tǔbō(吐波)。数年前有一个"唐蕃古道"的大型专题片,则把这个"蕃"念成[po]。同样的读法还出现在各种场合,大家都耳熟能详,肯定不会感到陌生。可是学术界很少有人出来反对这种读法,似乎默认了"吐蕃"的读音就是"土波"。只有吕叔湘、丁树声两位先生先后任主编的《现代汉语词典》1978 年 12 月第 1 版、1979 年 11 月 10 次印刷,1983 年 1 月第 2 版、1993 年 5 月第 140 次印刷和 1996 年修订第三版时,为"吐蕃"加上了 tǔfān 的注音[②]。

第一个把"吐蕃"念成"吐波"的汉学家是 Abe Remusat,他认为"吐蕃"读为"吐波",是 Tibet(图伯特)的正确译读。后来劳费又认为"吐蕃"是伊斯兰教撰述中"Tobbat"或"Tibbat"的汉译(均参伯希和《汉译吐蕃名称》,冯承均译,《西域南海史地考证译丛》二编),但伯希和对此表示了很大的怀疑。他说:"乃考中国的字典,并未著录有'蕃'字之一种'波'音读法,《新唐书》所附的《音义》(即董冲《新唐书释音》,笔者),对此亦无一言(胡注《资治通鉴》对'吐蕃'的'蕃'亦无波类的音注,笔者)。我敢说就算承认此种很假定的读法,所得的收获实在微乎其微。"伯希和的意思是说,中国的字典和有关文献里既然没有专门为"吐蕃"特别的注音材料,那么这个"蕃"字就应该按通常的读音

[①] 原载《中国音韵学——中国音韵学研究会南京研讨会论文集·2006》,南京大学出版社,2008。略有改动。

[②] 本文发表时作"1996 年修订第三版为'吐蕃'加上了 tǔfān 的注音",为作者疏误。

来读。伯希和接下去又说:"西藏的土名是 Bod,世人就想在'吐蕃'第二字之'波'字读法中,寻求此 Bod 之对音。但是要证实此说,必须要此'波'字有一 Bod 的古读。乃考诸部中有'番'字之诸字,不用-n 的收声之种种读法(质言之'波'或'婆'),只有鄱字是清音发声,其余古皆是浊音发声。纵然承认这个单独的'婆'音古读,然而也免不了这些将婆音古读包含在内的字,皆是韵母收声。质言之,其对音为 pwa 同 bwa。可是无一字有 Bod 的韵母,也无一字有它的声母收声。"这里的意思很清楚,就是说无论"波"还是"婆",唐代的读音都没有—d 韵尾,很难跟 Bod 对。所以伯希和认为,"原则上应该保留吐蕃(读若 Thu—Pw'an)的读法"。伯希和的理由本来已经很充分了,可非常遗憾的是,他的说法很少有人认同。不知是不是由于他的证据仅仅为"中国的字典"和《新唐书》所附的《音义》"这样的汉文献没有为"吐蕃"特别注音而"证据不足"? 其实伯希和非常有眼光,他的怀疑是对的。既然"吐蕃"是唐代的外邦名,如果我们能够从唐代的文献里找到唐人对"吐蕃"的读法,就可以解决问题。下面我们找出与吐蕃接触较多的白居易的一首诗,看看他是怎样读"吐蕃"的,因为他的读法具有足够的权威性。

白居易有一首《缚戎人》,内容是代替一位被掠入吐蕃的"戎人"诉说自己抛妻弃子逃回中原后不被接纳的身心痛苦。其中有两句是:"自云乡管本梁原,大历年中没落蕃。"从用韵上看,明明白白是"原"、"蕃"相押入元韵。那么,诗中这个入元韵的"蕃"是否就是"吐蕃"的略称呢?此诗的末二句云:"自古此怨应未有,汉心汉语吐蕃身。"这就是"蕃"为"吐蕃"的省略词的铁证。另外,东方语言学网站上有一篇郑张尚芳先生的文章①,他引了贾岛《寄沧州李尚书》诗:"青冢骄回鹘,萧关陷吐蕃。"以元韵字"喧、蕃、冤、言"押韵,证明唐人"吐蕃"的"蕃"就是读元韵平声的。也就是说,根据白居易、贾岛等唐人诗歌的押韵材料,可以说明"吐蕃"一词的读音,绝对不能读成 túbō 而只能读为 túfān,这一点已经可以定论。

因此我们可以说,"吐蕃"并不是 Tibet(图伯特)或伊斯兰教撰述中"Tobbat"或"Tibbat"的汉译。"吐蕃"一词充其量也只能算一个"半拉"译名(如果"吐"对 Tobbat 的前半截,To 才可以这么说),而"蕃"就是传统文献中"蕃国"的"蕃"。把西藏作为蕃国,是唐、藏修好,唐天子正式承认西藏政权的

---

① 这篇帖子后发表于《中国语文》2006 年第 6 期。

一种友好表示。

不过，有学者认为"吐蕃"的"蕃"是 bon（苯）的对音，而 bon 则是藏人的古称，如藏文 bon-po 指苯教、bon-pa 则指藏人。郑张尚芳先生（2006）就是这样认为的。但是，唐代元韵的"蕃"字读音应当是[pjwan]①一类的，与 bon 尚有一定的距离。如果用"蕃"对 bon，不仅在辅音方面有清浊的差异，而且用三等韵母对-on 显然不够和谐。所以，与其用三等元韵字"蕃"来对 bon，不如直接用一等痕韵（或魂韵）的"本（或苯）"更接近。最大的问题还在于我们在文献里没有找到用痕韵本（或苯）字对 bon 的材料，比如我们可以很容易地找到吐蕃、吐番②这样的例子，但是却找不到"吐本"或"吐苯"之类的例子。因此，说"蕃"是 bon（苯）的对音，仅仅是提出了一个没有经过证明的假设，最多是具有一点这种可能，而绝非必然。

我认为吐蕃的"蕃"就是蕃国的"蕃"，主要依据是历史文献的记载。唐代有封蕃之制，史有明文。域外服国，皆得名蕃。因此，奚与契丹为"两蕃"③，新罗、渤海为"两蕃"④，吐蕃、回纥亦称"两蕃"⑤。而高丽、真腊（东）、波斯、吐蕃、坚昆（西）、突厥、契丹、靺鞨（北）并称"八蕃"⑥。蕃国入唐者谓为"蕃客"⑦。吐蕃又称为"西蕃"⑧，以与"诸蕃"⑨相区别。而吐蕃之称为"蕃"者，更是史不绝书。如《旧唐书》卷十二："先陷蕃僧尼、将士八百人自吐蕃还。"又"于蕃中诱问给役者，求蕃国人马真数……"卷一百三十四："尚结赞⑩至原州，列坐帐中，召陷蕃将吏问之。"卷一百九十六下："放先没蕃将士、僧尼等八百人归还，报归蕃俘也。"卷一百二十一："蕃相尚结赞曰：'蕃法，进军以统兵

---

① 如果按照郑张尚芳的构想，可以写成 pɣan。
② 《新唐书》卷一百六、卷一百七、卷一百一十一、卷一百三十、卷二百一十六等"吐蕃"又作"吐番"。"吐番"还见于《旧五代史》卷一百一、《唐会要》卷七、卷二十、卷五十六等和一些唐代诗人的诗歌中。
③ 《旧唐书》卷七十六、一百八十五下、一百九十四上等。
④ 《旧唐书》卷十一等。
⑤ 《旧唐书》卷一百九十六上等。
⑥ 《新唐书》卷二百二十一下。
⑦ 《旧唐书》卷四、卷十一、卷十二、卷四十三、卷一百三十五、卷一百八十等。
⑧ 《旧唐书》卷十二、一百六十一等。
⑨ 《旧唐书》卷三、卷六、卷十、卷四十三……《新唐书》卷二百二十四、二百二十五等。
⑩ 《旧唐书》卷一百二十五有"吐蕃相尚结赞"云云，卷一百二十一、一百三十三、一百三十四等则经云"蕃相尚结赞"。

大臣为信……'"卷一百九十六上:"蕃法盟誓,取三牲血歃之,无向佛寺之事。请明日须于鸿胪寺歃血,以申蕃戎之礼。"卷一百三十四:"大历七年,吐蕃大寇边……是时,蕃军精骑数万列于坛西,蕃之游军贯穿我军之中。"其他如称吐蕃的人和物及地界之类的为"蕃人"①、"蕃使"②、"蕃军"③、"蕃兵"④、"蕃将"⑤、"蕃寇"⑥、蕃贼⑦、蕃俘⑧、蕃众⑨、蕃界⑩等等,亦不一而足。另外,《全唐文》中尚有"小蕃"⑪、"蕃庭"⑫、"蕃酋"⑬、"蕃部"⑭、"彼蕃之人"⑮、"公主在蕃"⑯等称呼,亦有以"蕃汉"连文,以"蕃"称"突厥"、"契丹"的(卷四十唐玄宗《赐突厥玺书》、《赐郭虔瓘等玺书》)等。

在上面所举的相关材料中,"蕃"与"吐蕃"皆相互交替,或用全名,或用略称。且两《唐书》又有"蕃"与"国"相为异文者,如《旧唐书》卷一百九十四上:"乃遣中书直省袁振摄鸿胪卿,往突厥告其意。小杀与其妻及阙特勤、暾欲谷等环坐帐中设饮,谓振曰:'吐蕃狗种,唐国与为婚;奚及契丹,舅氏突厥之奴,亦尚唐家公主。突厥前后请结和亲,独不蒙许,何也?'袁振曰:'可汗既与皇帝为子,父子岂合围婚姻?'小杀等曰:'两蕃亦蒙赐姓,犹得尚主,但依此例,有何不可?且闻入蕃公主,皆非天子之女。今之所求,岂问真假?频请不得,实亦羞见诸蕃。'"《新唐书》卷二百一十五下末二句作:"但屡请不得,为诸国

---

① 《旧唐书》卷九、卷一百三十三、卷一百三十八、卷一百四十等。突厥、奚、契丹等"八蕃"之人《旧唐书》亦称为"蕃人",如卷一百四述哥舒翰事云:"蕃人多以部落为姓,因以为氏。"哥舒翰是突厥突骑施首领哥舒部落之后裔。
② 《旧唐书》卷十一、卷一百三十三、卷一百五十九、卷一百九十六下等等。
③ 《旧唐书》卷五、卷十一、卷十二、卷一百二十一等等。
④ 《旧唐书》卷十二、卷四十一、卷一百一十一、卷一百三十三等等。
⑤ 《旧唐书》卷十一、卷十三、卷六十八等等。
⑥ 《旧唐书》卷五、卷十二、卷十九上、卷一百九十六等等。
⑦ 《旧唐书》卷一百三十四、卷一百五十二。
⑧ 《旧唐书》卷十二、卷一百五十二、卷一百九十六下等等。
⑨ 《旧唐书》卷一百二十八、卷一百五十二、卷一百九十六下。
⑩ 《旧唐书》卷一百二十五、卷一百四十、卷一百四十九、卷一百五十二等等。
⑪ 卷二十一唐玄宗《亲征吐蕃制》。
⑫ 卷三十唐玄宗《命崔琳使吐蕃诏》。
⑬ 卷三十一唐德宗《以吐蕃入寇避正殿诏》。
⑭ 卷二百一十陈子昂《上西蕃边州安危事》。
⑮ 卷二百五郭震《离间钦陵疏》。
⑯ 卷四十唐玄宗《赐吐蕃赞普书》。

笑。"所以"吐蕃"既属"八蕃",又为"西蕃"。而自文成公主下嫁,则与唐家天子素有"舅甥之礼",其为大唐"蕃国",理所当然,此为史实而绝非臆测。《唐书》中"吐蕃"之称"蕃",既是"吐蕃"的略称,又含"蕃国"之义,兼而义足,离则两伤。故谓"蕃"乃"bon"音之对译,仅仅是疑似之间的一种假设而不可定论。而吐蕃之"蕃"含有蕃国之义,则屡见于文献记载。所以,在证据面前,我们只能选择后者。

综上所述,"吐蕃"的"蕃"的正确的今读是[fan],这个"蕃"也就是指"蕃国"。在这里我不能不对伯希和及《现代汉语词典》的主编吕先生、丁先生表示由衷的佩服,他们在各种材料表现出不同指向的时候,不约而同地选择了正确的结论。尽管如此,如果没有唐人的诗歌为证,大家对"吐蕃"的读音还会见仁见智,难以达成共识。因此,这个例子再次说明了证据是十分重要的。"大胆设想,小心求证"的思想方法具有完整性,不能随意割裂。我们在研究中固然可以提出各种假设,但要使假设成为定论,就必须以可靠的证据为基础,通过严密的论证方有可能。否则,再好的假设也只能是一种假说。同时,这个例子还说明文献研究和域外对音、历史比较、汉语方言研究、汉藏语比较研究在汉语史研究中是同样重要的。伯希和通过文献的记载和对音原则对"吐蕃"读为"吐波"进行了质疑,但他没有完成最终证明,所以接受他意见的人并不多。如果他当时就找出汉语文献中的押韵材料作为证据,恐怕早就不会有人把"吐蕃"读成"吐波"了。

我认为文献研究跟历史比较及其他研究并不排斥,研究文献的学者跟研究其他的学者同样可以相互补充、相互促进。但是无论做文献研究还是其他研究,都必须十分重视证据。科学的精神是求真,科学的态度是求实。真实的可以是新的,也可以是旧的,只要本着科学的精神和态度,自然能够不论新旧,唯尚真理。

中古韵书韵图的音节[①]

中古韵书《切韵》、《广韵》的音节数有多少？时间稍晚但反映相同音韵系统的《韵镜》、《七音略》音节数又有多少？过去没有专门的研究，因此也就缺少这方面的详细数据。本文就以王三、《广韵》和《韵镜》、《七音略》为对象，统计它们的音节数。统计分两项进行，一项按声母、韵母、声调是否相同计算；一项则合并相应的平、上、去声后进行计算。

一、统计对象和材料

1. 中古韵书现存完整的只有王三和《广韵》，而残缺不全的韵书不可能统计出它们音节数，因此我们只能统计王三和《广韵》两种。王三采用故宫博物院影印的《王仁昫刊谬补缺切韵》，参考李荣《切韵音系》、周祖谟《唐五代韵书集存》等。《广韵》用泽存堂本，参考辻本春彦《广韵切韵谱》、周祖谟《广韵校本》、余廼永《新校互注宋本广韵》等。

2. 能够反映《切韵》系韵书的早期切韵图也只有《韵镜》和《七音略》，而《切韵指掌图》、《四声等子》和《经史正音切韵指南》已经混并，所以不作为统计对象。《韵镜》采用《古逸丛书》覆刻永禄本，参考龙宇纯《韵镜校注》、李新魁《韵镜校证》、杨军《韵镜校笺》等。《七音略》采用元至治二年本，参考罗常培《通志七音略研究》、杨军《七音略校注》等。

[①] 原载《南大语言学》第四辑，商务印书馆，2012。

二、计算方法说明

1. 韵书的每个有效反切从理论上说都应该代表一个音节,但是实际情况并不如此单纯。韵书有些韵有一些重复的反切,比如陈澧《切韵考》所谓"增加字"的一部分。这些重复小韵如果参加计算,必然会使音节数增加,所以统计时凡有两个(或两个以上)音韵地位相同的重复小韵,只计算一次。

2. 《切韵》系韵书在支、脂、真(谆)、祭、仙、宵、侵、盐等八个韵系的唇牙喉声母下有两两对立的小韵,音韵学界把它们叫做"重纽"。这些语音上的有对立的重纽小韵实际代表的是不同的音节,所以统计时重纽各小韵一律分别计算。

3. 从理论上说,切韵图的每一个列字的格子都应该是一个有效的音节。但是《韵镜》、《七音略》的列位有较多错误。如"阳"、"羊"在《广韵》里反切相同,但永禄本《韵镜》却把"羊"列在三等、"阳"列在四等。杨军(2006)认为,《韵镜》本来只在四等列入"羊"字,而"阳"是古代日本学者批注的同音字,后在传抄时误入正图,且将"羊"字挤到三等位置。因此,为了数据的准确,我们统计时作了适当的校勘。

三、王三音节统计

王三的音节数是,平、上、去、入分别计算,有 3 600 个音节;合并平、上、去声以后,则有 1 978 个音节。王三各韵音节数的详细情况见表 1。

表 1　王三音节统计表[①]

韵	计算声调					不计算声调			备注
	平	上	去	入	小计	平上去	入	小计	
东一	15	13	13	17	58	16	17	33	
东三	18		12	26	56	19	26	45	
冬	8	2	5	12	27	11	12	23	
锺	23	20	17	22	82	25	22	47	

[①] 根据李荣《切韵音系》,祭、泰、夬、废放在蟹摄最后,其他次序一仍王三之旧。

续表1

韵	计算声调					不计算声调			备注
	平	上	去	入	小计	平上去	入	小计	
江	15	5	7	19	46	17	19	36	
支开	31	31	28		90	37		37	
支合	20	17	16		53	19		19	
脂开	24	20	33		77	37		37	
脂合	17	13	19		49	24		24	
之	23	24	24		71	27		27	
微开	9	9	9		27	10		10	
微合	6	4	6		16	6		6	
鱼	24	27	23		74	28		28	
虞	27	22	25		74	28		28	
模	19	18	17		54	19		19	
齐开	21	17	19		57	21		21	
齐合	5		3		8	6		6	
佳开	12	11	15		38	18		18	
佳合	4	1	3		8	5		5	
皆开	11	5	14		30	17		17	
皆合	5		5		10	8		8	
灰	19	16	18		53	19		19	
咍	16	14	15		45	18		18	
祭开			21		21	21		21	
祭合			14		14	14		14	
泰开			16		16	16		16	
泰合			13		13	13		13	
夬开			7		7	7		7	
夬合			6		6	6		6	
废开			4		4	4		4	
废合			4		4	4		4	

续表1

韵	计算声调					不计算声调			备注
	平	上	去	入	小计	平上去	入	小计	
真开	29	17	21	32	99	30	32	62	
真合	20	12	10	16	58	22	16	38	
臻	3			2	5	3	2	5	
文	4	7	9	6	26	10	6	16	
殷	5	7	5	6	23	7	6	13	
元开	9	9	9	9	36	10	9	19	
元合	4	6	7	7	24	7	7	14	
魂	18	14	15	18	65	19	18	37	
痕	5	3	3	1	12	5	1	6	
寒开	17	14	19	19	69	19	19	38	
寒合	13	11	15	12	51	15	12	27	
删开	6	11	9	11	37	13	11	24	
删合	6	2	6	7	21	10	7	17	
山开	12	9	7	12	40	20	12	32	
山合	4		2	8	14	5	8	13	
先开	18	13	18	19	68	19	19	38	
先合	4	3	4	5	16	5	5	10	
仙开	24	24	19	24	91	30	24	54	
仙合	23	16	19	22	80	22	22	44	
萧	10	12	11		33	13		13	
宵	29	21	24		74	31		31	
肴	16	12	18		46	19		19	
豪	18	18	18		54	18		18	
歌一开	18	17	17		52	19		19	
歌一合	14	14	15		43	15		15	
歌三开	4				4	4		4	
歌三合	2				2	2		2	

续表 1

韵	计算声调					不计算声调			备注
	平	上	去	入	小计	平上去	入	小计	
麻二开	18	14	17		49	20		20	
麻二合	7	6	7		20	11		11	
麻三开	10	10	10		30	12		12	
覃	15	15	14	15	59	15	15	30	
谈	13	11	9	13	46	14	13	27	
阳开	29	23	28	22	102	30	22	52	
阳合	3	4	5	5	17	5	5	10	
唐开	19	15	15	18	67	19	18	37	
唐合	5	4	4	5	18	5	5	10	
庚二开	15	9	11	18	53	16	18	34	
庚二合	5	2	1	4	12	4	4	8	
庚三开	8	4	8	7	27	8	7	15	
庚三合	2	2	1	2	7	2	2	4	
耕开	15	5	5	14	39	16	14	30	
耕合	2		1	3	6	2	3	5	
清开	18	14	15	18	65	21	18	39	
清合	4	2	1	2	9	5	2	7	
青开	14	15	11	18	58	18	18	36	
青合	2	4	2	2	10	4	2	6	
尤	30	24	27		81	31		31	
侯	16	19	18		53	20		20	
幽	11	4	4		19	12		12	
侵	27	26	16	27	96	30	27	57	
盐	22	16	14	21	73	24	21	45	
添	9	9	11	13	42	14	13	27	
蒸开	21	1	14	26	62	21	26	47	
蒸合				2	2		2	2	

续表 1

韵	计算声调					不计算声调			备注
	平	上	去	入	小计	平上去	入	小计	
登开	13	3	11	14	41	15	14	29	
登合	3			3	6	3	3	6	
咸	10	12	10	11	43	17	11	28	
衔	7	6	8	8	29	11	8	19	
严	4	4	1	5	14	4	5	9	
凡	2	3	6	3	14	6	3	9	
	1086	847	1036	631	3600	1347	631	1978	

四、《广韵》音节统计

《广韵》平、上、去、入四声分别计算,共有 3 802 个音节;合并平、上、去以后则有音节 2 066 个。跟王三相较,《广韵》分别四声计算增加音节数为 202 个;合并平、上、去后增加 88 个。《广韵》各韵音节数的详细情况如表 2 所示。

表 2 《广韵》音节统计表

韵	计算声调					不计算声调			备注
	平	上	去	入	小计	平上去合并	入	小计	
东一	16	14	15	17	62	18	17	25	
东三	18		12	19	49	17	19	36	
冬	10	2	5	15	32	11	15	26	
锺	24	19	17	22	82	25	22	47	
江	18	7	9	19	53	17	19	36	
支开	34	33	28		95	39		39	
支合	21	18	19		58	26		26	
脂开	25	21	32		78	37		37	
脂合	17	14	21		52	24		24	
之	25	25	24		74	29		29	抙丘之/欺去其重,计1次。

续表 2

韵	计算声调					不计算声调			备注
	平	上	去	入	小计	平上去	入	小计	
微开	5	5	6		16	6		6	
微合	10	8	10		28	10		10	
鱼	24	27	25		76	27		27	
虞	28	23	26		77	29		29	
模	19	18	19		56	19		19	
齐开	20	17	19		56	21		21	膍昌来、茞昌给不合音理,不计。
齐合	5	0	3		8	5		5	
佳开	12	10	15		37	18		18	方卦/方卖重,计1次。
佳合	5	5	3		13	7		7	
皆开	16	4	13		33	18		18	
皆合	8	0	6		14	10		10	
灰	19	15	18		52	19		19	侑于罪切,不计。陟赌/都罪重出,计1次。
咍	17	16	15		48	18		18	佁、疧、翻、俖（与啡重）,不计。
祭开			21		21	21		21	
祭合			15		15	15		15	
泰开			8		8	8		8	
泰合			14		14	14		14	
夬开			11		11	11		11	
夬合			6		6	6		6	
废开			1		1	1		1	
废合			7		7	7		7	
真	31	22	21	32	106	38	32	70	

续表 2

韵	计算声调					不计算声调			备注
	平	上	去	入	小计	平上去	入	小计	
谆	20	12	8	17	57	23	17	40	
臻	3	0	0	4	7	3	4	7	
文	9	8	9	11	37	11	11	22	
欣	5	6	5	5	21	6	5	11	
元开	6	6	5	5	22	6	5	11	
元合	8	9	12	11	40	12	11	23	
魂	19	17	18	17	71	19	17	36	
痕	5	3	4	1	13	6	1	7	
寒	14	12	15	16	57	15	16	31	
桓	18	16	19	17	70	20	17	37	
删开	7	11	10	12	40	15	12	27	
删合	7	3	7	9	26	9		18	
山开	14	9	7	13	43	18	13	31	
山合	6	1	2	8	17	7	8	15	
先开	18	14	17	19	68	19	19	38	
先合	5	3	4	5	17	6	5	11	
仙开	26	29	22	27	104	35	27	62	
仙合	24	16	20	22	82	27	22	47	
萧	10	12	13		35	13		13	
宵	27	23	20		70	32		32	
肴	19	14	18		51	19		19	
豪	19	18	17		54	19		19	
歌	14	14	14		42	15		15	
戈	18	19	19		56	19		19	
戈三	5				5			5	
麻二开	18	16	17		51	19		19	
麻二合	8	8	7		23	11		11	

续表 2

韵	计算声调					不计算声调			备注
	平	上	去	入	小计	平上去	入	小计	
麻三	12	10	10		32	12		12	
阳开	25	22	24	22	93	27	22	49	
阳合	7	8	8	8	31	10	8	18	
唐开	19	18	16	18	71	19	18	37	
唐合	5	5	5	8	23	5	8	13	
庚二开	15	10	12	18	55	17	18	35	
庚二合	3	4	2	5	14	5	5	10	
庚三开	8	4	8	6	26	8	6	14	
庚三合	2	3	1		6	3		3	
耕开	15	5	5	16	41	15	16	31	
耕合	3		1	7	11	3	7	10	
清开	18	14	17	19	68	22	19	41	
清合	5	2	1	4	12	6	4	10	
青开	13	16	11	18	58	18	18	36	
青合	2	5	1	3	11	5	3	8	
蒸开	23	4	14	29	70	24	29	53	
蒸合				2	2		2	2	
登开	14	4	12	18	48	16	18	34	
登合	3			3	6	3	3	6	
尤	31	27	30		88	32		32	
侯	17	19	18		54	19		19	
幽	11	3	4		18	12		12	
侵	27	28	19	30	104	32	30	62	
覃	15	15	14	15	59	15	15	30	
谈	12	13	10	15	50	14	15	29	
盐	25	19	15	21	80	28	21	49	
添	9	10	11	12	42	15	12	27	

续表 2

韵	计算声调					不计算声调			备注
	平	上	去	入	小计	平上去	入	小计	
咸	10	13	10	13	46	15	13	28	
衔	8	7	9	6	30	11	6	17	
严	4	3	3	6	16	4	6	10	
凡	2	6	6	6	20	8	6	14	
	1142	919	1070	671	3802	1395	671	2066	

五、《韵镜》音节统计

《韵镜》平、上、去、入四声分别计算,共有 3 878 个音节;合并平、上、去以后则有音节 2 102 个。《韵镜》各图音节数的详细情况如表 3 所示。

表 3 《韵镜》音节统计表

图次	计声调					不计声调			备注
	平	上	去	入	小计	平上去	入	小计	
一	35	14	28	46	123	36	46	82	
二	36	19	21	42	118	37	42	79	
三	18	7	10	18	53	18	18	36	
四	33	32	24		89	36		36	
五	21	17	19		57	23		23	
六	25	20	33		78	35		35	
七	15	15	18		48	22		22	
八	22	24	25		71	27		27	
九	5	5	5	2	17	6	2	8	入声寄放废韵
十	11	8	11	7	37	11	7	18	入声寄放废韵
十一	24	27	25		76	27		27	
十二	47	42	44		133	48		48	
十三	52	41	59	9	161	69	9	78	入声寄放夬韵
十四	31	17	40	9	97	44	9	53	入声寄放夬韵

续表3

图次	计声调					不计声调			备注
	平	上	去	入	小计	平上去	入	小计	
十五	13	10	34		57	40		40	
十六	5	4	26		35	25		25	
十七	38	29	27	42	136	43	42	86	
十八	43	29	27	36	135	41	36	77	
十九	5	6	5	5	21	6	5	11	
二十	9	9	8	11	37	11	11	22	
二十一	31	29	22	31	113	37	31	68	
二十二	24	17	17	31	89	29	31	60	
二十三	53	51	53	66	223	63	66	129	
二十四	41	41	48	47	177	56	47	103	
二十五	67	59	56		182	71		71	
二十六	12	11	12		35	14		14	
二十七	14	13	13		40	15		15	
二十八	22	19	19		60	23		23	
二十九	31	27	29		87	33		33	
三十	8	10	7		25	12		12	
三十一	48	41	45	43	177	49	43	92	
三十二	8	10	8	12	38	11	12	23	
三十三	34	22	27	36	119	40	36	76	
三十四	11	9	4	11	35	16	11	27	
三十五	35	25	23	42	125	41	42	83	
三十六	5	5	4	13	27	8	13	21	
三十七	57	50	51		158	58		58	
三十八	29	28	19	31	107	31	31	62	
三十九	52	53	45	58	208	62	58	120	
四十	33	25	31	35	124	39	35	74	
四十一	4	8	5	6	23	8	6	14	

续表 3

图次	计声调					不计声调			备注
	平	上	去	入	小计	平上去	入	小计	
四十二	35	11	28	45	119	39	45	84	
四十三	4			4	8	4	4	8	
共计	1146	939	1055	738	3878	1364	738	2102	

说明：入声 738 还当减去寄放的废韵、夬韵共 27 个音节，加在去声中，则平声 1 146，上声 939，去声 1055＋27＝1 082，入声 738－27＝711，总数不变，算声调是 3 878。不算声调则平上去 1 364＋27＝1 391，入声 738－27＝711，总数为 2 102。

六、《七音略》音节统计

《七音略》平、上、去、入四声分别计算，共有 3 990 个音节；合并平、上、去以后则有音节 2 126 个。《七音略》各图音节数的详细情况如表 4 所示。

表 4 《七音略》音节统计表

图次	计声调					不计声调			备注
	平	上	去	入	小计	平上去	入	小计	
一	36	16	28	45	125	41	45	86	
二	30	23	26	42	121	36	42	78	
三	18	8	11	19	56	18	19	37	
四	34	33	29		96	39		39	
五	20	19	18		57	26		26	
六	25	22	34		81	38		38	
七	18	13	21		52	24		24	
八	23	24	25		72	28		28	
九	5	5	6	1	17	6	1	7	入声寄放废韵
十	10	8	10		28	10		10	
十一	24	27	25		76	27		27	
十二	47	38	46		131	50		50	

续表 4

图次	计声调					不计声调			备注
	平	上	去	入	小计	平上去	入	小计	
十三	56	42	56	9	163	68	9	77	入声寄放夬韵
十四	31	17	45	9	102	51	9	60	入声寄放夬韵
十五	12	12	35		59	40		40	
十六	5	5	25	6	41	28	6	34	入声寄放废韵
十七	37	28	29	39	133	47	39	86	
十八	42	30	27	36	135	43	36	79	
十九	5	6	5	5	21	6	5	11	
二十	9	9	9	11	38	11	11	22	
二十一	31	30	26	20	107	38	20	58	
二十二	26	19	22	28	95	32	28	60	
二十三	51	51	54	63	219	67	63	130	
二十四	49	45	52	50	196	57	50	107	
二十五	67	64	67	43	241	73	43	116	入声重出不计
二十六	12	10	11		33	13		13	
二十七	15	15	14		44	15		15	
二十八	21	19	19		59	21		21	
二十九	31	29	28		88	32		32	
三十	8	9	7		24	11		11	
三十一	49	49	45	54	197	62	54	116	
三十二	30	27	26	33	116	37	33	70	
三十三	2	7	6	6	21	8	6	14	
三十四	48	45	47	45	185	49	45	94	
三十五	10	11	11	13	45	12	13	25	
三十六	33	28	31	34	126	42	34	76	
三十七	12	10	4	10	36	14	10	24	
三十八	37	28	28	43	136	45	43	88	
三十九	6	5	2	11	24	9	11	20	

续表 4

图次	计声调					不计声调			备注
	平	上	去	入	小计	平上去	入	小计	
四十	56	47	52		155	59		59	
四十一	27	27	20	30	104	31	30	61	
四十二	43	8	27	48	126	43	48	91	
四十三	4			5	9	4	5	9	
合计	1155	968	1109	715	3990	1411	715	2169	

说明：1. 二十五图入声铎、药两韵有 43 个音节与三十四图铎、药两韵重出，因此不重复计算。2. 入声的 715 还当减去寄放废韵、夬韵的 25 个音节，加在去声中，则平声 1155，上声 968，去声 1109＋25＝1134，入声 715－25＝690，四声分别计算共有音节数为 3990。平、上、去声合并后则为 1411＋25＝1436，入声 715－25＝690，总数为 2126。

七、各种资料音节数比较

表 5　王三、《广韵》、《韵镜》、《七音略》音节数比较表

书名	计声调					不计声调		
	平	上	去	入	小计	平上去	入	小计
王三	1086	847	1036	631	3600	1347	631	1978
广韵	1142	919	1070	671	3802	1395	671	2066
韵镜	1146	939	1082	711	3878	1391	711	2102
七音略	1155	968	1134	690	3990	1436	690	2126

根据表五，平、上、去、入分别计算，王三、《广韵》音节数的差是 3802－3600＝202；合并平、上、去后两书音节数之差则是 2066－1978＝88。而王三、《广韵》都是《切韵》系的韵书，属于相同的音系。可以看出，相同韵书的音节数之差如分别四声计算，可以达到 200 个左右，合并平上去以后相差则在 100 以内。《韵镜》与王三、《广韵》相较，《韵镜》如分别四声计算，其与王三音节数之差为 278，与《广韵》音节数之差为 76；合并平上去以后，《韵镜》与王三的音节数之差只有 124，与《广韵》音节数的差只有 36。《七音略》与王三、《广

韵》的音节数之差要大于《韵镜》与两书音节数之差。分别四声计算《七音略》与王三音节数之差为 3990－3600＝390，与《广韵》音节数之差为 3990－3802＝188；合并平上去后《七音略》与王三音节数之差则为 2126－1978＝148，与《广韵》的音节数之差则为 2126－2066＝60。《七音略》与《韵镜》的音节差别为：分别四声计算是 3990－3878＝112；合并平上去后是 2126－2102＝24。整理后可以得到表 6：

表 6 各书音节数相差表

书名	计声调			不计声调		
	广韵	韵镜	七音略	广韵	韵镜	七音略
王三	202	278	390	88	124	148
广韵		76	188		36	60
韵镜			112			24

《集韵》见、溪、疑、影、晓反切上字的分用[①]

《切韵》、《广韵》一系的韵书里,牙、喉音声纽的反切上字,有一、二、四等一类,三等为另一类的分用趋势。《集韵》除按等的分用不同外,还有按开、合口分用的趋势。《集韵》这些反切上字的分用,显然受到当时盛行的等韵学影响,反过来又影响了《礼部韵略》、《古今韵会举要》等一些韵书的反切。因此,研究《集韵》牙、喉音切上字的分用,并把它与《切韵》、《广韵》及有关等韵图加以比较,不仅对了解北宋时期的语音情况有益,而且对隋唐至宋的一些音变现象也可提供线索,同时还可为解决《切韵》、《广韵》及韵图中尚存的问题提供材料。由于只有见、溪、疑、影、晓五纽在《集韵》牙、喉音里是四等俱足且兼有开、合口的,所以本文集中讨论这五纽切上字的分用及特点。

本文主要使用归纳统计法。按照韵图和《集韵》的情况,把韵分为八类,再把每纽切上字各分为六类,考察每类切上字在各类韵里的使用情况,并据以归并,然后概括出《集韵》这五纽反切上字的分用特点。

本文采用栋亭刊本《集韵》为底本,书中与反切有关的错讹皆据述古堂影抄宋本和《类篇》、《礼部韵略》、《古今韵会举要》、《五音集韵》,以及方成珪《集韵考正》等作了校正。

一、韵的分类

主要是根据早期韵图的列位并结合《集韵》本身的特点划分的。

1. 一、二等开口韵。此类除东一、江、覃、谈四韵系外,包括《韵镜》和《通

[①] 原载《贵州师范大学学报》,1995 年 2 期。

志·七音略》列在一、二等开口的一等韵和独立二等韵。

2. 一、二等合口韵。此类跟早期韵图的列位一致,但不包括覃、谈韵系。

3. 三等甲类开口韵。此类是早期韵图列在三等开口的韵,包括重纽三等韵和其他三等韵。青、幽两韵系不属此类。

4. 三等甲类合口韵。此类是早期韵图列在三等合口的韵,包括重纽三等韵和其他三等韵。

5. 三等乙类和四等开口韵。此类是韵图列为四等开口的韵,包括重纽四等韵,青、幽韵系和纯四等韵。

6. 三等乙类和四等合口韵。即上一类的合口。

7. 东韵一等和江、覃、谈三韵系的舒声。东韵一等在早期韵图里列在开口,但在《切韵指掌图》和《四声等子》中已跟早期韵图列在合口的冬韵并为一图。从《集韵》来看,东一的切上字已与其他合口一、二等韵的切上字用法一致,所以不把它归入一、二等开口韵。江韵《七音略》作"重中重",当属开口。《韵镜》作"开合",所属不明。《切韵指掌图》的措置很特别,一方面把江韵系跟唐、阳韵系的合口同置于十四图,形成一等唐(铎)合口、二等江(觉)、三等阳(药)合口的格局;一方面又把觉韵跟铎、药韵的开口放在一图,兼配效摄。这种安排反映在《切韵指掌图》里,江摄舒声已具合口的特点,而入声仍为开口。《集韵》江韵系见等五纽切上字的用法与《切韵指掌图》的措置一致,显然不是偶然的,所以我们把江韵系的舒声跟入声分开。覃韵《韵镜》作开,《七音略》作重中重,当为开口。但日本文雄《磨光韵镜》转注云"诸本皆作合"。是知文雄所见的几种《韵镜》传本是把覃韵作合口的,谈韵早期韵图作合口,后来《切韵指掌图》覃、谈合并,《四声等子》还注明是"重轻俱等韵",亦即兼有一开、合口的韵。但是覃、谈从来就不是开合口对立的关系,"重轻俱等"也不能作开合口对立来解释。从《集韵》这两韵来看,情况与江韵系类似。覃、谈见五纽共有小韵40个,舒声28个小韵中,切上字为开口的仅1个,其余27个为合口。入声12个小韵,切上字开口的10个,合口2个。因此,这两韵也按舒声和入声分开。

8. 江覃、谈三韵系入声。即觉、合、盍三韵。以上第7、8两类,从切上字来看分别跟1、2两类同,不把第8跟第1,第7跟第2合并,是想使研究更客观。

二、切上字分类

下面据早期韵图的列位分别为见、溪、疑、影、晓五纽切上字分类,为了便于考察,在切上字后面注明《集韵》的音切,并附带指出系联情况以供参考。

1. 见纽。

(1)居类　共13字,均属三等甲类开口,作切121次。本类字实为居、斤两个系联组。居斤于姜居良基居之讫居乙戟讫逆/斤举欣娇举夭几举履举苟许纪、已苟起九已有蹇九件。

(2)苟类　共6字,属一、二等开口,作切9次。本类字分别与居、斤系联。苟举后贾举下/各刚鹤刚居郎柯居何葛居盍。

(3)古类　共12字,均属一等合口,作切83次。本类为古、沽两个系联组。古果五果古火谷古禄骨古忽/沽、姑、孤攻乎攻沽宗工、公沽红光姑黄郭光镬。

(4)俱类　共7字,属三等甲类合口,作切17次。本类俱5字与居系联,矩二字与古系联。俱、拘恭于恭居容厥居月归居韦/矩果羽诳古况。

(5)吉类　共7字,属三等乙类和四等开口,作切9次。本类可通过颈的又音系联为一组。吉激质、激历兼吉念颈吉成、经郢坚经天经坚灵稽坚奚。

(6)规类　共7字,属三等乙类和四等合口,作切4次。本类字不完全系联,畎、诀与古系联。规均窥、规伦/涓圭玄圭涓畦扃涓荧/畎古玄诀古穴。

2. 溪纽。

(1)丘类　共11字,均属三等甲类开口,作切97次,本类可通过去的又音及口字系联。丘祛尤气氣丘气、丘既欺丘其乞欺讫祛、墟丘于钦祛音羌墟羊去丘据、口举起口己。

(2)口类　共5字,属一等开口,作切33次。本类肯字与苦系联,其它四字分别与去、丘系联。口去厚可口我/渴丘葛克乞得/肯苦等。

(3)苦类　共8字,属一等合口,作切62次。本类为苦、枯两个系联组。苦孔五孔苦动颗苦果阔苦活廓阔镬枯空胡空枯公酷枯沃。

(4)区类　共5字,属三等甲类合口,作切10次。本类完全系联。区亏于亏驱为驱区遇曲区玉屈曲勿。

(5)诘类　共9字,属三等乙类和四等开口,作切27次。本类遣、企与丘系联,谦与苦系联。诘喫吉喫诘历磬诘定、弃挺弃磬致/牵轻烟轻牵盈、牵正/遣去演企遣尓、去智/谦苦兼。

(6)窥类　共5字,属三等乙类和四等合口,作切12次。本类犬字与苦系联。窥缺规缺倾雪、窥绢倾窥䁅、倾畦、犬苦泫。

3.疑纽。

(1)鱼类　共7字,属三等甲类开口,作切93次。本类通过偶字可以系联。鱼牛居牛鱼尤宜鱼羁伫鱼乙、五忽逆伆戟/语偶举拟偶起。

(2)偶类　共6字,属一、二等开口,作切10次。本类跟鱼类系联。偶牛遘俄牛河牙牛加/雅语下眼语限鄂逆各。

(3)五类　共4字,属一等合口,作切53次。本类不完全系联。五、午阮古/吾讹胡讹吾禾。

(4)虞类　共6字,属三等甲类合口,作切11次。本类阮字与五系联。虞、愚元俱危虞为玉虞欲元愚袁/阮五远。

(5)倪类　共2字,属三等乙类和四等开口,作切12次。倪研奚研倪坚。

疑纽没有属三等乙类和四等合口的切上字。

4.影纽。

(1)於类　共10字,属三等甲类开口;作切126次。於字又读一等。於衣虚衣、依於希英於惊膺於陵隐於刃、倚谨倚隐绮、於乙乙於乞亿、忆乙力。

(2)阿类　共4字,属一等开口,作切8次。本类阿三字与於系联,欧与乌系联。阿於河安於寒遏阿葛/欧乌侯。

(3)乌类　共4字,属一等合口,作切54次。本类邬字与於系联。乌汪胡汪乌光屋乌谷/邬於五。

(4)纡类　共7字,属三等甲类合口,作切15次,本类字可与於、邬系联。纡邕俱逶邕危邕於容威於非妪威遇郁纡勿/委邬毁。

(5)伊类　共9字,属三等乙类和四等开口,作切25次。本类伊字与于系联。伊於夷益伊昔一、壹益悉噎一结杳伊鸟因伊真煙、烟因莲。

(6)萦类　共3字,属三等乙类和四等合口,作切7次。萦娟营娟萦娟渊萦玄。

5.晓纽。

(1)许类　共9字,属三等甲类开口,作切98次。本类为许、虚两个系联组。许喜语喜许已迄许讫/虚休居休虚尤兴虚陵羲虚宜香虚良希香依。

(2)黑类　共5字,属一、二等开口,作切8次。本类黑、孝等与许系联,亨与虚系联。黑迄得郝黑各赫郝格/孝许教/亨虚庚。

(3)呼类 共7字,属一等合口,作切84次。本类为呼、火两个系联组。呼荒胡荒呼浪昏呼昆忽呼骨霍忽郭/火虎果虎火五。

(4)呼类 共6字,属三等甲类合口,作切13次。此类分别与虚、许、火系联。吁訏訇于訇虚容/况许放悦许往/诩火羽。

(5)馨类 共3字,属三等乙类和四等开口,作切14次。本类显字与呼系联。馨醯经醯馨奚/显呼典。

(6)翾类 共2字,属三等乙类和四等合口,作切6次。翾隳缘翾隳规。

三、各类切上字的使用情况及归并

以下是用列表统计的办法考察各类反切上字在不同韵类里的出现次数,同时还可考察各类韵使用的反切上字。

表1 见纽切上字分类统计一表

被切字韵类	切上字类	居类	苟类	古类	俱类	吉类	规类	小韵数
一、二等	开口	40	6	17				63
江、覃、谈	入声	2	1					3
一、二等	合口			43				43
东一及江、覃、谈	舒声			10				10
三等甲类	开口	58	2					00
三等甲类	合口	14		7	17			38
三等乙类和四等	开口	5		2		28		35
三等乙类和四等	合口	2		4		1	14	21
切上字次数		121	9	83	17	29	14	273

由表1可知,居类作切121次,切一、二等开口40次,三等甲类开口58

次,分别占总数的 33% 和 48%,故居类主要是作一、二等开口和三甲类开口的切上字,苟类情况类似,可与居类并为居苟类。古类作切上字 83 次,切一、二等合口 43 次、东一及江、覃、谈系舒声 10 次、三等甲类合口 7 次,分别占总数的 51.8%、12% 和 8.4%。三项相加约占 76%,故古类主要是上述韵类的切上字,俱类只切二等甲类合口,可与占类合并为古俱类。吉类、规类情况单纯,仍各自为类。下面是见纽合并后的各类切上字,字后的数字是该字作切的次数。

居苟类　居 74 举 13 讫 9 九 9 纪 5 己 3 戟 2 几 娇 斤 姜 蹇 基 苟 贾 2 各 2 刚柯葛。

古俱类　古 55 姑 10 沽 5 公 3 果 2 孤 攻 工 光 郭 谷 骨 俱 8 拘 2 矩 2 厥 2 恭 归 诳。

吉类　吉 14 坚 6 经 3 颈 3 激 兼 稽。

规类　规 3 涓 3 扃 3　均 2 圭 诀 (见表 2)

表 2　溪纽切上字分类统计表

被切字韵类 \ 切上字类		丘类	口类	古类	区类	诘类	窥类	小韵数
一、二等	开口	27	21	5				53
江、覃、谈	入声		3					3
一、二等	合口		2	34				36
东一及江、覃、谈	舒声		2	10				12
三等甲类	开口	47	3					50
三等甲类	合口	15	1	5	10			31
三等乙类和四等	开口	7	1	5		25		38
三等乙类和四等	合口	1	1	3		1	12	18
切上字次数		97	34	62	10	26	12	241

由表 2 可知丘类作切 97 次,切一、二等开口 27 次,三等甲类开口 47 次,

各占总数的 27% 和 48.8%,可见,丘类主要是作以上韵类的切上字。口类切一、二等开口,江、覃、谈入声和三等甲类开口共 27 次,占总数的 80%,故可跟丘类合并。苦类作切 62 次,切一二等合口 34 次,东一和江、覃、谈舒声 10 次,三等甲类合口 5 次,分别占总数的 54.8%、16.1% 和 8%,故主要是作以上韵类的切上字。区类 10 次全是切三等甲类合口,故跟苦类合并。诘、窥仍单独为两类,归并后溪纽得四类。

丘口类 丘 53 去 18 乞 8 祛 4 墟 5 欺 3 起 3 卿羌钦气口 24 克 5 可 2 渴肯。

苦区类 苦 41 枯 3 孔 2 空颗阔廓酷区 5 曲 2 驱亏屈。

诘类 诘 9 牵 5 轻 4 遣 3 弃 2 磬喫谦。

窥类 窥 3 犬 4 倾 3 缺䀸。

表 3 疑纽切上字分类统计表

被切字韵类 \ 切上字类		鱼类	偶类	五类	虞类	倪类	小韵数
一、二等	开口	36	6	9			51
江、覃、谈	入声	1	1	1			3
一、二等	合口	1		29	1		31
东一及江、覃、谈	舒声			8			8
三等甲类	开口	41	3				44
三等甲类	合口	11		4	9		24
三等乙类和四等	开口	3		2		12	17
三等乙类和四等	合口			1			1
切上字次数		93	10	53	11	12	179

由表 3 可知,鱼类作切 93 次,切一、二等开口 36 次,三等甲类开口 41 次,各占总数的 38.7% 和 44%,主要是作以上韵类的切上字。偶类作切情况类似,故可与鱼类合并。五类作切 53 次,切一、二等合口 29 次,东一和江、覃、

谈舒声 8 次,三等甲类合口 4 次,各占总数的 54.7%、15% 和 7.5%,可算作以上韵类的切上字。虞韵主要作三等甲类合口的切上字,跟五类合并。倪类只切三等乙类和四等开口,自成一类。疑纽切上字归并得三类。

鱼偶类　鱼 37 牛 27 语巧逆 7 宜 4 讫 2 拟偶 2 鄂 3 牙 2 俄雅眼。

五虞类　五 38 吾 13 午䚡虞 5 元 2 愚危阮玉。

倪类　倪 8 研 4。

表 4　影纽切上字分类统计表

被切字韵类 \ 切上字类		於类	阿类	乌类	纡类	伊类	縈类	小韵数
一、二等	开口	48	6	3		1		58
江、覃、谈	入声	2	1					3
一、二等	合口	3		36	1			40
东一及江、覃、谈	舒声	1		10				11
三等甲类	开口	48	1			1		50
三等甲类	合口	9		3	14			26
三等乙类和四等	开口	13				18		31
三等乙类和四等	合口	2		2		2	7	13
切上字次数		126	8	54	15	22	7	232

由表 4 可知,于类作切 126 次,切一、二等开口和三等甲类开口皆 48 次,均占总数的 38%。阿类主要切一、二等开口,可与于类合并。乌类作切 54 次,切一、二等合口 36 次,东一和江、覃、谈舒声 10 次,各占总数的 66.7% 和 18.5%。纡类主要切三等甲类合口,可跟乌类合并。伊、縈自成两类,归并后影纽切上字为四类。

於阿类　於 83 乙 21 倚 5 隐 5 衣 3 依 2 亿乙英膺阿 3 安 2 遏 2 欧。

乌纡类　乌 41 邬 10 屋 2 汪纡 5 委 4 邕 2 妪透威郁。

伊类　伊 11 一 6 益 2 壹噎杳因煙烟。

萦类　萦4娟2渊

表5　晓纽切上字分类统计表

被切字韵类 \ 切上字类		许类	黑类	呼类	吁类	馨类	翾类	小韵数
一、二等	开口	33	4	9				46
江、覃、谈	入声		2	1				3
一、二等	合口			39				39
东一及江、覃、谈	舒声	1	1	12				14
三等甲类	开口	48	1	1				50
三等甲类	合口	11		6	12			29
三等乙类和四等	开口	4		10		13		27
三等乙类和四等	合口	1		6	1	1	6	15
切上字次数		98	8	84	13	14	6	223

由表5可知,许类作切98次,切一、二等开口33次,三等甲类开口48次,各占总数的33.巧%和49%。黑类主要切一、二等开口和江、覃、谈入声,可与许类合并。呼类作切84次,切一、二等合口39次,东一和江、覃、谈舒声12次,三等甲类合口6次,各占总数的46.4%、14.2%和7.1%。吁类主要切三等甲类合口,可跟呼类合并。馨、翾各自为两类,归并后晓纽为四类。

许黑类　许50虚28迄7香6希2休2兴羲喜黑4郝赫孝亨。

呼吁类　呼45火17虎13荒4忽3昏霍吁6诩2况2匈悦。

馨类　馨11显2醯。

翾类　翾5隳。

表 6　各类韵所用反切上字统计表

切上字类 \ 呼等	开口			合口			小计
	一二等	三等甲类	三等乙类四等	一二等	三等甲类	三等乙类四等	
Ⅰ	227	250	33	6	61	7	584
Ⅱ	43		19	183	84	15	344
Ⅲ	1	1	96			5	103
Ⅳ						39	39
小韵数	271	251	148	189	145	66	1070

由表 6 可知，一、二等 271 个小韵，用Ⅰ类 227 次，占 83.7%强；用Ⅱ类 43 次，占 15.8%强。一、二等合口 189 个小韵，用Ⅱ类 183 次，占 96.8%强。三等甲类开口有 251 个小韵，用Ⅰ类 250 次，几乎为 100%。三等甲类合口有 145 个小韵，用Ⅱ类 84 次，Ⅰ类 61 次，各占 57.9%和 42.1%。三等乙类和四等开口有 148 个小韵，用Ⅲ类 96 次，占 64.8%，其余用Ⅰ、Ⅱ类。三等乙类和四等合口有 66 个小韵，用Ⅳ类 39 次，占 59%，其余用Ⅱ、Ⅰ类。综合表一至表六，《集韵》见五纽切上字的分用趋势为：一、二、三甲类开口大多同用Ⅰ类，一、二等开口少数用Ⅱ类。一、二、三甲类合口多同用Ⅱ类。三甲类合口少数，一、二等合口个别也用Ⅰ类；三乙类、四等开口多用Ⅲ类，同时兼用Ⅰ、Ⅱ类；三乙类、四等合口多用Ⅳ类，同时兼用Ⅰ、Ⅱ、Ⅲ类。另外，这些反切上字跟被切字在开、合口方面更趋和谐。这些分用趋势，完全打破了《切韵》系韵书一、二、四等一类，三等另为一类的格局，反映出《集韵》跟韵图的关系更为密切。从以上特点来看，《集韵》已不属《切韵》系韵书，而是受等韵影响很大的新型韵书，其反切系统跟《礼部韵略》同类。至于这种系统跟宋代实际语音的关系及其跟《切韵》系统的差别如何，已不属本文讨论的范围，亦当作进一步研究，才能得出确定的结论。

《韵镜》所标"开合"及相关问题再研究[①]

一、前人对"开合"的主要看法

《韵镜》的第二转、第三转、第四转和第十二转，在标注开合口时，都用了"开合"的字样。由于这4转与其他39转每转只标为"开"或者"合"很不一致，因而引起了学术界的怀疑。高明先生(1978)说："《韵镜》于每图之转次下，必言呼法，有言'开'者，有言'合'者，有言'开合'者。如内转第二冬钟并在一图，内转第三江韵独为一图，其中或兼有开口合口之字，犹可说也；若内转第五为支韵合口字，内转第四支韵字何以又兼有开口合口？第二、第三、第四诸转并言'开合'，殊使人疑。"值得注意的是，第二转冬、钟两韵的字和第三转江韵(不包括入声)的齿音字，在现在许多方言里都有一个圆唇元音或u介音，而高明先生恰好把第一转东韵的韵值拟为uŋ(原书-ŋ误印为-n)和iuŋ，第二转冬韵拟为uoŋ，钟韵拟为iuoŋ。这或许就是他认为这两转可能同时兼有开口字和合口字，《韵镜》标为"开合"还勉强可说的主要原因。

有学者认为，《韵镜》标注的"开合"是古书流传中形成的讹误，可以参考《七音略》等其他韵图对它进行订正。罗常培先生(1932)就说："其因钞刊屡易，开合互淆者，且可据例校勘，有所是正。故《七音略》之'重'、'轻'适与《韵镜》之'开'、'合'相当，殆无疑义。"他在这段文字的"注"里说："又《韵镜》第二转冬、钟韵，第三转江韵，第四转支韵，第十二转模、虞韵，《古逸丛书》本均作'开合'。案第二及第十二两转《七音略》作'轻中轻'，《韵镜易解》、《磨光韵

[①] 原载《古汉语研究》，2005年2期

镜》及《改订韵镜》均改为'合',与《七音略》相等。第三转《七音略》作'重中重',第四转《七音略》作'重中轻内重',《改订韵镜》均改为'开',《磨光韵镜》第三转与《古逸丛书》本同,惟第四转改为'开'耳。"罗先生(1935)又说:"《韵镜》……第二、第三、第四及第十二诸转为'开合',均于例微乖,则当据《七音略》之'重''轻'而加以是正。"孔仲温先生(1987)也认为这四转的"开合"是一种讹误,并且将第二、第十五转校为"合",第三、第四转校为"开"。

但是罗先生对这个问题始终还有别的看法,他在自1924年起八易其稿的《汉语音韵学导论》(1954再版,中华书局)63页"注一"里说:"《韵镜》以'开合'并称者四见,《切韵指掌图》称'独韵'者六见,《四声等子》称'启口呼'者一见:此皆独立为一类也。"从这段话来看,罗先生似乎一直怀疑《韵镜》这四转的"开合"应当别有所指,而与标为"开"(开口)、或标为"合"(合口)的其他39转是不同的。

李新魁先生(1981)明确指出《韵镜》这四转标注的"开合"当是后人有意改动造成的。他说:"在这不同的地方中,有些显然是《韵镜》所更动的。如第二、第三、第四、第十二诸图注为'开合',这种注法显然不是韵图原来就有的。我们知道,韵图分图立等的基本原则是:'开合不同则分图,洪细有别则列等',除后来的韵图(如《切韵指南》)以江韵开合口同列一图之外,韵图一般的通例是开合口互分,不相羼杂,无一图可兼开合者。故《韵镜》这'开合'的注文当为后人所改、所加。而这种注文断然不会是偶误;因为每个图一般只注一字,不是'开',便是'合',断不至于将一字误为两字。"他在其他的著述里(如1982,1983)也有类似的看法。这种说法除了认为"后人有意改动"之外,具有相当的合理性。可惜他在后面的讨论里走得太远,把一些缺乏根据的猜测也扯了进去①。

---

① 李新魁先生猜想宣贤跋语中的"泉南"就是福建省南部的泉州,因而误将日本16世纪堺(即今大阪府堺市,泉南乃其别称)的和尚宗仲当成了中国明代赴日的福建僧人,然后再假设宗仲就是泉州人,于是说宗仲根据自己的"乡音"对《韵镜》作了改动,致使这四转被注为"开合"。这个说法,除犯了"张冠李戴"的错误之外,还有一个很大的漏洞:宣贤的跋语仅见于永禄本(1564),其他各本皆无。但是,在日本应永元年(1394)的写本、嘉吉元年(1441)的写本上,这四转也都标为"开合",其他好些早于永禄本的古写本也是这样。那么,即使永禄本为宗仲所改,但他绝不可能把一百多年以前的其他古写本也一起改了。关于"泉南"及"宗仲论师",请参看平山久雄先生《韵镜二事》(《纪念王力先生诞辰九十周年文集》,山东教育出版社1992年)。

二、《韵镜》旁注字简述

以往学者的看法及校理都有合理的成分,但也有需要修正或补充的地方。由于《韵镜》特殊的流传过程,以前的学者只见到两三种晚近的刊本,对于各种传本及其之间的差异知之甚少,所以,要想真正理清这一问题并得到彻底解决,就必须设法利用更多的传本。

在日本流传的好几种写本、刊本里,保留了很多日本校读者的批注。这些批注的内容以注同音字为主,也有注反切、注异体字、注字义的,还有一些是校语。由于这些内容在我国学者常见的永禄本、北大本(杨军,2001)中很难看到,所以就用较古的应永本为例,简单介绍一下这种情况。其中有些现象对解释《韵镜》的"开合"具有重要的作用。

应永本是日本应永元年(1394,当明洪武二十七年)光睦抄写的一个本子,此本最后一页"指微韵鉴卷终"之后有三条跋语:

延庆二年十二月十二日书写毕
　　　　书博士清原元宣
应永龙集小春廿五日于葳冰轩下写之
　　　　桑门光睦笔
宝德第二重九月以东寺逐本加校合毕件本以折本
书写之云云所所落字磨灭之故欤①

延庆是日本年号,延庆二年(1309)当元武宗至大二年。延庆二年清原元宣的写本现已不存,而应永本就是以它为底本抄写的。到了日本宝德二年(1450,当明代宗景泰二年),又在东寺逐写本上用别的本子校合,所谓"件本以折本书写之云云"。由于"书阙有间",跋中的"折本"即今传应永本用来参校的别本是哪些本子,现在已很难斥言了。

正因为应永本是一个校合本,所以除了第十九、二十七、三十、三十六、四十三转外,其余 38 转都批注,注文共有 240 余条,最能反映日本校合本的特

---

① "逐"字马渊和夫(同上)误为"俳"。案此作"俳本"甚无谓,"逐本"即是逐写之本。又此跋中"云"字、"所"字原作重复符号,今为印刷方便而改为文字。

点。关于《韵镜》校合本的批注，笔者将另作专文讨论，本文仅以图表方式作一点必要的说明。

转次	声调	等第	韵	纽	列字	注文及位置			注文性质
						右或右下	左或左下	下	
1	平	一	东	见	公	工攻同			同音字
1	平	一	东	清	葱	聪同	怱		同音字
1	入	三	屋	禅	熟	孰イ①	淑同		校语、同音字
2	平	一	冬	清	鏓	イ无②			校语
5	平	三	支	知	腄③			音追イ无④	直音及校语
7	平	四	脂	喻	惟	唯同维同	遗同		同音字
11	上	四	语	邪	叙	绪同位	序同		同音字
12	上	二	麌	审	数	计也⑤			字义，限制
22	平	三	元	知	尣	丁金反⑥			反切，误
25	平	三	宵	知	朝	アサ早也⑦			日、汉字义
25	平	三	宵	澄	晁		朝同朝廷⑧		同音字及字义
25	上	一	晧	心	嫂		嫂イ		校语

---

① "孰イ"相当于汉语"当作孰"。
② "イ无"大致相当于汉语的"本或无"。
③ "腄"字误，当作"腄"。
④ "音追"是为"腄"（原误为"腄"）字作的直音，"イ无"是为"音追"加的校语。
⑤ "计也"是为"数"注义，以区别于其他读音、其它意义的"数"字。
⑥ 按此字、音并误。切三、王二、王三仙韵无此音。王一（P2011）山韵韵末作 尣，丁全反。注云："一 尣，尢也。出《说文》，新加。"刊（P2014）宣韵作 尣，子注模糊；《广韵》则在仙韵，字作 尣，注云："行不正皃。"二书亦音丁全反。《集韵》则 尣尣，珍全切。将"类隔"改为"音和"。注云："尣尣，行不正皃。"按各韵书此字形音皆误。《说文》："尣，尢不能行，为人所引曰 尢 尣。从尢从爪，是声。"大徐都兮切（《玉篇》同），小徐的齐反。是此字当入齐韵。段玉裁谓"尢"义与今语之"提携"相近，是也。王一、《集韵》所作，即是 尣字之误；刊则误合 尣 尣二字为一。《广韵》或见此之误字，以其不当有"丁全切"一音而改为矣。今谓唐时俗书，全字多作令、令等（切三、王韵屡见），兮字坏缺下半，即与令、令等形似。王仁昫见误本《说文》有此音，未悟乃为讹字而收入仙韵。按《韵镜》宝生寺本、（佐）于本转标目下有" 尣 中全切又丁全切"，（国）同而音注唯少一"切"字，此亦后人批注羼入正图之证矣。
⑦ "アサ"是日语"早晨"的意思，是注明这个位置上的"朝"字不同于"朝廷"的朝。"早也"则是用汉语再次注释。
⑧ "朝廷"是注文"朝"的字义，以区别于"朝暮"之"朝"。

《韵镜》在传写和刊刻过程中，这些批校有的羼入了原文，有的还被用来替换了原文，以至于造成了一些难以理解的错误。下面先看几个例子：

1. 应永本在第一转平声一等匣纽位"洪"字右下注"红イ"，此位（元）列"红"，其他各本列"洪"。《切韵》残卷P3798、切二（S2055）、王一、王二、王三东韵有洪小韵，胡笼反；《广韵》户公切；《集韵》胡公切。各韵书"红"字都在"洪"小韵。从韵书的反切和小韵首字来看，此位当列"洪"字。《韵镜》诸本及《七音略》此位列洪，正与韵书相合。应永本所注的"红イ"，原先极可能是"洪"字旁所注的同音字，应永本误将此字写成"校"字，而（元）大致就是根据这类错误的校语将原书所列的"洪"字改成了"红"。

2. 第二转平声喻纽《韵镜》三等列容，四等列庸。庸与容同音，切二、王二、王三、《广韵》、《集韵》锺韵并有容小韵，余封反。P3798余□反。《唐韵》（P2018）以恭反。《韵镜》如此者，颇疑校读者于容下标注同音字"庸"而传抄窜入正文，且将"容"字挤入上格所致。

3. 同转去声一等端纽位《韵镜》宝生寺本、（国）列潼，（仙）列薄，（理）列雺，其他各本列湩。王二、王三、《广韵》送韵涷小韵有"湩"字，多贡反。王三注云："又都综、竹用二反。"都综反一音，则宋韵字也。《集韵》始收此字于宋韵，冬宋切。《韵镜》列湩与此合，然颇疑为后人所增。（理）此位误列明纽之雺，又于上声四等位列湩，此"湩"则当是雺之校字窜入彼位也。

4. 第三转入声二等晓纽位《韵镜》应永本列咔，（延）、（文）作咤，嘉吉本、六地藏寺本、永禄本、北大本、宽永五年本○，宝生寺本、（国）乃于○中补入"滈"字，（仙）、（天）、（元）、（正）径列"滈"字。切三、王一、王二、王三、《唐韵》、《广韵》觉韵并有咔小韵，许角反。《集韵》黑角切。唐五代韵书该小韵皆无"滈"字，《广韵》、《集韵》有。《韵镜》列"咔"者当是原书旧式，作咤则是误书，无字者盖系误脱，作"滈"者当系后人据《广韵》、《集韵》标于咔旁之同音字，抄胥不察而误改也。

5. 第八转平声四等溪纽，《韵镜》（延）○，（文）列抾于○中，其他各本列抾。唐五代韵书之韵无此字，《广韵》则有抾小韵，丘之切。按之韵并无重纽，《广韵》当是后增而未并于欺小韵（去其切）者。《集韵》此字则合并于欺小韵，丘其切。《韵镜》原当无字，后人乃据《广韵》注抾于欺下，转抄遂误入此位矣。

类似的例子还有很多，这里仅举数例，一方面证明《韵镜》有旁注字羼入或改动原文的现象，一方面说明《韵镜》这四转的"开合"极有可能是同样的原因所致。

三、《韵镜》误标"开合"原因及订正

前面讨论了《韵镜》在日本流传期间旁注字羼入正图、改动原文的情况，现在再来看旁注字羼入、改动标目的情况。

1. "内转第四开合"，宝生寺本、佐滕本并作"开"。二本与诸本所作"开合"不同而适与《七音略》所标之"重中轻（内重）"相应，且本转所列之字正为韵书中支韵的（举平赅上去）开口字。这种情况绝非偶然，因此可以判断，本转的标注原书应当只有一个"开"字，抄写者误将小字校语写成大字，遂与原书的标注相淆。宝生寺本和佐滕本尚能存其旧式，真可谓"一字千金"！

我们这种解释，还可以找到其他证据。例如：

2. 诸本"外转二十一开"，（天）作"合"而校云"开イ"。此转所列，为韵书山、元、仙韵（平赅上去入，下同）的开口字，《七音略》作"重中轻"，（天）作"合"误而校为"开"则是也。

3. 又"外转第二十三开"，（文）作"合"而校云"开イ"。此转所列，为寒、删、仙、先韵的开口字，《七音略》作"重中重"，是"文"先误为"合"又校为"开"。

4. 又"外转第二十四合"，宝生寺本、（国）施校语"开イ"。此转所列，为寒、删、仙、先韵的合口字，《七音略》作"轻中重"，宝生寺本、（国）并属误校。

5. 又"内转第二十七合"，（文）校云"开イ"；宝生寺本、开奂、（佐）、（国）、（大）诸本作"开"。本转所列为歌韵开口字，《七音略》作"重中重"，宝生寺本等作"开"。

6. 又"内转第三十七开"，（文）作"合"而施校语"开イ"。本转所列为侯、尤、幽韵字，《七音略》在第四十转，标作"重中重"，（文）作"合"误而校为"开"。

7. 又"外转第四十合"，宝生寺本"合"旁施校字"开"。本转所列为谈、衔、严、盐韵字，《七音略》在第三十二转，作"重中轻"，故诸本作"合"误，宝生寺本校为"开"。

另外，各本之间还有几处差异值得注意。

8. 诸本"内转第十一开"，（天）作"合"。本转所列为鱼韵字，诸本作"开"适与《七音略》所作"重中重"相应，（天）作"合"误（参看下文第14条）。

9. 又"外转第二十六合"，（正）作"开"。此转所列为宵、小、笑韵重纽四等

字。案《切韵》系韵书宵韵系唇、牙、喉音有两套对立的小韵,一类列于二十五转三等,与一等豪、二等肴、四等萧相次,另一类则因二十五转无位可列而另立新转。二十五转既作"开",故本转不得作"合",《七音略》该两转皆标为"重中重",是当依(正)作"开"。

10. 又"外转第三十九开",(仙)误为"内转第三十九合",然出校语"外转第三十九开"。本转所列为覃、咸、盐、添韵字,作"外"、作"开"是。

11. 诸本"内转第三十八合",(元)无"合"字。本转所列为侵韵字,《七音略》标为"重中重",是本转当作"开",诸本作"合"误。(元)不标开合者,恐为抄写时见有作"合"之本而生疑,因此暂时空缺而最终忘记补写所致。

根据以上线索,我们对《韵镜》其他三转所标的"开合",应当也可以作出同样的解释。即原书应该只有一个"开"字或"合"字,由于传写出现错误,于是有人施校于旁,抄写者不察而羼入正文,因而出现了一转之下标注"开合"的错误。下面就分别讨论这三转哪些当作"开",哪些当作"合"。

12. 内转第二开合。李新魁(1982:133)、孔仲温(1987:72)都认为本转当做"合","开"字误衍,其说甚是。本转所列为冬韵、钟韵字,《七音略》标为"轻中轻",是本转当订为"合"。

13. 外转第三开合。李新魁(同上:139)、孔仲温(同上:73)认为本转当作"开",其说是。该转为江韵字,《七音略》作"重中重",故此转当订作"开"。李新魁(同上)又谓"《指掌图》本转各字全列入阳、养、漾韵合口图内;《等子》则以牙、喉、唇入宕摄开口,以舌、齿诸纽入宕摄合口。《指南》自成一图,图内另分开合。《韵镜》注为'开合'殆后人据《等子》等韵图所加。"《指掌图》本转之字除李氏所言尚见于二处:一为入声觉韵配阴声豪、肴、宵、萧;一为入声觉韵庄组字再列于铎、药开口二等位。所谓后人据其他韵图加"合"而成"开合"亦未确,或是好事者据其他韵图施注于旁,抄写者粗心而误入正文欤?

14. 内转第十二开合。李新魁(同上:160)说:"案本转所列各韵,论古音当读为开口,后代始读合口。"但他没有说明"古音"、"后代"的具体时段,也没有说本转究竟应当作"开"还是作"合"。孔仲温疑本转当作"合","开"字误衍,是也。本转所列为模、虞韵字,《七音略》标作"轻中轻"。今案,根据杨军(1995)的研究,《集韵》牙、喉音字有用切上字分开合的趋势。虞韵、模韵的牙喉音字作反切上字时,大都出现在合口韵;而鱼韵牙喉音字作反切上字时,则大多出现在开口韵。这一现象正好反映出鱼、虞分野的大界在于有无 u(iu)

介音,也表明直到《集韵》里,鱼韵仍然是开口,虞韵和模韵则是合口。又恰好跟《七音略》的标注不谋而合,故本转当订为"合",与十一转鱼韵作"开"对立。

综上所述,我们可以得出如下的结论,《韵镜》所标的"内外",既非原书旧貌,亦非后人刻意更改所致,而是《韵镜》流传于日本时因为传抄者的粗疏,误将校语羼入原书造成的。

四、结语

下面是对《韵镜》标注订正的结果。

原误为	当订正为
1. 内转第二开合	内转第二合
2. 外转第三开合	外转第三开
3. 内转第四开合	内转第四开
4. 内转第十二开合	内转第十二合
5. 外转第二十六合	外转第二十六开
6. 内转第二十七合	内转第二十七开
7. 内转第三十八合	内转第三十八开
8. 外转第四十合	外转第四十开

在结束本文以前,我想再强调一个问题以引起大家注意。鲁国尧先生(1992、1993)曾经指出,《韵镜》这类早期韵图是"层累的造成的",这个论断十分重要。我在近几年对《韵镜》和《七音略》的专门研究中,认为"层累"学说可以作如下理解:早期韵图的"层累"具有两种性质,第一种是《韵镜》之类的韵图从草创到成熟,不断有人要对它进行"完善"。在这个过程中,出现了用后起的韵书补充和改动原书列字的现象。这种性质的"层累"从时间上可以划在张麟之首次刊刻《韵镜》以前,即宋高宗绍兴辛巳年(绍兴三十一年,1161)以前。第二种"层累"发生在《韵镜》流传到日本以后,时间大约是1203~

1252年以后①。造成的原因一方面是有人想对它进行"完善",因而把《广韵》、《集韵》里的一些字注在相应的位置,甚而有的直接增补到原书中去了。另一方面是有人为了纠正该书流传过程中产生的错讹,于是根据《广韵》或《集韵》来判定原书的是非,这种做法无论动机如何,客观上还是淹晦了原书本来的面貌。再一种情况是日本学者往往为原书所列的字加注同音字及注音、注义等等,或为原书所列的字或标注等加注校字、校语等,后来在抄写时就出现了旁注羼入原书或用批注改动原文的情况。经过一次又一次的增改,我们现在看到的《韵镜》等早期韵图里出现了若干原书没有的内容,产生了好些难以解释的问题。因此,只有从理念上充分认识《韵镜》的层累性,才能对该书的各种复杂情况作出正确的判断;也只有真正认识到《韵镜》等早期韵图的层累性质,剥除掉后人累加的成分而完成对这些韵图的复原工作,才可能对它们进行出正确合理的构拟或重建(reconstruction)。本文是笔者在完成了《七音略校注》②和《韵镜校笺》③的基础上撰写的,我在校理这两部书时为自己定下一个任务,即尝试着把那些流传于日本时后人附加的"层累"成分尽可能地剥除掉。本文就是把自己在这项工作中得到的结果先发表一小部分,以期得到前辈和同仁更多的批评、帮助及指教。

---

① 《韵镜》宝生寺本(即日本福德二年本)后有奥书(大约相当于中国的"跋")云:本云建长四年二月十二日书写了明了房信范建长四年即 1252 年,而日本所传《韵镜》均有张麟之 1203 年三刊序文,故可断《韵镜》传入日本当在宋宁宗嘉泰三年到理宗淳佑十二年(1203—1252)约 50 年之间。
② 上海辞书出版社 2003
③ 浙江大学出版社 2007。

《韵镜》所标"内"、"外"再研究[①]

一

自从罗常培先生《释内外转》(1933)一文发表后,陆续有董同龢(1949)、许世瑛(1966)、杜其容(1969)、高明(1978)、陈新雄(1973)、孔仲温(1987)、薛凤生(1999)等学者对内外转进行了讨论,而各家看法不尽一致。综合来看,在外转有独立二等韵、内转则无这一点上,各家意见相同。但在早期韵图区分"内"、"外"的根据是什么,以及内外转所含的韵(或摄)都有哪些这两方面,各家意见则有分歧。

罗常培先生(1933)认为,《韵镜》、《七音略》等早期韵图的"内转、外转当以主要元音之弇侈而分",他说:

> 所谓内转者,皆含有后元音[u][o],中元音[ə]及前高元音[i][e]之韵;外转者,皆含有前元音[e][ɛ][æ][a],中元音[ɐ]及后低元音[ɑ][ɔ]之韵。如自元音中图第二标准元音[e]线引一斜至中元音[ə]以下一点,更由此平行达于第六标准元音[ɔ]以上一点,则凡在此线者皆内转元音,此线下者皆外转元音,惟[e]之短音应属内,长音应属外耳(此处原有元音舌位图,因排版不便省略)。线以上之元音非后即高,后则舌缩,高则口弇,故谓之"内";线以下之元音非前即低,前则舌舒,低则口侈,故之谓"外"。

[①] 原载《音韵论集》,中华书局,2006。

为了使此说成立，罗先生不惜改变早期韵图原有的措置现象，把原属内转的果、宕两摄搬到外转，把原属外转的臻摄搬到内转，造成内转七摄，外转九摄的格局。但是，这种办法得不到文献的支持。如《四声等子》云：

  内转者，取唇舌牙喉四音更无第二等字，唯齿音方具足。外转者，五音四等都具足。今以深、曾、止、宕、果、遇、流、通括内转六十七韵，江、山、梗、假、效、蟹、咸、臻括外转一百三十九韵。

《切韵指掌图》所载《辨内外转例》亦云：

  内转者，取唇舌牙喉四音更无第二等字，唯齿音方具足。外转者，五音四等都具足。旧图以通、止、宕、果、遇、流、深、曾八字括内转六十七韵，江、蟹、臻、山、效、假、咸、梗八字括外转一百三十九韵。

这里已经明确指出内外转各含八摄，所以这种格局应该是不容改易的（董同龢1947）。此外，后来的《四声等子》把果与假、宕与江合并，且注明"内外混等"。如果《韵镜》等早期韵图把果、宕标为内转是版本错误，那么，《四声等子》对它们所注的"内外混等"就不知所云了（薛凤生1999:36）。《等子》十六字排序与《指掌图》稍异，而《指掌图》所称"旧图"之排序，与《七音略》次序完全相同，而与《韵镜》相较，除《韵镜》梗摄在前，咸摄在后之外，其余无异。值得注意的是，这种排列与《等子》、《指掌图》本身格局全然不同，因知《辨内外转例》乃抄自"旧图"（鲁国尧1992）。虽然有人怀疑这个"旧图"是指《四声等子》（赵荫棠1935），但据近年的研究，这种猜想并没有多少根据（黄耀堃2002）。如果结合《韵镜》、《七音略》的转次排序，这里的"旧图"或即指《韵镜》、《七音略》一类早期韵图。这种推测还可以得到文献上的印证，宽永五年（1628年）本《韵镜》在每图韵目的上方，均标有十六摄摄名。这些标注中凡属内转的摄名外都加了墨圈，属于外转者则不加圈（例外只有一处，即外转第三的"江"外有圈，当是误笔）。此系宽永五年本最为特别之处，不见于《韵镜》的其他版本，亦不见于《七音略》。这种标注系何者所为已无从考证。然十六摄之名晚出于《韵镜》与《七音略》，因而可以判断宽永五年本所标注的摄名当出于日本校读者之手，其所据者或即与《指掌图》中《辨内外转例》相类（杨军2001）。这一点，过去的研究没有涉及，但可以给我们一个相当重要的启示：以摄为单位言，早期韵图"内"、"外"各八的格局不容移易。《等子》、《指掌图》

所云内转 67 韵,外转 139 韵就已严格限定了"内"、"外"各自的范围,因此,后人对它所作的任何改变都是没有道理的。

那么,"内"、"外"这两个术语跟相应的图中所包含的韵的主要元音究竟有没有关系呢?许世瑛先生(1966)以为,韵图是以元音舌位的高低分来等的,而舌位的高低正好与开口的弇侈成反比,也就是舌位越高,开口度越小(弇);舌位越低,开口度越大(侈),既然主要元音的弇侈已用于区分韵的等第,就不可能再用来分内外转。孔仲温先生(1977)说:"许先生之批评,甚能掌握罗氏之缺失,颇得学者之共鸣。"薛凤生先生(1999)也说:"近年来的研究终于使我相信:元音的高、低(或弇、侈)对比,跟等韵的内、外转,实际上代表两个截然不同的概念。"但高明先生坚持认为内外转跟韵的主要元音有关(1978:295),并且对罗先生的构拟作了一些修改,但结果仍是"内"、"外"各图都含有前元音、中元音和后元音,看不出"内"、"外"各图跟所含元音之间在分布上有什么明显的规律。所以,陈新雄先生(1973)说:"高明先生……以为内转之主要元音为前元音[i][e],中元音[ə],后元音[u][o][ɔ][ɒ]等,外转之主要元音为后元音[a]、中元音[ə]、前元音[a][æ][ɛ][e]等。但同一前元音[e]、中元音[ə]却分属内外两转,虽曰所接韵尾有弇侈之殊,而于音理终不无遗憾也。"总之,以韵母所含主要元音的弇侈来解释内外转始终难以得到令人满意的结果。

二

既然内外转与主要元音无关,对内外转就应当有别的解释。《门法玉钥匙》云:

> 内外者,谓唇牙喉舌来日下为切,韵逢照一,内转切三,外转切二,内故曰外。

"照一"指的就是韵图列在二等位置上的庄组字,意思是说,这些庄组字,在内转应当跟三等韵相拼,在外转则当跟二等韵相拼。不过,为什么要用"内"、"外"这两个术语呢?董同龢(1949)说:"内转的庄系字独居三等应居之外,而所切之字又在三等之内,故名'内',外转庄系字相反,故名'外'。等韵家命名不科学,此门又称'内三外二'可以参考。"请注意"外转庄系字相反"这句话在逻辑上有问题,因为外转里的庄组字居于二等应居之位,跟内转并不构成相反的关系。所以仅用"等韵家命名不科学"来解释是难以令人满意的。杜其容先生(1969)在此基础上又有发挥,她说:"总结说来,内外转之名,系为区分二、四等字之属三等韵或属二、四等韵而设立。三等字居二、四等之内,故二、四等字之属三等者谓之内转,而属二、四等韵者相对谓之外转。"杜氏对其说的论证问题较多,遭到了孔仲温(1987)的强烈反对。而杜氏最大的问题在于:①把精组字也扯入其中,反而使本来就弄得很复杂的问题更加纠缠不清了。②为使其说成立,又把臻摄搬到内转,犯了跟罗先生相似的错误。不过,孔氏没有提出新的看法,而是主张维持《辩内外转例》的旧说(1987)。

关于内外转,我在《七音略校注·自序》中说:

在《韵镜》里,"外转"各图齿音二等位置上,所列的皆为二等庄组(照二)字,即使有些位置上韵书正好没有庄组二等韵的字,《韵镜》一般总是宁愿空出该位,而不将无处可居的三等庄组字填入。原因是一旦列入三等庄组字,外转各图将无从分别二等齿音位置上的字到底是二等抑为三等。因此,早期韵图在外转各图中是不列三等庄组字的,亦即三等庄组字溢出"外转"各图,不能在这些图中拼合("转"即拼合之义),须于图外(韵书中)查找,故名之曰"外转"。而"内转"各图均无独立二等韵,不存在同一图中庄组二等字与三等字的冲突,与其让二等位置空闲,不如定下条例,将三等庄组字寄放进去,以解决部分三等庄组字无地可居的问题。既然内转各图中同韵的三等字无论声纽如何,都居于该图之内,因而名之曰"内转"。所以,"内外转"是为齿音二等位置上列字所定的条例,如此,使用韵图时自然可知"内转"诸图齿音二等位置上所列的是三等庄组字,"外转"诸图齿音二等位置上的则为二等庄组字。这个条例与精组字列字的道理相同,精组字无论三等抑或四等,都必须放在四等位置上,即便齿音三等位置无字,亦不得将三等精组字列于该位。这是因为倘使三等章组无字时将精组字列入三等位置,则无从分别齿音三等位置上所列的到底是章组字还是精组字。

因为限于体例,当时没能展开,下面我将对此再作进一步论证。

要解决《韵镜》、《七音略》为什么每转要分别内、外,分别的标准是什么,又为何要用内、外来作这种分别等问题,应该从列字、检字和拼读的角度来考虑。

早期韵图之所以要分内外转,是为了区别韵图列于二等的齿音字是否真的属于二等,即区别其母韵属于二等还是三等(即"假二等")。区分内外的标准是齿音二等位置上的字韵母是否属于三等,属于三等者为内转,不属于三等者则外转。从声韵母配合情况来看,三等韵可以配合的声母最多,情况也最复杂,尤其是与齿音声母相拼时。在早期韵图中,因为精、庄、章三组声纽字同时放在"齿音"下,而三等位置又只能容纳一组声字,因此,就把章组字列在三等,精组字寄在四等。精组字寄在四等不会出现问题,因为"纯四等"只有齐、先、萧、青、添五韵系,齐韵所在的蟹摄只有一、二、四等,不会跟三等发生冲突,先、萧、青、添韵所在之摄虽一、二、三、四等俱足,而早期的韵图制作者则用分图的办法避免了三、四等精组字可能发生的冲突(精组字真正生发冲突的反倒是尤幽两韵系,而这两韵余皆是三等韵)。其余有可能发生冲突的就只有庄组字了。因为庄组声母既可与"独立二等韵"相拼,又可以跟三等韵相拼,所以二等位置上就存在二等庄组字与三等字庄组冲突的可能,一旦发生冲突,韵图中齿音二等位置上的字就难以分辨,既无从列字,又无从检字,更无从拼读。这种说法还有一个有力的证据:韵图把三等韵的齿头音精组字永远寄放在四等位置上,即使三等位置上没有章组字,也绝不把它们放回三等,没有例外,其目的也在于避免混淆精、章两组字。所以说内外转是专为正齿音二等位置列字而定的体例。另外,这样释内转更便于理解"转"在这里的意义。学术界一般认为"转"就是拼合的意思,如周祖谟先生说(1966):"'转'者,即以一个字母与诸元音辗转轮流相拼的意思。"但是,也有学者在解释《韵镜》一类早韵图标注的"转"时,无从释解这个"转"的含义,就把"转"跟"图"混为一谈(如杜其容1968等)。实际早期韵图的"转"跟"图"并不是一回事,如早期的标注总是在"内"或"外"后接"转",其下才是序数和"开"或"合"。假如"转"就是"图"的意思,为什么早期韵图的作者要把"转"放在"内"或"外"之后而不放在序之后呢?理由很简单,"内转"是指该图三等韵的正齿音字就在本图之内,也就是说,这些二等位置上的齿音字要跟图内的三等韵相拼;"外转"则不同,由于二等韵的正齿音字已然占据了自己的位置,三等韵的正齿音字已无地位可以寄放,不得不溢出本图之外,要想拼读这些字,就必须到图外(在韵书里)去找。所以,"转"在这里依然是拼合的意思。

下面我们就以王三、《广韵》、《集韵》为例,考察韵书属外转的三等韵中庄组字的具体情况。

表1　韵书外转三等韵的庄组字

	王三				广韵				集韵			
	庄	初	崇	生	庄	初	崇	生	庄	初	崇	生
祭开[1]				嶘所例				嶘所例	瘵侧例			嶘所例
祭合		桒楚税		啐山芮		桒楚税		啐山芮		毳初税		啐山芮
谆									稕壮伦			帨测伦
隐[2]		龀初谨	濜俎纫		榛仄谨	龀初谨	濜俎引		榛阻引	龀楚引	濜俎引	
震开[3]		榇初遴				榇初觐				榇初觐	酳士刃	阠所陈
㴋										齓初问		
质开[4]		㓼初栗	齫仕乙			㓼初栗	齫仕叱			㓼测乙	齫食卯	
质合[5]				率所律		㔌侧律		率所律	茁庄出	㓼楚律		率朔律
仙开[6]			潺士连				潺士连				潺鉏连	山所旃
仙合[7]	砖庄缘			栓山员	砖庄缘			栓山员	恮庄缘			栓所员
狝开[8]							棧士免			剗测展	棧士免	
狝合[9]			撰士兔				撰士兔		𧧷苗撰		撰雏免	㢾式撰
线开[10]												栈山箭
线合			饌士变	篹所眷			篹士恋	篹所眷	栓庄眷		篹雏恋	篹数眷
薛开		𠛅廁别		樧山列		𠛅廁列	闃力列	樧山列	札侧列		闃士列	樧山列
薛合[11]	茁侧劣			𪙉所劣	茁侧劣			𪙉所劣	茁侧劣	韎测劣		𪙉所劣
盐								襳史炎				襳师炎
琰									醶初欲	龓士冉	掺山俭	
叶				萐山㰤				萐山㰤	届庄㰤		𠯦磋欱	喢色㰤
宵												捎梢妖

表1说明：

1. "瘵"字王三、《广韵》在怪韵，侧界反。《集韵》此字亦见于怪韵，侧界切。

2. "榛、龀、濜"《集韵》在準韵。《集韵》準韵另有幢，创允切。

3. "榇、酳、阠"《集韵》在稕韵。

4. "㓼"字《集韵》改入栉韵。齫字《广韵》又见于栉韵，则瑟切。《集韵》齫字有二音,栉韵食櫛切;质韵测瑟切。

5. "率"字《广韵》在术韵。《集韵》质韵韵末另有䚄小韵,侧律切,与茁、庄出切一音重。

6. "潺"字王三又见于山韵虥小韵,昨闲反,《广韵》士山切;《集韵》山韵则有潺小韵,俎山切。"山"字王三、《广韵》等均无三等一读。

7. 王三"䅎"作居缘反,今据李荣《切韵音系》改为庄缘反。

8. "刻"字王三、《广韵》在产韵,初限反,《集韵》产韵亦收,楚限切;"栈"字王三在产韵,士限反。《广韵》、《集韵》兼收,《广韵》士限切,《集韵》仕限切。

9. "撰"字又见于潸韵,王三数板反,《广韵》雏鯇切;《集韵》雏绾切。

10. 《集韵》线韵末又有潺小韵,山彦切,与"栈"重。但《集韵》"潺"字去声也有二等一读,在谏韵讪小韵,所晏切。

11. "茁"字又见于二等黠韵,《广韵》邹滑切,《集韵》侧滑切。

根据以上的观察,韵书属外转的三等韵是有庄组字的。但正如董同龢(1949)所说:"庄系字在三等韵的历史是很浅的。"从表一中可以看出:①属于外转的三等韵中,王三有庄组字20个,《广韵》有26个,《集韵》增加到46个。也就是说,韵书的时代越晚,外转中三等庄组字的字数就越多。②外转中的三等韵,跟庄组的各个声母拼合是不平衡的,其中,跟生纽拼合的字最多,跟庄纽拼合则较少。属外转的大多数韵里,庄组字的分布往往残缺不全。这就跟内转三等韵的庄组字形成很大的差别,内转的三等韵,庄组字较多而分布也较为整齐。③有些字在《广韵》里二、三等兼收,而《集韵》增加的小韵更是大多数又见于二等韵。以上现象反映出属于外转的三等庄组字是较晚产生的读音。这也许就是外转三等韵庄组字数量相对较少且各声纽分布不平衡的原因。可能正是因为外转三等韵的庄组字数量较少,成了早期韵图列字时舍弃它们的理由。

综上所述,韵书由于二、三等都有庄组字,列图时会发生冲突,所以必须加以处理,以避免出现混乱。内转各摄,齿音例无独立二等韵,因此,把三等韵母的庄组字借放到二等位置上,不会引起混淆。问题出现在外转各摄,二等位置本属于二等韵母,如将三等庄组字也寄放到二等位置,则二、三等韵母的庄组字就可能发生冲突,造成混乱。因此,需要定下一个原则来避免可能发生的混淆。如果规定外转各图二等齿音位置上只能置放二等韵母的庄组字,就能避免出现混乱。代价是牺牲三等韵母的庄组字。不过,这种代价并不大,因为只有二、三等韵同图时才可能出现庄组字的冲突,才需要牺牲三等庄组字,而且被舍弃的三等庄组字数量也很少。过去的研究缺少用图例对具体的列字情况进行验证的方法,如果图例并不指导列图,还有什么意义呢?现在我们就来考察早期韵图对庄组字的处理跟我们的认识是否一致。

表2 外转各图所列的三等庄组字(表中字后带星号的,在韵书里有二等读音)

韻目	韻鏡					七音略				
	轉次	莊	初	崇	生	轉次	莊	初	崇	生
祭合	十四					十四		寙		
隱	十七		齔	濜		十七	𪓐	𪚩		
震開	十七		櫬			十七		櫬		䟐
質開	十七			齜*		十七			齜*	
諄	十八					十八	稕			
質合	十八	䘏		率		十八	䘏	齜		率
獮	二十一		剗*	棧		二十一		剗*		棧*
線開	二十一					二十一				
仙合	二十二		恮			二十二		恮		
獮合	二十二					二十二		孨		籑
仙開	二十三			潺		二十三			潺	
仙合	二十四					二十四				
獮合	二十四					二十四		蝶		籑
線合	二十四					二十四		恮		
薛合	二十四				刷	二十四		鋖		刷

表2说明:

1. 十四转去声初纽《韵镜》无,《七音略》列"寙"。王一、王三祭韵"寙"字两见,一在彖小韵,楚岁反;一在毳小韵,此芮反(清纽注:"又楚岁反。")《广韵》同,毳小韵下"寙"又楚税切。《唐韵》彖小韵音同王一等,无"寙"字。王二"寙"字只见于毳小韵,音同王一等,无又音。《集韵》则有寙小韵,初税切。《七音略》当即据《集韵》增。

2. 十七转上声庄纽《韵镜》无,《七音略》列"𪓐"。唐、五代韵书轸韵无此字。《广韵》"𪓐"(古逸丛书本、巾箱本并误为𪓐)字在隐韵,仄谨切。《集韵》

则入準韵,阻引切。按此字龙宇纯、余廼永并以为臻韵上声,是也。

3. 十七转上声初纽《七音略》列"齔",《韵镜》宝生寺本、(佐)、(国)同,其他各本并作"齓"。此字各韵书并在隐韵。切三、王三作"齔",王一、《广韵》作"齓"。切三初隐反,王韵、《广韵》初谨反。《集韵》隐韵字作"齔",初谨切;準韵则有两"齔"字,一音楚引切,一音创允切。戴震《声韵考》以为此字系臻韵上声寄于隐韵者,是也。《说文》此字作"齔",从齿匕会意。匕为变化字,即人字之倒书,将"齔"字作"齓",乃为误字。

4. 十七转上声床纽《韵镜》列"㵣",《七音略》空格。唐五代韵书轸韵无此音。《广韵》準韵有㵣小韵,锄纠切。《集韵》锄引切。此字亦是臻韵上声。《七音略》不列,盖所据原如此。

5. 十七转去声初纽《韵镜》、《七音略》皆列櫬。列 TID 震韵"櫬"字残坏,注云:"空棺。楚□反。三。"S6176(正面)震韵有"櫬"字,注云:"空棺。楚觐反。四。"(按该小韵仅三字,注"四"显误。)王二音同 S6176,王一、王三初遴反;《广韵》、《集韵》初觐切。此字盖为臻韵去声,则《韵镜》、《七音略》所列不误。

6. 十七转去声生纽《韵镜》无,《七音略》列"陙"。《广韵》及以前韵书无此音,《集韵》稕韵末乃增陙小韵,所陈切。《七音略》当是据《集韵》列。

7. 十七转入声初纽《韵镜》无,《七音略》列"㓊"。切三、王一质韵有㓊小韵,初栗反。王三、《唐韵》、《广韵》音同,字作"㓊"。《集韵》测乙切。

8. 十八转平声庄纽《韵镜》无,《七音略》列"竣"。《广韵》及以前韵书真(谆)韵无此字,且无庄纽(照二)。《集韵》乃收此字于韵末,壮伦切。《七音略》所据殆即此也。

9. 十八转平声初纽《韵镜》无,《七音略》列"惛"。王三真韵"惛"字两见,一在屯小韵,陟伦反(知纽);一在酏小韵,丈伦反(澄纽)。两音并训"布贮",当是"幠"字之讹。此字《广韵》谆韵屯、酏两小韵下皆作"幠",是其证也。然本转之幠,于上引二音不合。《集韵》真韵末有幠小韵,测伦切。其字从巾作"幠",训为"布载米",《七音略》乃是据此转误。

10. 十八转入声庄纽《韵镜》、《七音略》皆列"黜"。唐、五代韵书质(术)韵无此音,《广韵》乃于质韵末收此黜小韵,侧律切。《集韵》同,而又另有一庄纽茁小韵,庄出切。因疑《广韵》之"黜"或为"柮"韵字。

11. 十八转入声初纽《韵镜》无,《七音略》列"齟"。此字王一、王三质韵仕乙反。《广韵》"齟"字有两音,一在质韵仕叱切,与王一、王三音同;一在栉韵,鉏瑟切。《七音略》十七转入二床纽所列齟字,当据《广韵》鉏瑟切一音。本转所列者,《集韵》质韵"齟"有测瑟切一音,以切下字论,此音亦当为栉韵字,可列于十七转入二穿纽位。而《七音略》彼位已列"㓠"字(切三、王一、王三、《唐韵》、《广韵》质韵初栗反,《集韵》测乙切),因冲突而列"齟"于本转。然"齟"字依切为开口,列于本转合口图亦误。

12. 十八转入声生纽《韵镜》、《七音略》皆列"率"。"率"字切三、王二(字作"䥝")、王三、《唐韵》质韵所律反,《广韵》术韵同;王一师茁反,《集韵》朔律切。二书所列,即质韵之"率"。

13. 二十一转去声生纽《韵镜》无,《七音略》列"䍤"。《广韵》及以前韵书裥、线韵皆无此字。《集韵》线韵有,山箭切。《周礼·鲍人》"为䍤";《释文》"音践。或山箭反";《集韵》乃据此或音而收。本图属外转,线韵列于四等,则正齿音二等位(照组)不得列三等线韵字,否则即与裥韵字混。《七音略》于二十三转二等审纽位列二等谏韵"讪"字(王一、王二、王三、《唐韵》、《广韵》并所晏反),是也。然又于本转列"䍤"则非其例也。《韵镜》二十三转列"讪"而此位不列字,是也。

14. 二十二转平声初纽《韵镜》列"悛",《七音略》列在庄纽。切三仙韵有"悛",莊(莊之俗字)缘反。刊宣韵则有跧小韵,莊閑反(今从P2014照片摹写,姜亮夫抄径改作莊闗反)。王一、《广韵》仙韵亦有悛小韵,庄缘反。《集韵》仙韵有"悛",亦庄缘切;山韵则有"跧",阻顽切。《韵镜》本或将此字列于穿纽位,当是后增。

15. 二十二转上声庄纽《韵镜》无,《七音略》列"孨"。唐五代韵书线韵无此字。《广韵》线韵有孨小韵,庄眷切。此当《七音略》所据。《韵镜》各本无字当是原书旧式,(理)有者,定是浅人妄增。

16. 二十二转上声生纽《韵镜》无,《七音略》列"篡"。王二、王三、《唐韵》、《广韵》线韵有篡小韵,所眷反。此即《七音略》所据。

17. 二十三转平声崇纽《韵镜》、《七音略》皆列"潺"。《韵镜》六地藏寺本、永禄本、宽永十八年本、北大本作"潺",其他各本作"潺",宝生寺本、(国)、(理)此位无而列"潺"于三等位。切三、王三山韵有虥小韵,昨闲反,无"潺"字。《广韵》虥小韵则有"潺"字,士山切。《集韵》亦有虥小韵,昨闲切。内无

"潺"字而另有潺小韵,钼山切。《韵镜》及《七音略》已于二十一转列"虥"字,是此位所列皆非上引数音。切三、王一、王三、《广韵》仙韵亦有潺小韵,士连反。刊仙韵亦有"潺"字,在孱小韵(切语仅存"连反"二字)。《集韵》仙韵同,锄连切。此即《七音略》所据。《韵镜》则当是后人妄增,宝生寺本、(国)、(理)此位无字而列"潺"于三等位是其证也。

18. 二十四转平声崇纽《七音略》列"袀"(浙江局本、谢刊本、集成本作袀,仿明刊本作袀)。《韵镜》宝生寺本此位无,而于四等之○中补"狗",(和)、(文)、(理)本位无而列"狗"于四等,(天八)本位亦无而列"犳"于四等;其他各本均于二等位列"狗"。唐五代韵书删、仙、先韵皆无合口二等床纽字。《广韵》先韵末有"狗"字,崇玄切。《集韵》同。《七音略》之"袀、袀、袀"等皆当据《广韵》、《集韵》之"狗"字而转讹。然先韵属四等,例不当有照二(庄)组字。按此字葛信益先生曰:"《玉篇》、《切韵》均有'犳'无'狗'。《玉篇》'犳'下云,兽豹文。之若切。《切韵》药韵之烁反'犳',注:《山海经》曰,堤山有兽,豹而文首,名犳。考《山海经·西山经》低阳之山,其兽多犀、兕、虎、犳、㸲牛。郭注'犳'之若反。本书(指《广韵》—引用者)入声药韵犳,之若切,兽名。与《山海经》合。是可证先韵'狗'字为'犳'之讹,即讹为'狗',韵书遂据入先韵耳。"《韵镜》原本二、四等位皆当无字,日本学者据《广韵》、《集韵》增补时或以为此是从、床类隔,则入于四等从纽位,宝生寺本即如此。传抄径去其字外之狗,或又误此字为"狗"矣。后人又有据《七音略》校改列入二等者,因有诸本之参差矣。

19. 二十四转上声庄纽《七音略》列"䉤",《韵镜》无。《广韵》及以前韵书无此音。《集韵》狲韵有䉤小韵,苗撰切。《七音略》所列当即据此。

20. 二十四转上声生纽《七音略》列"䉤"。《韵镜》无。《广韵》及以前韵书潸、狝韵皆无审组合口字。《集韵》狲韵有䉤小韵,内有"䉤"字,式撰切。《七音略》或即据《集韵》增。

21. 二十四转去声庄纽《七音略》列"恮",《韵镜》无。唐、五代韵书无此音。《广韵》线韵有孨小韵,庄眷切。《集韵》则有恮小韵,庄眷切。《七音略》当据《集韵》此音而列。

22. 二十四转入声初纽《七音略》列"剶",《韵镜》无。切三薛韵有剿小韵,厕滑反(《十韵汇编》据王国维抄误为"厨"滑反,姜亮夫抄误为厕列反。今依S2071正);王二字同、王一字讹为则,王三字误为箾,并厕别反。切三虽以滑为切下字,而仍当是薛韵字。《唐韵》字同切三、王二,《广韵》则作"䎟",并误为厕列反(列当是别之形讹)。《集韵》苖小韵有"䎟"字,侧劣切;然此音乃庄纽,当非《七音略》所据。《七音略》所列字形与《广韵》同,或所见本《广韵》反切下字尚未误欤?

23. 二十四转入声生纽《韵镜》列"刷",《七音略》列于一等位。"刷"字有两音,一在薛韵,切三所劣反;王二、王三、《广韵》音同,字作"𠟻"。《广韵》𠟻下有"刷"字,注云:"上同。"《集韵》同《广韵》。《广韵》辖韵亦有"刷",数刮切。《集韵》鎋韵字同,数滑切。按辖韵之刷二书皆已列在二十二转,本转之"刷"当是薛韵字。然本图为外转,二等位属黠韵所有,三等薛韵字不当列入。《韵镜》此位列"刷"非是,《七音略》列于一等则更误矣。

表二中,《韵镜》、《七音略》于十七转入声崇纽所列"齺"字和二十一转上声初纽所列"刬"字、崇纽所列"栈"字,都有二、三等异读,可以认为两书中这三字是根据韵书二等读音列入的,所以无须讨论。以下是两书外转所列的三等庄组字情况。

祭韵:王三、《广韵》有 3 个庄组字,《集韵》4 个(分布不同)。《韵镜》不列,《七音略》根据《集韵》列 1 个。

真(欣)韵系:王三有 6 个庄组字,《广韵》8 个,《集韵》16 个。《韵镜》列了 5 个,《七音略》列了 10 个,二书相同的有 4 个。其中,隐韵的庄组字,过去的音韵学家都认为是臻韵的上声字,这个看法可以接受。事实上,真韵系里除了个别《集韵》后增的字外,其他庄组字也可以认为是臻韵系的字。臻韵因上、去声字少,韵书把这些字寄放在相邻的韵中是自然的事情,如韵书把冬韵的上声字寄在董韵就是如此,唐武玄之《韵诠》等有一个栘韵只有"栘"、"籲"二字,其他韵书就因字少而把这两个字寄在齐韵也是如此。另外,臻韵系还有一些后起的音,可能由于读音变化,后来的韵书索性把它们寄放在真韵系里去了,《集韵》是最典型的。臻韵系虽然只有齿音字,但唐、五代韵书及《广韵》、《集韵》都是独立分韵的,从来没有跟真韵系合并,而且《韵镜》、《七音略》之类的早期韵图不仅把这些字放在二等,并且还在相应位置标注其韵目,跟其他"独立二等韵"的情况完全相同。这使我们有理由相信,臻韵在古人看来还是二等韵,或许这就是韵图把十七、十八(相当于后来的臻摄)转标注为"外转"的原因。

先韵系:王三有庄组字 11 个,《广韵》有 13 个,《集韵》20 个。《韵镜》列了

3个,《七音略》列了10个,二书相同的有3个。该韵系里,《韵镜》所列的三字都是有问题的,从各版本列字的参差来看,这几个字极有可能是在日本流传时误增的。

盐韵系:王三有庄组字1个,《广韵》2个,《集韵》7个;宵韵系:《集韵》有庄组字各1个。这两个韵系的庄组字,《韵镜》和《七音略》都未列入。

综合以上讨论,我们可以得到这样的印象:除了十七、十八转(后世的臻摄)的三等庄组字,大多可以认为是臻韵系字,而古人对臻韵跟其他"独立二等韵"是相同看待的。那么,《韵镜》在外转各图里最早应该是没有三等庄组字的,而在《七音略》里,则增列了很多三等庄组字。这种现象说明,《韵镜》的"存古性"很强,也暗示早期韵图在"外转"中是不列庄组三等字的。由于《七音略》是在郑樵手上完成的,而郑樵对早期韵图的体例认识粗浅,加之性喜矜奇眩博,所以增加了好些新的内容,结果反而破坏了早期韵图的系统。从这个角度来说,《韵镜》比《七音略》更能代表早期韵图,因而价值更高。

总之,内转图中,二等位置上的正齿音字是三等韵;外转图中,该位上的正齿音字则是二等。之所以要用"内"或"外",是因为韵图编制者是从三等韵的角度来制定此例的。在内转各图中,列在二等正齿音位置上的字要用相应的声纽与本图的三等韵母相拼,也就是说,内转图中三等韵的所有音节都得在同图之内拼合,故曰内转;而在外转各图中三等韵不能跟庄组字相拼,这些三等韵的庄组字要到图外(即韵书中)才能找到,因此名曰外转。

《韵镜校证》补正[①]

《韵镜》是中国最早的等韵图之一,也是研究中古音韵的重要资料和工具,因此,很受现代学者的重视。但此书曾久无传本,直到清末,黎庶昌在日访得一本,刻入《古逸丛书》之十八,《韵镜》才得以重返故国。黎刻即覆宋永禄本,是永禄七年(明嘉靖四十三年,公元1564年)的重校本。此本商务印书馆曾影印收入《丛书集成》,1955年古籍出版社又影印单行。《韵镜》的另一个本子也是由日传回的,即日本影印宽永十八年(明崇祯十四年,公元1641年)刻本。此本则于1934年由北京大学影印出版。目前所能见到的《韵镜》,也就是永禄、宽永两个本子。

《韵镜》撰著人无考,制作时代亦无定说,从卷首所载张麟之绍兴辛巳(1161年)识语、嘉泰三年(1203年)序中所注本书避讳改名的情况来看,《韵镜》成书约在唐末五代,最迟不晚于宋初。

由于此书久佚而复出,故数百年间未曾系统整理。迟至1982年,才由中华书局出版了该书的第一个校本,即李新魁先生的《韵镜校证》。《校证》一书,除比勘版本异同、校订字画讹误之外,较重要的还有考订《韵镜》列字在音韵方面的勘误,比较其他韵图、韵书(韵书主要是《广韵》和《集韵》)跟《韵镜》列字的异同及所示关系之远近(详见《韵镜校证·前言》)。又《校证》据校、参校及引用之书多达数十种,广征博引,考订校证之处1357条,其搜罗赡富,谠正夥颐,甚便观览,信为读者之益友,《韵镜》之功臣也。

然观《校证》,非已尽善。要为扫叶之譬,莫或能免,校书之难,于此可见。今不揣鄙陋,以平时所记而又确系《校证》阙误者,撮抄40余条以补正其疏

---

① 原载《贵州大学学报》,1995第1期。

失。若见仁见智，或在疑似之间未可遽定者，均不迻录。一孔之讥，或未能免，博雅方家，幸有教矣。

兹将有关补正条例说明如下：

一、本文首列《韵镜》转次，退一行列《韵镜》的韵、纽、等、字；另行列《校证》某条，再退一行为补正。

二、《韵镜》原书横列唇、舌、牙、齿、喉及清浊字样，本文为省便起见，改为声纽。

三、《韵镜》原书未列字之位而《校证》与本文认为某书当有者，注明"空格"。

四、所引《校证》之语，一般抄写或节录原文，少数与补正无关者或径略，或举其大意。

五、凡系本文补正者，皆冠以"今案"字样，以与《校证》相别。

卷首张麟之识语

即而得友人授《指微韵镜》一编（"微"字避圣祖名上一字）

《校证》1："微字避圣祖名上一字"。按宋时避所谓圣祖名，乃避"玄、朗"二字及与此二字读音有关之字。未见有避"微"字者。

今案，宋圣祖名玄朗，依例当讳其字及嫌名。张麟之识语此注，正谓"微"乃"玄"之代字，以明《指微韵镜》本名《指玄韵镜》也。《校证》误解而强说，非也。

内转第一

东韵一等并纽　蓬

《校证》3、"蓬"字《集韵》入钟韵，蒲恭切；《广韵》入东韵，薄红切（徐铉所注《说文》音亦作薄红切）。《韵镜》列此位合《广韵》不合《集韵》。

今案，《集韵》东韵有"蓬"字，蒲蒙切，读音与《广韵》同，亦与《韵镜》所列相合。

内转第二

沃韵透纽一等空格

《校证》29、此位《集韵》有"債"字,他笃切(中华书局聚珍仿宋版误作地笃切),《七音略》亦列此字。《韵镜》不列,同《广韵》。

今案,栋亭本、述古堂影宋本《集韵》(下简称"述宋本")皆误地笃切,《类篇》他笃切,不误。

外转第三江、讲、绛、觉诸韵字

《校证》1、《指掌图》本转各字全列入阳、养、漾韵合口图内。

今案:此说与陈澧《切韵考》说同,但未尽是。江、讲、绛、觉诸韵字在《切韵指掌图》中的排列除本条所言外,觉韵另有二见。一入一图,为肴韵系之入声;一入十三图,只列齿音庄(照二)组字,与阳韵系庄组字相配。《校证》失检,当补。

内转第四

宜韵见纽四等　駅

今案,"駅"当作"馶",字之误也。《广韵》、《集韵》字正作"馶",并居企切,合于《韵镜》所列,当补校。

内转第六

脂韵滂纽四等　"纰"

《校证》2、"纰"字《集韵》并入频脂切,与毗字同音。《韵镜》以"纰"字列此,同《广韵》不同《集韵》。"纰"与"丕"字为重纽。

今案,此条误。《集韵》脂韵"纰"字两收,一在毗小韵,频脂切;一居纽首,篇夷切。篇夷切之"纰"正当入滂四,与"丕"为重纽,且与《韵镜》、《广韵》相符。《校证》失检,当删此条。

内转第七

至韵晓纽三等　空格

《校证》14、此位《王二》、《广韵》有"豷"字,许位切。《王一》、《王三》亦有,许伪反。此字与"侐"字为重纽。"豷"字《集韵》则作许利切,在开口,当与"齂"字同音。《韵镜》不列此字,合《集韵》。《集韵》此字又作虚器切,列"齂"字之下。虚器切与许利切实同音。

今案,《校证》比条据误本《集韵》为说,未是。今本《集韵》"豷"字许利切者,利乃位字之讹。述宋本作许位切不误。又《类篇》"豷"字亦音许位切。是《集韵》此与《广韵》等同。

内转第八

志韵影纽四等　空格

今案,此位《集韵》有"㨃"字,伊志切。情况与"体、第、启、荠、礼、悑"诸字相似(《校证》本转 8、9、10、11、22、15 条可参),依《校证》之例,当补。

内转第九

废韵疑纽三等　刈

《校证》8、"刈"《王三》、《广韵》、《徐错音》作鱼肺切,《王二》、《徐铉音》作鱼废切,《玄应音》作鱼吠反。《韵镜》缺列"肺"字。案"肺"为唇音字,在《广韵》系韵书中,唇音字本可用为开口或合口韵之切语。然废韵本无开口韵字,此当入合口。

今案,云当入合口非是。说盖本陈澧《切韵考》,《切韵考》"刈"字合口,乃因切下字与其他合口字系联同类之故。周祖谟《陈澧切韵考辨误》五《论广韵之韵类》云:"(陈澧)犹有当分而未分者,如废韵之刈音鱼肺切,肺合口,刈开口也,刈当别为一类。"[①]考《韵镜》第十转废韵合口疑纽列有"㝵"字(㝵字《广

---

① 周祖谟:《问学集》下,552 页。

韵》等废韵无,《集韵》牛吠切),正与刈列开口相对。《七音略》"刈"字亦列废开(唯误入一等),是皆"刈"为开口之证(依存《切韵指掌图》后附《检例》所注,"刈"字与霁韵开口四等"诣"字合并,废韵合口则与十九图寘、至、未等合口相并,亦可为"刈"作开口之旁证)。现代学者将"刈"字皆定为开口,当从。又,此云废韵本无开口韵字,又于前条《校证》9)云:"《集韵》列为'evalu'字,九刈切,当入此位(废开见三)。"前后矛盾如此,误甚。

废韵晓纽三等　空格

今案,《集韵》有"歇",虚刈切。依例当在此位。与第十转"喙"字(《广韵》许秽切,《集韵》许涉切①)互为开合。《校证》失检,依例当补。

内转第十

废韵来纽三等　空格

《校证》15、此位《集韵》有"纇"字,立废切。

今案,"立"乃"丘"字之讹。述宋本,方成珪《集韵考正》所称宋本(即汲古阁影抄宋本)"纇"皆丘废切。吴承仕《经籍旧音辨证》卷二云:"韩道昭《篇韵》纇,俱位切,又丘废切。而废部去秽切下亦收纇字②。"是《集韵》"纇"为丘废切之证。若此,则本条当移至废韵溪纽位。又"纇"字《类篇》兵废切,出《释文》。《周礼·巾车》"为纇"《释文》云:"李兵废反"。吴承仕谓"兵"为"丘"字形近之讹。吴说若是,则《类篇》所据亦误本《释文》邪?识此存疑。

外转第十三

祭韵晓纽三等　缢

《校证》37、"缢"字《集韵》作於歇切,亦与《广韵》同。

今案,"缢"字《集韵》作"餲",③音於例切。此引《集韵》而字音并讹,不知所据何本。实则此字当作"餲",《说文》入弦部,左畔从弦省,隶定作幺,《类

---

① "喙"字《集韵》诸本误评涉切,此据《类篇》正。
② 吴承仕《经籍旧音辨证》,115页。
③ 楝亭本误作"餲",此据述宋本。

篇》不误。

夬韵彻纽二等　蔥

《校证》41、"蔥"字当是"跥"字之误。"跥"《广韵》丑犗切。

今案，此字非"跥"之误，正当作"蚕"。所引《广韵》、《集韵》、《王韵》、《玉篇》、《说文》等，字皆从虫不从足，当正。

外转第十四

齐韵疑纽四等　空格

《校证》7、此位《集韵》有"䫏"字，五规切。

今案，五规切《集韵》各本皆作五圭切，当正。

队韵群纽一等　䫻

《校证》16、"䫻"字《集韵》又作丘媿、胡对、日内切，俱与《韵镜》不合。黄侃《集韵声类表》从宋本及《类篇》将《集韵》之日内切改为巨内切，《磨光》亦列此字作巨内切。

今案，楝亭本误作曰内切，非日内切。曰为巨字之讹。述宋本、方成珪所称宋本（黄侃所据即方氏《考正》）及《类篇》皆作巨内切。

祭韵澄纽三等　空格

《校证》25、此位《广韵》有"𨯅"字，除芮切；《集韵》此字作"铘"，且误作徐芮切（徐为除字之误）。

今案，楝亭本、述宋本《集韵》并作除芮切，不误。

外转第十五

佳韵泥纽二等　䍲

《校证》3、"䍲"字《集韵》作居佳切，与《韵镜》不合。

今案，居佳切之"居"乃"尼"字为讹，《集韵》诸本并误，《类篇》"䍲"字尼佳切是，当据正。方成珪《集韵考正》已改，此失检。

外转第十六

佳韵疑纽二等　空格
《校证》1、此位《集韵》有"詭"字,玉邑切。
今案,述宋本及《类篇》"詭"字并音五邑切。

外转第十七

痕韵疑纽一等　垠
《校证》3 此字《集韵》无,《韵镜》从《广韵》列字。《王三》、《广韵》此字并作五根切。
今案,《集韵》"垠"字在魂韵,栋亭本误作五斤切。述宋本作五根切,正与《王三》、《广韵》同。方成珪《考正》亦据宋本、《韵会》、《类篇》改作五根切。

震韵影纽三等　空格
《校证》46、此位《集韵》有"隐"字,放刃切。
今案,"放刃"当作"於刃",抄写之误也。

没韵匣纽一等　麧
《校证》53、略谓此字为开口,陈澧以为增加字,非是。
今案,《校证》说是也。《集韵》此字下挖切,切下字改用开口,且与搰胡骨切合口相对,正与《韵镜》所列相符。

外转第十八

稕韵溪纽三等　空格
《校证》22、此位《集韵》有"壼"字,困闰切。
今案,栋亭本、述宋本及《类篇》皆作困闰切。

外转第二十一

山韵并纽二等　空格

《校证》1、此位《集韵》有"瓣"字,蒲闲切。

今案,楝亭本、述宋本此字皆作薄闲切。《类篇》亦同。

裥韵澇纽四等　空格

《校证》16、此位《集韵》有"篇"字,匹善切。

今案,此字楝亭本、述宋本皆作"萹",《类篇》亦作"萹",在艸部。当据正。

裥韵澄纽二等　袒

今案,"袒"当作"袒",字之误也。《七音略》此字正作"袒","袒"字《广韵》、《集韵》丈苋切,正当在此。《校证》失校,当补。

月韵溪纽三等　竭

《校证》31、《集韵》"竭"、"楬"此小韵误作五瞎切。

今案,此条所引《集韵》乃"蓳"韵字,五瞎切之"五"为"丘"字之误。述古堂本正作丘瞎切。然此字二等,非即《韵镜》所列之"竭"字。《集韵》月韵别有"竭"字在谒小韵,丘渴切,正在此位。《韵镜》所列殆为"竭"字之误。

薛韵影纽四等　焆

《校证》38、"焆"字《集韵》作"烆",於列切,与本书不合。

今案,楝亭本作"烆","焆"字之误也。述宋本字作"焆",《类篇》同,正与《韵镜》相合。

外转第二十二

线韵疑纽四等　空格

《校证》20、此位《集韵》有"縛"字,外绢切。

今案,"外"字显误。述宋本及《类篇》并作升绢切是也。此非重纽,故当移至二十四转书纽三等位。

外转第二十三

旱韵影纽一等　空格
今案,《集韵》此位有"俺"字,阿侃切①。《类篇》同。依例当补。
狝韵溪纽三等　空格
今案,《集韵》此位有"縴"字,起辇切。《类篇》同。依例当补

外转第二十四

仙韵知纽三等　空格
今案,此位《集韵》有"馉"字,珍全切。《类篇》同。依例当补。

内转第二十八

戈韵精纽一等　侳
《校证》3、"侳"字《切三》无此小韵,《王一》在过韵,子过反。本书列此字于此,同《广韵》、《集韵》。《广韵》作子鵽切,切语当以子过切为是(过读平声之古禾切)。
今案,《校证》此说非。《王一》子过反,乃在去声过韵,无以读平声。《集韵》"侳"字臧戈切,正与《韵镜》列位相符。

内转第二十九

麻韵晓纽四等　空格
今案,《集韵》此位有"苛"字,黑嗟切。《类篇》同。依例当补。

---

① 述宋本误作何侃切。

外转第三十三

敬韵疑纽二等　硬
《校证》25、《集韵》"硬"字五孟切,在敬韵。
今案,《集韵》"硬"字鱼孟切,诸本皆同。又,《广韵》等书之敬韵,《集韵》皆讳改为映韵矣。
陌韵晓纽三等　空格
《校证》42、此位《广韵》、《集韵》有"虩"字。
今案,此字《广韵》、《集韵》等皆作"諕"。此误。

内转第三十七

尤韵书纽三等　收
《校证》10、"收"字《广韵》、《王一》作式州切,《集韵》作口周切,本书合前者不合后者。
今案,楝亭本收字口周切,口字显误。述宋本作尸周切是。方氏《考正》亦据宋本、《类篇》、《韵会》正。是《集韵》亦与《韵镜》合。此条当删。

内转第三十八

寝韵崇纽二等　䁟
《校证》5、"䁟",《广韵》、《集韵》作士瘁切。
今案,"瘁"字误。《广韵》、《集韵》作士痒切,本不误。此当改。

外转第四十

盐韵群纽四等　空格
今案,此位《集韵》有"鍼"字,巨盐切。《类篇》同。依例当补。
盍韵精纽一等　空格
《校证》59、此位《集韵》有"谵"字,章盍切(论音切当在三等,类隔)。

今案,《广韵》亦有此字,音与《集韵》相同。当补入。

狎韵庄纽二等　空格

《校证》61,此位《集韵》有"霅"字,斩狎切。《切三》又状甲反,状甲反当在此位,与本书合。《七音略》霅字误入澄纽。

今案,"霅"字《广韵》又音丈甲切,字在狎小韵中,《集韵》另作一小韵,音直甲切。是"霅"字本有澄纽之音,未可遽斥《七音略》入澄纽为误也。

叶韵匣纽四等　挟

《校证》68,"挟"《广韵》、《集韵》此字在怗韵内与"协"字同一小韵。"协"字《韵镜》已列三十九转内。查《集韵》"挟"字又入洽韵,子洽切(论音切本当在洽韵),依反切上字则当列四等。本书以"挟"字列此,乃同《集韵》。

今案,此误据洽韵精纽之"挟"字为说,非是。《集韵》怗韵别有挟小韵,尸牒切。案,此"尸"乃"户"字之讹。"挟"字此音本之《释文》,《周礼》下缮人"挟矢",《左传·宣十二年》"如挟",《谷梁传定四年》"挟弓",《庄子·人间世》"挟三",《列御冠》"若挟",《尔雅·释言》"挟"等,《释文》并音户牒反(《左传》宣十二年"挟辕"《释文》胡牒反),是皆其证也。《韵镜》所列,盖即本此。

内转第四十二

蒸韵崇纽二等　空格

《校证》9,此位《广韵》、《集韵》有"磳"字,仕竞切(《集韵》七冰切)。

今案,楝亭本七冰切误。述宋本及《类篇》"磳"字并音士冰切,当据正。本转《校证》15 当参此。

嶝韵透纽一等　澄

《校证》32,"澄"《广韵》台邓切;《集韵》此字作"磴",台"隥"切。《广韵》此小韵中无"磴"字,《集韵》则无"澄"字。

今案,楝亭本此字作"磴",乃因写脱水畔而致误也。述宋本作"澄",不误。《类篇》"澄"有台隥切一音而"磴"则无,亦可证《集韵》字本作"澄"矣。此字方氏《考证》亦出校。

《韵镜校证》续正[1]

本人曾撰《〈韵镜校证〉补正》[2]一文，匡补李新魁先生《韵镜校证》[3]之疏失。然因篇幅所限，未能将《校证》之误漏者悉数刊布。因特以此文为续，以期有助于对《韵镜》及中古音韵的研究。文中倘有未当之处，敬希读者多所赐正。

兹将本文体例说明如下。

一、文中首标永禄本《韵镜》的转次，退一行依次标明韵、声、等，再退一格标明出校之字（如《韵镜》无字之位而需校出者，则以"空格"为识）。另行转录《校证》某条，再退一行为补正。

二、《韵镜》原书不标声纽名称，而列有声纽之发音部位及清浊，今为省便，一律改标声纽名。为了便于检寻，文中所标之等，一律以《韵镜》所列为准。如三等庄组（照二组）字《韵镜》列二等，今标为二等；三等精组及以纽（喻四）字《韵镜》列四等，今即标为四等；重纽四等字亦标为四等。

三、文中所称各种唐、五代写本、刊本韵书的简名，跟《十韵汇编》所用一致。宋濂跋本《王仁煦刊谬补缺切韵》则简称《王三》。几种《切韵》残本相同时，统称《切韵》；几种《王仁煦刊谬补缺切韵》相同时，统称《王韵》。

四、本文以《古逸丛书》之十八所刊"覆宋永禄本"《韵镜》为底本，简称"永禄本"。并1934年北京大学影印日本宽永十八年校刻本参校，简称"宽永本"。

---

[1] 原载《古汉语研究》，2001年第2期。
[2] 《贵州大学学报》，1995年1期。
[3] 中华书局，1983年。

五、文中引据《校证》之语，一般抄写或节录原文，原文过长者择举大意，与补正无关者概不引录。

内转第一

东韵禅纽三等　空格

今案，此位宽永本列有"慵"字，《七音略》无。考《切二》、《王二》、《王三》、《刊》、《广韵》皆蜀容切，《集韵》常容切，并在钟韵。大徐音同《广韵》等，《玉篇》是容切。是此字当列于钟韵禅纽位，而钟韵禅纽永禄、宽永二本及《七音略》均已列"鱅"字，"鱅"字各韵书并与"慵"字同音，且为小韵首字，是宽永本列"慵"于本转有误。《校证》对此未出校。

内转第二

冬韵定纽一等　彤

今案，此字宽永本从舟作"䑽"。考此字《切二》作"彤"，徒冬反；《名义》字同，徒宗反。而永禄本所列与《切二》、《名义》同。《王二》、《刊》及《广韵》、《集韵》等则作"彤"，徒冬切。《说文》丹部正作"彤"，大徐亦音徒冬切。是"䑽"当为"彤"字之俗。《说文》舟部有"䑽"字，大徐丑林切，当在侵韵彻纽位，显与宽永本所列之字不同。而《篆隶万象名义》（后简称《名义》）舟部"䑽"字（徒冬反）注中有"彤"字，训"船舷"，且谓与䑽字同，则与训"赤"之"彤、䑽"终非一字。据此知宽永本所列当为"彤"字之讹。《校证》对此又失校，当补。

肿韵以纽四等　甬

今案，此位宽永本列"勇"字，《七音略》列"㦷"字，皆与永禄本不同。考《切三》、《王韵》及《广韵》，肿韵皆有勇小韵（余陇反），内有"甬"字。《集韵》则以"甬"为小韵首字（尹辣切），是宽永本所列合于《切韵》、《王韵》、《广韵》；而永禄本则合于《集韵》。又《切韵》、《王韵》勇小韵内无"㦷"字，《广韵》、《集韵》有。是《七音略》之"㦷"与《广韵》、《集韵》有关。

烛韵彻纽三等　梀

《校证》37："此字作㭋（从巾），误。《广韵》、《集韵》等均从木作梀，丑录或丑玉切。《磨光》、《七音略》、《等子》、《指南》等亦都作梀。《王二》有亍字，敕录反,《唐韵》、《广韵》并人此小韵。"

今案,《校证》谓此字从巾误,是也。《切三》、《王韵》烛韵并有梀小韵,丑录反(《切三》反切残误);《唐韵》、《广韵》、《集韵》丑玉切。是此字当作"梀",而宽永本所列正是"梀"字,足证永禄本之误。《校证》引举他书而不及宽永本甚多,此亦一例也。又《王三》之亍字,《王一》已并入梀小韵。则又较《唐韵》、《广韵》为早矣。

内转第九

废韵非纽三等　废

今案,宽永本此字作"疺",《七音略》此位无字。考《王二》、《王三》、《广韵》、《集韵》废小韵并有"疺"字,方肺反。《说文》亦二字并有,大徐方肺切。此位所列虽二字均可,然以"疺"为小韵首字,是当以永禄本为长。《校证》对此又失校。

内转第十

微韵晓纽三等　裮

《校证》2:"此字《韵镜》从目作裮,查《切三》、《广韵》俱作晖,许归切。此为晖字之讹。《干禄字书》裮通辉,《王三》即作辉。"

今案,《校证》谓此字当作"晖",是也。宽永本及《七音略》所列正为"晖"字,与《切二》、《切三》、《王一》及《广韵》、《集韵》皆合,足证永禄本之误。《校证》于此又不及宽永本。

内转第十一

语韵彻纽三等　褚

《校证》3:"此字原书作褚,从示,误。当从衣作褚。褚,《广韵》丑吕切。此字《七音略》亦误作褚,《等子》作褚,是。查《集韵》褚字并入展吕切贮字下,又一入丘吕切与褚字同一小韵(丘吕切则与去字作口举切同音,丘吕当是丑吕之讹)。《广韵》、《集韵》等语韵内均无作褚者。又,褚字或者为楮字之误。

《广韵》此小韵以楮字为首字。《磨光》即列楮字。"

今案,《校证》谓此字从示作"禇"误,是也,而云当从衣作"褚",则非也。考《切三》、《王韵》、《广韵》、《集韵》语韵并有楮小韵,丑吕切,"褚"则在该小韵内。是此位纵列何字皆无大碍,而终当以列"楮"字为长。细审永禄本此字,颇似"楮"字写断木旁上部所致,与其他从示之字不同。宽永本及《磨光》此位皆列"楮"字,已足证永禄本之误,无须据《等子》改为"楮"字也。又所谓"褚"字《集韵》一入丘吕切云云,检楝亭本及述古堂影钞宋本《集韵》褚字皆作丑吕切,不误。

内转第十二

姥韵泥纽一等　努

今案,此位宽永本列"怒",《七音略》列"弩",与永禄本皆不相同。检《切三》、《王二》、《王三》及《广韵》姥韵并以"怒"字为小韵首字,奴古反;《集韵》同,暖五切。《切三》怒小韵有"弩"无"努",《王韵》等始增"努"字于该小韵内。是此位当以宽永本列"怒"字为长,而《七音略》则为另一系统。《校证》此又无校,例当补入。

蓦韵泥纽一等　笅

《校证》6:"此字《王韵》、《广韵》、《集韵》俱作笅,奴故切。《说文》亦作㪻,此笔误。"

今案,此字宽永本及《七音略》并作"笅",足证永禄本之误,而《校证》于此又失检矣。

外转第十三

荠韵清纽四等　泚

今案,此字《七音略》同永禄本,宽永本作"泚"。考《切三》、《德》、《王二》、《王三》、《广韵》皆有泚小韵,千礼反;《集韵》此礼切,依切正当人此位。而"泚"字《切三》、《王韵》、《广韵》、《集韵》并在旨韵匕小韵内,卑履反(《集韵》补履切),当入第六转旨韵帮纽重四之位。是宽永本所列,乃"泚"字之讹。《校证》于此亦失校。

外转第十六

蟹韵晓纽二等　扮

今案，此字《七音略》亦作"扮"，同永禄本，宽永本则从木作"枌"。考"扮"、"枌"二字，《说文》皆从分得声，似不当有蟹韵之读音，是《切韵》、《王韵》蟹韵均无此二字。《广韵》蟹韵"扮"字"花夥切，乱扮也"。《集韵》"虎买切，乱也"。字义与《说文》"握也"之"扮"亦复不同，《玉篇》亦无此字，因疑此为后起之俗字。因《唐韵》蟹韵缺佚，致无以考校《韵镜》及《广韵》、《集韵》"扮"字所据为何。至于"枌"字，各韵书、字书皆未见蟹韵一读，则宽永本所作殆即"扮"字之讹。《校证》于此亦未出校。

外转第十七

真韵影纽三等　䪤

今案，此字声符永禄本及《七音略》皆作"因"，而宽永本作"困"。遍考今存古字书、韵书，皆未见鼓下施囷之字，而《广韵》、《集韵》真韵有"䪤"字，放巾切，与永禄本所列相合。是宽永本所作当即"䪤"字之误。《校证》于此又失校。

真韵清纽四等　親

今案，此字宽永本刻写脱去声符"亲"下两点，遂不成字矣。《校证》漏校，当补。

没韵见纽一等　秮

《校证》50："查《集韵》没韵中有抇小韵，古纥切，在此位。本书之'秮'疑为'抇'字之误。《磨光》、《等子》、《指南》亦列抇字可证。"

今案，宽永本此字作"秮"，恐亦有误。《名义》有"抇"字，姑纥反，盖尚存顾野王《玉篇》之旧。《韵镜》所列，或与《玉篇》原书有关。《校证》于此失检，又不及宽永本。

外转第十八

恩韵透纽一等　黗

今案，永禄本如此作，实不成字。宽永本此字作"黗"。考"黗"字不见于《说文》、《玉篇》、《名义》及《切韵》、《王韵》、《唐韵》、《广韵》等，《集韵》恨韵有此字，暾顿切。《类篇》黑部同。宽永本此位列"黗"，不误；永禄本则因左畔"黑"旁坏损下四点而致讹。《校证》于此又失校矣。

稕韵见纽四等　呁

今案，宽永本此位无字，《七音略》作"呁"。永禄本所列之"呁"，当系"呁"字之误。案"呁"字《王一》、《王三》、《广韵》皆入震韵，并九峻反，《集韵》改入稕韵，九峻切。论音正当列于此位。《说文》无"呁"字，《玉篇》口部："呁，九峻切。吐也。"《名义》口部字作"呁"，音义并与《玉篇》同，是足证"呁"为"呁"之误字。又今见《韵镜》及《名义》，均系日人写刻，故所误亦复相同。《校证》于此亦未出校。

外转第二十一

山韵知纽二等　䜝

今案，宽永本此位列"䜝"，《七音略》列"䜝"。《王三》山韵有"䜝"字，然切上字误为几山反。《广韵》"䜝"字陟山切，正当在此位。《七音略》之"䜝"字，亦在《广韵》䜝小韵内。而宽永本所列之"䜝"字，《切三》、《王一》、《王三》及《广韵》、《集韵》山韵皆无，而仙韵有，式连反（《集韵》尸连切），当列于仙韵书纽位。是宽永本所列之"䜝"，当为"䜝"字之误。《校证》于此又失校。

山韵彻纽二等　空格

《校证》2："此位《集韵》有䜝字，託山切。本书不列。"

今案，"䜝"字罗振玉、黎庶昌二本《原本玉篇残卷》及《名义》亦皆托山反，早于《集韵》，此音以透切彻，属"类隔切"。

鎋韵溪纽二等　褐

今案，此字殆误。此位宽永本列"䨳"，《七音略》字作"䨳"，均与永禄本不同。考《王一》、《王二》、《唐韵》、《广韵》、《集韵》，此字皆作"䨳"，同宽永本。

汉《切三》、《王三》则作"鎑",同《七音略》。《切韵》、《王韵》、《唐韵》、《广韵》枯鎋反,《集韵》丘瞎切。该小韵各韵书皆无"褐"字,足证永禄本误也。永禄本在本转薛韵溪纽三等位列"鎑"字,亦未当,此误或与之有关。参见下条。

  薛韵溪纽三等　鎑

  《校证》31:"鎑字《切三》、《广韵》此字在鎋韵,枯鎋切,与褐字同一小韵。本书褐字已列二等,此分鎑字入三等不合。《七音略》以鎑字列二等,是。《集韵》鎑、褐此小韵误作五瞎切,在疑纽,黄侃《集韵声类表》列入溪纽,但反切未改正。是其疏也。"

  今案,《校证》此条甚误。一、《切三》鎑小韵无"褐"字(《王韵》、《广韵》亦无)而《校证》妄言有。二、永禄本本转二等位作"褐"不作"楬"(参见上条)。三、《七音略》二等位所列为"鎑"而非"鎑"。四、《集韵》"鎑"、"褐"误作五瞎切,述古堂影宋钞本《集韵》正作丘瞎切,不误。黄氏《集韵声类表》列鎑于溪纽而不改反切,以别本"丘"并误"五",又无缘得见述古堂本,夫无本可据而姑存其旧也。不轻改古书,正其审慎,不得妄斥其疏。五、此位宽永本列"揭"字,而《校证》竟然失检。案"揭"字《切三》、《王二》、《王三》去竭反,《唐韵》、《广韵》丘竭反,《集韵》丘杰切,均在薛韵揭小韵内,足证宽永本此位列"揭"不误。并前条参之,当以宽永本二等列"鎑"、三等列"揭"为是。永禄本殆先将两字误倒,又讹"揭"为"褐"而遂成此误矣。

外转第二十三

  清韵疑纽二等　䇂

  今案,诸韵书、字书皆无"䇂"字。此字宽永本及《七音略》皆从干作"䇂","䇂"字《切一》、《切三》、《广韵》及《名义》并五板反,《集韵》雅板切。论音正当列在此位。是永禄本从千作"䇂"误,当依宽永本及《七音略》正。

  狝韵并纽三等　辬

  今案,宽永本此位列"辩"字,"辨"字则列于铣韵四等位。《切三》獮韵有辩小韵,符蹇反,内无"辨"字。《王三》、《广韵》辩小韵内有"辨"字,音同《切三》。是宽永本所列与《切三》最近,且与《王三》、《广韵》以"辩"为小韵首字相符。余参下条。

铣韵并纽四等　辩

《校证》16："辩字《广韵》在狝韵符蹇切,与辨字同一小韵。辨字本书已列于三等,此又列辩字于四等不合……案《广韵》、《集韵》此位俱作辬,薄泫切（《集韵》婢典切）。《磨光》、《七音略》、《等子》亦列'辬'字,可证《韵镜》之误。"

今案,《校证》谓永禄本此位列"辩"误,是也。然宽永本三等列"辩"字,此位列"辨"字。并两处观之,当是《韵镜》先讹"辬"为"辨",后永禄本又将"辩"、"辨"两字写倒而致误也。

狝韵章纽三等　膳

《校证》11："此字《广韵》作䶅,旨善切。此小韵无膳字,本书列膳,当是䶅字之讹。《七音略》则讹为膳。"

今案,《切三》膳小韵旨善反,内无"䶅"字,《名义》之善反。宽永本作"膳"不误。《校证》谓"膳"为"䶅"之讹,近是,而云《广韵》膳小韵无"膳"字者,检《广韵》"膳"小韵之第十二字即是"膳"字,为"䐑"字之或体。《玉篇》有"膳"字,旨善切,注云"同䐑"。李氏检书不细,故有此失。

霰韵泥纽四等　睍

今案,此字《七音略》亦作"睍",宽永本则作"睍"。"睍"字,《王二》、《玉篇》奴见反（《王一》此字坏脱,但存"奴见反"及子注）;《名义》那见反;《唐韵》、《广韵》奴甸反。依切正当列在此位。"睍"字在《切韵》、《王韵》、《刊》等均未见,《广韵》在铣韵,胡典切;《玉篇》、《名义》下显反,则当列于上声。此位当从永禄本作"睍"。

外转第二十四

潸韵滂纽二等　眅

今案,此字《七音略》亦作"眅",宽永本则作"眅"。"眅"字《刊》匹板反,《广韵》、《集韵》普板切;《玉篇》普板、普班二切,《名义》普板反。"眅"字《广韵》潸韵扶板切,《集韵》、《玉篇》部板切;《名义》菩板反。依切此位列"眅"字是,宽永本之"眅"当即"眅"字之误。

外转第二十五

  爻韵澄纽二等　桃

  今案，此字宽永本及《七音略》并作"桃"。"桃"字不见于《切韵》、《王韵》等。《广韵》直交切，《集韵》除交切，则"桃"字列于此位不误。桃字《切三》、《王一》、《王三》及《广韵》并吐彫反，《集韵》他彫切，《洲玉篇》他幺切，《名义》吐尧反，与本转萧韵透纽四等之"挑"字同音，不当在此位。宽永本及《七音略》所列之"桃"，当为"桃"字之误。

  萧韵晓纽四等　晓

  《校证》9："晓字《广韵》在篠韵，本书列入此位不合。此字当为胏字之误。《切三》、《广韵》、《集韵》此位俱作胏，许幺切。其他韵图此位均列胏，可证《韵镜》之误。"

  今案，《校证》谓"晓"当"胏"字之误，是。"胏"字《王一》、《王三》亦许幺反，与《切三》等相同。而宽永本此位列"镜"，"镜"字《王三》在筱韵晓小韵内，呼鸟反，《集韵》馨鸟切，不当列于此位。因此，宽永本作"镜"更误。

外转第二十八

  戈韵清纽一等　䤈

  今案，此位《七音略》亦列"䤈"字。"䤈"字《切韵》、《王韵》均无。《广韵》七戈切，《集韵》村戈切，《玉篇》七禾切。永禄本所列不误。宽永本此位则列"䃥"字。"䃥"字《切韵》、《王韵》、《广韵》亦无，《集韵》七邪切，当在二十九转麻韵清纽四等位。该位永禄、宽永二本皆无字，而《七音略》、《磨光》、《等子》、《指南》均列"䃥"字。可能是宽永本校刻时拟列"䃥"于二十九转而误于本转。《校证》无此条。

外转第三十三

  庚韵明纽二等　盲

  今案，宽永本盲上之"亡"误为"立"，遂不成字矣。《校证》无此条。

外转第三十四

梗韵三等溪纽　憬

《校证》10:"《广韵》梗韵无憬此小韵。《集韵》有,作孔永切,在此位。本书同《集韵》。《七音略》、《指掌图》不列此字,同《广韵》;《磨光》、《等子》、《指南》列有此字,同《集韵》。"

今案,《切三》、《王三》、《广韵》梗韵并有憬小韵,《切三》、《王三》举永反,《广韵》俱永切。《说文》、《玉篇》亦有此字,大徐俱永切,《玉篇》几永切。依诸书音切则当列"憬"于见纽位,唯《集韵》孔永切与永禄本所列相合。又宽永本此位列"僚"字,此字并不见于上引诸书,则宽永本所列,当即"憬"字之误。

劲韵晓纽三等　空格

今案,此位宽永本列有"敻"字。此字《王二》、《王三》、《集韵》虚政反,《唐韵》、《广韵》休正反。论音正当列于此位。"敻"字永禄本列在匣纽四等位,《七音略》列在晓纽四等位,并误矣。《校证》无此条。

内转第三十七

尤韵崇纽三等　愁

今案,此字声符"秋"之右畔,宽永本误为"欠",遂不成字矣。《校证》无此条。

外转第三十九

勘韵从纽一等　摲

《校证》39:"摲字《广韵》勘韵无此小韵,汉《集韵》有,俎绀切,当在照二纽。本书同《集韵》而略有不合。《七音略》及《磨光》不列此字。《古义》作暂。"

今案,"摲"字《切韵》、《王韵》、《唐韵》、《广韵》勘韵均无。《集韵》勘韵俎绀切,以庄切精,当在精纽一等位。《校证》之说未的。又此位宽永本作"暂",

而显系补刻者。"暫"字《王二》、王三憨滥反(《王一》憨槛反,"槛"当为"滥"字之误)、《唐韵》、《广韵》藏滥反,并在阚韵。"暫"字永禄、宽永二本皆已列于第四十转阚韵内,而宽永本又列于本转,当是补刻时误入此位矣。

内转第四十二

拯韵溪纽三等　殑

《校证》28:"殑字《广韵》、《集韵》并其拯切,在群纽,此人溪纽,误。《易解》、《磨光》、《七音略》入群纽,不误。《王三》无此小韵。"

今案,《切三》、《王一》、《王三》拯韵均无"殑"字,依《广韵》、《集韵》之切语及《易解》、《磨光》、《七音略》所列,此字则当如《校证》所云入于群纽。宽永本此位及群纽位皆不列字,或有脱误,《校证》未及,当补。

北大本《韵镜》的版本问题[①]

自宋嘉泰三年(1203年)张麟之第三次刊刻《韵镜》以后,此书在本土逐渐失传,各种公私目录,皆未见著录。1252年(宋理宗淳佑十二年,日本建长四年)以前,《韵镜》传入日本,藏于"唐本库"(日本专门收藏汉籍之所);1252年,日僧明了房信范批阅后为加和点,其后在各寺院间屡有传抄。日享禄戊子(1528年,明嘉靖七年),日本泉南(今大阪府)僧人宗仲校订,经宣贤作跋后附梓,此书遂有了第一个日刊本。此后享禄本在永禄七年(1564,明嘉靖四十三年)和宽永十八年(1641年,明崇祯十四年)又先后两次重刊。享禄本今已不传,永禄本则在清末由黎庶昌自日本携回,刻入《古逸丛书》之十八。宽永十八年本在日本则有1930年松雪堂复制本和1936年文求堂复制本两种。北京大学1934年又影印出版过一种《韵镜》(以下简称"北大本"),该本在书末宣贤跋后,另有题记两行:

    二条通鹤屋町
    宽永十八岁八月吉辰 田原仁左卫门梓行

因此,大陆学者以为此本即宽永十八年的影印本,或径称之为"宽永十八年本",或简称为,"宽永本"[②]。而台湾学者又称之为"影印本"[③]。然北大本所据底本并非宽永十八年本之原本,而应该是松雪堂复制本(文求堂复制本晚出)。但迄至今日,学术界仍误以为北大本即宽永十八年本。因此,笔者撰本文以辨明真相,以免一再讹传。

---

  ① 原载《贵州大学学报》,2001年第4期。
  ② 《覆宋永禄本韵镜出版者说明》,古籍出版社,1955。
  ③ 龙宇纯:《韵镜校注》,台湾艺文印书馆,1976。

宽永十八年原本不易寻见,大陆学者无人经眼。日本学者铃木真喜男博士曾以己藏及有坂秀士博士旧藏之宽永十八年原本(下简称"原本")与松雪堂本复制本(下简称"松雪堂本")对校,指出二本之间有若干不同[①]。今取与北大本以相校,并与永禄本等及《七音略》相参,可见北大本与松雪堂本一致。

转次	位置	原本	松雪堂本	北大本	永禄本	七音略
八	去四心	笥	筒	筒	笥	笥
十	去(人)三奉	吷	吹	吹	吷	十六转去(人)三奉吷
二十四	平三晓	嬛			○	无
三十三	平四定	程	呈	呈	○	三十八转平二澄呈
三十三三十五	去二疑	硬	○硬	○硬	硬	三十六转无三十八转无
三十四	上一见	警	○	○	○	三十六转三等见警
三十四	上三溪	憼	儆	儆	儆	无
三十九	去四韵目	榇	榇	榇	榇	三十一转去四韵目榇
四十	入四心	○	蕫	蕫	○	三十九、四十转皆无
四十二	平一端	澄	登	登	登	登
四十二	上三溪	殑	○	○	殑	上三群殑
四十二	去四清	甑	○	○	甑	平一清
四十二	上一来	倓	○	○	倓	无

以上13处,北大本皆同于松雪堂本而与原本异。相异之处,又各有正讹,现以其他版本及各种韵书相校而条辨于下:

1. 原本"笥",《王三》、《广韵》志韵相吏反,合在此位。松雪堂本、北大本并误作"筒"。

2. 原本"吷",《王二》、《王三》、《广韵》废韵符废反,《集韵》房废切,合在此位。松雪堂本、北大本作"吹",亦误。

3. 原本"嬛",《切三》、《刊》、《王一》、《王三》、《广韵》并在仙韵娟小韵,於缘反,而各本"娟"字已列二十二转四等影纽位,此不当列"嬛"。按《切三》、《王一》、《王三》、《广韵》仙韵有"嬛"字,於权反,与"娟"字构成重纽,当列本图

---

① (日)铃木真喜男:《宽永五年本韵镜解说》,日本勉诚社,1978。

影纽三等位。永禄本影纽未列而列"嬽"字于晓纽者,盖"嬽"、"嬽"形近因误为"嬽",校者未审,见"嬽"字又入于《广韵》仙韵翾小韵,许缘切(嬽字已列二十二转晓纽四等位),遂以"嬽"易"嬽",又妄移于晓纽矣。是知原本"嬽"字乃依永禄本补入,松雪堂本、北大本列"嬽"于影纽四等,晓纽不列者是也,然无空圈〇,当是误脱。

4. 原本"裎",松雪堂本、北大本"呈",《王二》、《王三》、《广韵》、《集韵》清韵并有呈小韵,直贞反,下收"裎"字。论音当列于三十五转澄纽三等,不当列于此位。按本转端纽的"贞"、透纽的"楟",亦是误列。下表中是各版本列三字的情况①。

位置	版本 原本	松雪堂本	北大本	嘉吉本 延德本 开益本 永禄本	天文本	佐藤本	福德本	六地藏寺本	元和本	享禄本	应永本	宽永五年本	七音略
三十三转	端四 贞 透四 楟 定四 裎	补刻贞 补刻楟 补刻呈	〇 〇 〇	〇 〇 〇	〇内补责 〇内补楟 〇内补呈	别笔补贞 别笔补楟 别笔补呈		贞楟程		贞楟呈		三十六转	无字 无字 无字
三十五转	知三 贞 彻三 〇 澄三 〇	贞 〇 呈	〇 卓 呈	卓 〇 呈	贞 〇 〇	别笔补贞 无字 无字	〇 〇 〇	〇 〇 〇	贞 〇 〇	三十八转	贞楟呈

贞字《王二》、《王三》、《广韵》陟盈反,《集韵》知盈切(在祯小韵);"楟"字《王二》、《王三》勅贞反,《广韵》丑贞切,《集韵》痴贞切,亦并当分别列于三十五转三等知纽、彻纽位,列于本转大误。考"贞"、"楟"、"呈"三字,《韵镜》三十三转原无,嘉吉本等四种尚存其旧式。其他各本列于本转者,或系补写,或为补刻,皆当流传于日本时所增。福德本三十五转知纽"贞"字缺末笔,当是避宋仁宗赵祯(1023~1063年在位)之讳。佐藤本、天文本盖又因讳缺而误为"卓"。三本彻纽"楟"字并脱而有"呈"字,是《韵镜》三十五转原当有此三字,乃与《七音略》(《七音略》三十六、三十八转分别相当于《韵镜》三十三、三十六

---

① 以下诸本情况,见《嘉吉本指微韵鉴》,日本古典保存会1938年出版;《福德二年本韵镜》,日本相模工业大学记要,1980年出版;《六地藏寺本韵镜》,日本汲古书院1985年出版。

转;《七音略》本转二、三、四等皆误为一、二、三等)合,不列诸本,当系误脱。

5. 原本及永禄本本转与三十五转皆列"硬"字,《王一》、《王二》更韵,《王三》、《唐韵》敬韵并有鞕小韵,五孟反(王三五劲反,误),《王三》、《唐韵》并注云:"亦作硬。"本转所列,与此相合。《广韵》乃收"硬"字于诤韵鞕小韵,五争切,注云:"上同。"列于三十五转者,则与《广韵》合。盖本书此字原仅列三十三转,后人乃据《广韵》误改入三十五转。松雪堂本、北大本删落本转"硬"字而存于三十五转,亦是依《广韵》取舍,非是。《七音韵》三十六、三十八转皆无。

6. 原本"警",与六地藏寺本、享禄本等相同。按"警"字《切三》、《王三》梗韵,几影反,《广韵》居影切,《集韵》举影切,当列三十三转见纽三等位,应永本即列彼位(与《七音略》列于三十六转三等相当)。松雪堂本、北大本及永禄本不列于三十四转,是也。而各本三十三转亦不列者,并误脱也。

7. 原本、永禄本"憬",《切三》、《王三》梗韵有憬小韵,举永反,《广韵》俱永切。论音当列于见纽位。按《集韵》前韵书梗韵无溪纽,《集韵》梗韵"憬"有俱永切、孔永切两音。各本见纽所列"璟"字,则见于《集韵》俱永切下,此今年《韵镜》据《集韵》改字之例也。松雪堂本、北大本作"憬",则并"憬"字之误。《七音略》三十七转溪纽无字,见纽列"璟"。

8. 原本"桥",松雪堂本,北大本作"秼"误。按"桥"是韵目,《王一》、《王二》、《王三》、《唐韵》、《广韵》、《集韵》并他念反,享禄本已误作"秼"。

9. 原本〇,松雪堂本、北大本别笔作"蓳"。《广韵》及以前韵书叶韵无心纽,《集韵》韵末乃增倢小韵(息叶切),然不收"蓳"字。考《切三》、《刊》、《王二》、《王三》、《唐韵》、《广韵》叶韵蓳小韵,并音山辄反,当列三十九转二等审纽(生纽)位,然该位各本已列"翣"字,"翣"字《切三》、《王一》、《王二》、《王三》、《广韵》洽韵山洽反,《刊》山浃反,《集韵》色洽切,正当列于该位。是"蓳"字因无位可入而溢于韵图,校读者不审,误补于四十转四等心纽位。其他各本三十九、四十转皆不列此字,是其证也。

10. 原本"澄",松雪堂本、北大本"登"。按原本是"登"字与左旁所施假名之坏字相合而成,非误字也。永禄本等亦作"登"。

11. 原本"殑",松雪堂本、北大本〇。《广韵》前韵书拯韵无牙音声纽字,《广韵》、《集韵》"殑"字其拯切,《七音略》列于群纽,与《广韵》、《集韵》合。各本亦列于溪纽者,当是后人据《广韵》增时所误。

12.原本"齌",松雪堂本、北大本〇。《广韵》及以前韵书证韵无清纽字。《七音略》"齌"字亦列平声登韵一等位。《集韵》登韵有齌小韵,七曾切。永禄本恐是据《七音略》后增而误列去声四等位,原本亦因其误。其他各本并无,当存《韵镜》之旧。

13.原本"倰",松雪堂本、北大本〇。《广韵》及以前韵书等韵无来纽,《集韵》有倰小韵,朗(原讳作"朗")等切。诸本所列,或据《集韵》而增。大矢本、和长大纳言本亦不列此字,当存其旧式。《七音略》此位亦无字。

以上既考各本之异同,而北大本又有如笔、别笔补刻之字与原本异而适与松雪堂本同者。如:

转次	位置	例字	原本	松雪堂本	北大本	广韵	集韵
二	入四邪	繬	本笔	加笔	加笔	似足切。烛、邪	
八	上来三	里	本笔	加笔	加笔	良士切。止、来	
十	去三影	尉	本笔	加笔	加笔	於胃切。未、影	
十八	平三滂	磧*	本笔	另笔	另笔		旁君切。文、並
十八	上三群	窘	本笔	另笔	另笔	渠殞切。軫、群	
二十一	入二娘	痆*	本笔	另笔	另笔	女黠切。黠、娘	
二十一	入二审	殺*	本笔	另笔	另笔	所八切。黠、生	
二十一	入四日	熱*	本笔	另笔	另笔	入列切。薛、日	
二十二	平二穿	悛	本笔	另笔	另笔	庄缘切。仙、庄	
二十二	平二审	栓	本笔	另笔	另笔	山缘切。仙、庄	
二十四	人一心	劊*	本笔	另笔	另笔		先活切。末、心
二十六	去四见	趬*	本笔	另笔	另笔	丘召切。笑、溪	
二十六	去四溪	翹*	本笔	另笔	另笔	巨要切。笑、群	
二十六	去四群	虓*	本笔	另笔	另笔	牛召切。笑、疑	
三十三	平四端	貞*	本笔	另笔	另笔	参前	
三十三	平四定	樫*	本笔	另笔	另笔	参前	
三十九	入四清	妾*	本笔	另笔	另笔	七接切。叶、清	
四十	入清澄	墖*	本笔	另笔	另笔		直业切。业、澄

凡此18事,北大本亦同于松雪堂本而与原本异。其中字旁带星号者列位皆有问题。

1."䃤"字《广韵》及以前韵书真、谆韵皆无,《集韵》收于文韵末,旁君切,注云:"石落声。《春秋传》闻其声䃤然。"《类篇》此字作"磌",滂君切。亦训"石落声。"按真声之字不当入文韵,是字当以从石贲声为正。然《集韵》旁君切则当依《类篇》作滂君切。《韵镜》原当无此字,后人乃据《集韵》增而误列此位。

2."瘱"字《切三》、《王一》、《王二》、《王三》、《唐韵》女鎋反。《广韵》则收于黠韵疧小韵,女黠切。《韵镜》所列,与《广韵》以前韵书合。

3."殺"字《切三》、《王一》、《王二》、《王三》、《唐韵》、《广韵》并在黠韵,所八反。《韵镜》此字已列于二十三转,重列本转当是后人误增。

4."熱"字《切三》、《王二》、《王三》、《唐韵》、《广韵》并在薛韵,如列反。《韵镜》已列二十三转三等位,本转重出亦当后人所增。

5."恮"字《王一》、《广韵》在仙韵,庄缘反。按《切三》仙韵有跧小韵,庄缘反。《韵镜》二十四转已列"跧"字于庄纽位,本转不当再列"恮"字,是"恮"字亦当为后人所增且误列于初纽矣。

6."栓"字《切三》、《王一》、《王三》、《广韵》仙韵,山员反,亦不当列于本转。

7.《广韵》及以前韵书末韵无心纽,"倈"字《集韵》末韵,先活切,《韵镜》此字当是后人据《集韵》增。

8."趬"字《王一》笑韵丘□反,《王二》、《王三》、《广韵》、《集韵》丘召反,《唐韵》五召反(五为丘字之误)。论音当列于溪纽位。

9."翹"字《王一》、《王三》渠要反,《广韵》巨要切,《集韵》祁要切。论音当列于群纽。

10."虩"字《王二》、《王三》、《唐韵》、《广韵》、《集韵》并牛召反,亦当列于疑纽。按"趬"、"翹"、"虩"三字,《韵镜》各本列位参差而互有正讹。原本、松雪堂本、北大本与嘉吉本、应永本、福德本、六地寺本同,"趬、翹、虩"误列于见、溪、群纽位(福德本翹误为"翘");佐藤本、天理大学本、天文十九年本、大永二年本则分列于溪、群、疑纽位而不误。永禄本虽亦列于溪、群、疑纽位,然"趬"、"虩"二字误倒。

11."妾"字《切三》、《王二》、《王三》、《刊》、《广韵》、《集韵》皆在叶韵,七接反。此字已列于四十转,本转重出当是后人妄增。《七音略》本转不列,是也。

12."墷"字《广韵》及以前韵书业韵无澄纽,《集韵》业韵有"墷"字,直业切。本书所列,当是后人据《集韵》所增。

此外,松雪堂本二十一转上二审纽位"產"旁有和点"夕"、二十四转平一端纽位"端"有和点"今"、二十七转平一影纽位"阿"有训点"彡"、三十七转平三溪纽位"丘"有"ア"、平三疑纽位"牛"有"上"。北大本"崖"、"牛"之训点与松雪堂本同,端旁之训点残为"丷",而"阿"、"丘"二字旁之训点已不存。此三处倘为北大影印时使然,则其所据当为松雪堂复制本(文求堂本1936年刊行,晚于北大本)。

根据以上的考证,可得出如下结论:北大本所据非宽永十八年原本,而极有可能是松雪堂复制本;松雪堂本、北大本虽与宽永十八年原本有差异,但据铃木真喜男说,如将以上若干不同回改,则松雪堂本即与宽永十八年原本相同。因此,松雪堂本、北大本与宽永十八年原本系统接近。又龙宇纯先生《韵镜校注》所据有一"日刊本",藏于台湾大学图书馆,书后题记同于北大本。今以龙先生出校之处与前述二本相对,竟与宽永十八年原本无异,以此可推该本乃宽永十八年原本,因龙先生未考此本,特补记于此。另外,从《韵镜》各本的参差,可见其书在日本流传过程中代有增改,足证《韵镜》"是层累的造成的"[①],这对于重新认识《韵镜》具有重大的意义。

---

① 鲁国尧:《卢宗迈切韵法述评》,载《中国语文》,1989年第6期、1990年第1期。

应永本《韵镜》的旁注字研究[①]

应永本是日本应永元年(1394年,当明太祖洪武二十七年)光睦的一个《韵镜》抄写本,日本学者马渊和夫《韵镜校本と广韵索引》就是以应永本作底本的。此本最后一页"指微韵鉴卷终"之后有三条"奥书(跋语)":

延庆二年十二月十二日书写毕
　　　　　　　　　书博士清原元宣
応永龙集小春廿五日于葳冰轩下写之
　　　　　　　　　桑门光睦笔
宝德第二重九月以东寺迻本加校合毕件本以折本
书写之云=所=落字磨灭之故欤[②]

延庆是日本年号,延庆二年当元武宗至大二年(1309年)。延庆二年书博士清原元宣抄写的原本现已不存,而应永本就是在应永元年(1394年)以清原元宣的抄本为底本重新抄写的。到了日本宝德二年(1450年,当明代宗景泰二年),有人又在东寺迻写本上用别的本子进行"校合",第三条奥书中所谓"件本以折本书写之云云"即言此事。所以我们今天见到的应永本实际上就是宝德二年的这个校合本。由于"书阙有间",第三条跋文中所说的"折本"即今传应永本用来参校的别本是哪些本子,现在已很难斥言了。

正因为应永本是一个校合本,所以除了第十九、二十七、三十、三十六、四十三转外,其余38转都有旁注字,注文共有240余条,最能反映日本校合本的特点。这些旁注字大致可以根据所注内容分为同音字、注音、注义及校语

[①] 原载《汉语史学报》第六辑,上海教育出版社,2006;又见《韵镜校笺》附录三,浙江大学出版社,2007。

[②] "迻"字马渊和夫(同上)误为"辺"。案此作"辺本"甚无谓,"迻本"即是迻写之本。又奥书中"云"、"所"之后的"="为重文符号。

等项,其中又以加注同音字的情况最为常见。下面,我先用表格的形式把这些旁注字按其出现的位置全部开列出来,并且把《王三》、《广韵》、《集韵》的小韵首字列在后面作为参照。

转次	声调	等第	韵	纽	列字	注文在原文旁的位置			小韵首字		
						右或右下	左或左下	下或栏外	王三	广韵	集韵
1	平	一	东	见	公	工攻同			公	公	公
1	平	一	东	精	葼	□			葼	葼	鍐
1	平	一	东	清	葱	聪同	怱		怱	怱	怱
1	平	一	东	匣	洪	红			洪	洪	洪
1	平	三	东	帮	风	讽同			风	风	风
1	去	三	送	帮	讽	风同			讽	讽	讽
1	入	一	屋	端	縠	□			縠	縠	縠
1	入	一	屋	定	独	黩同			独	独	独
1	入	一	屋	见	縠	□			縠	縠	縠
1	入	三	屋	明	目	睦同			目	目	目
1	入	三	屋	禅	熟	孰亻	淑同		孰	熟	孰
1	入	三	屋	来	六	陆同			六	六	六
2	平	一	冬	清	鏓	亻无		一	/	/	/
2	上	三	肿	照	肿	种同			肿	肿	肿
2	入	三	烛	彻	悚①	楝亻			悑	悑	悑
3	平	二	江	穿	牕	窓同			䆫	囱	囱窗牕窓等
3	入	二	觉	滂	璞	朴同			璞	璞	璞
3	入	二	觉	知	斲	琢同			斲	斲	斲
4	平	三	支	照	支		枝同位		支	支	支
4	上	三	纸	照	纸	只同			纸	纸	纸
4	上	三	纸	禅	氏	是同			是	是	是
4	去	三	寘	疑	义	议同			议	议	义

---

① "悚"字王三、广韵、《集韵》无此音,此字为"楝"字之误。

续表

转次	声调	等第	韵	纽	列字	注文在原文旁的位置			小韵首字		
						右或右下	左或左下	下或栏外	王三	广韵	集韵
5	平	三	支	知	腄①			音追亻无②	腄	腄	腄
5	平	四	支	邪	随	隋同			随	随	随
5	去	三	寘	禅	睡	瑞同			睡	睡	瑞
6	平	三	脂	来	梨	梨同			梨	黎	棃
6	平	四	脂	精	咨	资同位			咨	咨	咨
7	平	四	脂	喻	惟	唯同维同	遗同		惟	惟	惟
7	上	四	旨	喻	唯	惟同③			唯	唯	唯
8	平	三	之	澄	治	持同			治	治	治
8	平	三	之	见	姬	基同			姬	姬	姬
8	平	三	之	晓	僖	熙同④			僖	僖	僖
8	平	三	之	喻	饴	怡同位			饴	饴	饴
8	上	三	止	见	纪	己同			纪	纪	己
8	上	三	止	喻	以⑤	已同			以	以	目以
8	上	三	止	来	里	理同			里	里	里
8	上	四	止	邪	似	巳同			似	似	侣似
8	去	三	志⑥	澄	值	治同			值	值	值
8	去	四	志	邪	寺	嗣同位			寺	寺	寺
8	去	四	志	喻	异	已同位			异	异	异
9	平	三	微	影	依	衣同位			依	依	依
9	寄	三	废	疑	刈	乂同			刈	刈	乂
10	平	三	微	晓	晖	徽同			辉	挥	晖
10	上	三	尾	喻	韪	伟同			韪	韪	韪

---

① "腄"字误,当作"腄"。
② "腄"字下"音追"二字从左至右书写,"音"、"追"二字下皆小字书写"亻无"。
③ "唯"字有平、上两读,"惟"字在《广韵》、《集韵》皆唯有平声,是此注误。
④ "熙"字左畔误增两点。
⑤ "己"字当列于四等位。
⑥ 应永本韵目"志"原误为"士"。

续表

转次	声调	等第	韵	纽	列字	注文在原文旁的位置			小韵首字		
						右或右下	左或左下	下或栏外	王三	广韵	集韵
10	去	三	未	明	未	味同			未	未	未
10	去	三	未	影	慰	畏同			尉	尉	尉
11	平	二	鱼	审	疎	疏亻			疎	踈	蔬
11	平	三	鱼	喻	余	誉同			余	余	余
11	平	三	鱼	来	胪	庐同			胪	胪	胪
11	上	三	语	照	鸒	渚同			煮	鸒	煮
11	上	三	语	禅	墅	野同			墅	野	墅
11	上	三	语	来	虑①	吕亻			吕	吕	吕
11	上	四	语	邪	叙	绪同位	序同		叙	叙	叙
11	去	三	御	审	怒②	庶同位			恕	恕	恕
11	去	四	御	喻	豫	誉同位	预同		豫	豫	豫
12	平	一	模	定	徒	图同			徒	徒	辻徒
12	平	三	虞	明	无	毋同			无	无	无
12	平	三	虞	见	拘	俱同			拘	拘	拘
12	平	三	虞	照	朱	珠同			朱	朱	朱
12	平	三	虞	日	儒	濡同			儒	儒	儒
12	平	四	虞	喻	逾	愉同			逾	逾	俞
12	上	一	姥	见	古	钴同			古	古	古
12	上	二	麌	审	数	计也③			数	拣	数
12	上	三	麌	帮	甫	府同			甫	甫	甫
12	上	三	麌	滂	父	辅同位			父	父	父
12	上	三	麌	照	主	斗同④			主	主	主
12	上	三	麌	喻	羽	禹同			羽	羽	羽

---

① "虑"是去声字,不当列于此。
② "怒"字误,当作"恕"。
③ 此义见于《集韵》。
④ "斗"字此音见于《集韵》。

续表

转次	声调	等第	韵	纽	列字	注文在原文旁的位置			小韵首字		
						右或右下	左或左下	下或栏外	王三	广韵	集韵
12	去	一	暮	並	捕	步同			捕	捕	步
12	去	一	暮	见	顾	故同			顾	顾	顾
12	去	一	暮	疑	误	悟同位	寤同		误	误	误
12	去	一	暮	心	诉	素同	诈①		诉	诉	素
12	去	三	遇	群	惧	具同			惧	惧	惧
13	平	一	咍	透	胎	台同			胎	胎	胎
13	平	一	咍	从	裁	才材同			裁	裁	裁
13	平	四	齐	端	氐	低同			低	低	氐
13	平	四	齐	溪	谿	溪同			溪	溪	溪
13	平	四	齐	心	西	栖同			西	西	西
13	去	一	代	透	贷	态同			贷	贷	贷
13	去	一	代	定	代	袋同			代	代	代
13	去	二	怪	见	诫	戒介界同			诫	诫	戒
13	去	三	祭	疑	劓	劓同字②			劓	劓	劓劓
13	去	三	祭	照	制	誓同③			制	制	制
13	去	三	祭	审	世	势同			世	世	世
13	去	三	祭	禅	逝	誓同			逝	逝	誓
13	去	四	霁	见	继	计同			计	计	计
13	去	四	霁	清	砌	切同			砌	砌	切
13	去	四	霁	心	细	栖同			细	细	细
14	平	一	灰	明	枚	梅同位			枚	枚	枚
14	平	四	齐	见	圭	珪同			圭	圭	圭
14	平	四	齐	溪	睽			奎同位	睽	睽	睽

---

① "诈"字误。

② "劓"为"劓"之异体字。见《集韵》。

③ "誓"误,《广韵》制小韵有晢字,训"目光也"。此注"誓"字盖即晢之误。

续表

转次	声调	等第	韵	纽	列字	注文在原文旁的位置			小韵首字		
						右或右下	左或左下	下或栏外	王三	广韵	集韵
14	去	一	队	並	佩	倍同位①			佩	佩	佩
14	去	一	队	明	妹	昧同			妹	妹	妹
15	去	一	泰	透	太	泰同			泰	泰	夳太大泰等
16	去	四	祭	喻	锐	叡同位			锐	锐	叡
17	平	三	真	疑	银	䀝同			银	银	银
17	平	三	真	审	申②	信同位	身同		申	申	申
17	平	三	真	禅	辰	臣同			辰	辰	辰
17	平	三	真	来	邻	璘同			邻	燐	邻
17	平	三	真	日	人	仁同			仁	仁	人
17	平	四	真	心	辛	新同			新	新	辛
17	平	四	真	喻	寅	寅同位			寅	寅	寅
17	上	三	轸	明	愍	敏同			愍	愍	愍
17	上	四	轸	清	笉③	笑儿			笉	笉	笉
17	去	四	震	喻	酳	胤同位			胤	胤	胤
17	入	三	质	审	失	室同			失	失	失
17	入	四	质	帮	必	毕同			必	必	必
18	平	三	谆	禅	纯	淳同位			纯	纯	纯
18	平	四	谆	心	荀	询同位			荀	荀	荀
18	上	一	混	见	亥	衮同	鯀亻		縴	縴	衮
18	上	三	准	穿	蠢	偆同④			蠢	蠢	蠢
18	上	四	准	喻	尹	允同			尹	尹	尹
18	去	三	稕	日	闰	润同			闰	闰	闰

---

① "倍"字《广韵》在上声海韵,薄亥切;《集韵》薄亥切(並纽上声)。《集韵》又收于去声队韵背小韵下,补昧切(帮纽去声)。皆与"佩"字(並纽去声)不同音。

② 王三、《广韵》申小韵无"信"字,"信"字此音见《集韵》。

③ "笉"字今本《广韵》误为士忍切。

④ 《广韵》"偆"字有二音,一同蠢,尺尹切;又另为一小韵,痴准切。

续表

转次	声调	等第	韵	纽	列字	注文在原文旁的位置			小韵首字		
						右或右下	左或左下	下或栏外	王三	广韵	集韵
18	去	四	稕	精	隽①	俊			儁	儁	俊儁
20	平	三	文	晓	薰	熏同			薰	薰	黫熏
20	去	三	问	明	问	闻同			问	问	问
21	平	四	仙	滂	篇	徧同②			篇	篇	篇
21	上	四	狝	喻	演	衍同			演	演	演
21	去	二	裥	见	裥	间同			裥	裥	裥
21	去	三	愿	晓	献	宪同位			献	献	献
22	平	三	元	滂	飜	番幡同			飜	飜	翻飜拚
22	平	三	元	并	烦	繁同			烦	烦	烦
22	平	三	元	知	膰	丁金反			/	膰	/
22	平	三	元	疑	元	源同位			元	元	元
22	平	三	元	喻	袁	园同位			袁	袁	袁
22	平	四	仙	从	全	泉同			全	全	全全等
22	平	四	仙	喻	沿	缘同			沿	沿	沿
22	去	三	愿	明	万	萬同			万	万	萬
23	平	三	仙	审	羶	扇同			羶	羶	羴羶等
23	上	一	旱	定	但	诞同			但	但	但
23	去	一	翰	精	赞	讃同			讃	赞	赞
23	去	三	线	禅	缮	禅同			缮	缮	缮
23	去	四	霰	匣	见	现同			见	见	见
23	去	四	霰	来	练	拣③楝同			练	练	练
23	入	一	曷	透	囥	牽同			囥	囥	囥
23	入	三	薛	澄	辙	彻同			辙	辙	辙
24	平	一	桓	并	盘	般同			盘	盘	盘

① "隽"当作儁,《广韵》子峻切。《集韵》"儁"、"俊"并列于小韵首,祖峻切。
② "徧"字此音见于《集韵》。
③ 原书误从木作楝。

续表

转次	声调	等第	韵	纽	列字	注文在原文旁的位置			小韵首字		
						右或右下	左或左下	下或栏外	王三	广韵	集韵
24	平	一	桓	见	官	观同位	毌贯同		官	官	官
24	平	一	桓	匣	桓	完同			桓	桓	桓
24	平	三	仙	喻	员	圆同位			员	员	员
24	上	一	缓	见	管	管同			管	管	管
24	上	一	缓	匣	缓	澣同			缓	缓	缓
24	去	一	换	明	缦	幔同			缦	缦	缦
24	去	一	换	见	贯	瓘灌冠同			贯	贯	贯
24	去	三	线	喻	瑗	院同			瑗	瑗	瑗
25	平	三	宵	知	朝	アサ早也①			朝	朝	朝②
25	平	三	宵	澄	晁		朝同朝廷③		晁	晁	晁
25	平	三	宵	来	僚④	燎同			燎	燎	燎
25	平	四	萧	定	迢	条同			迢	迢	迢
25	上	一	晧	帮	宝	保同位			寶	寶	寶
25	上	一	晧	从	皂		造同造作⑤		皂	皂	皂
25	上	一	晧	心	嫂⑥		嫂亻		嫂	悟	悟
25	上	三	小	澄	赵	兆同			肇	肇	赵
25	去	一	号	定	导	焘同			导	导	导
25	去	一	号	溪	饶⑦	鎬			鎬	鎬	鎬
25	去	一	号	清	操		造同至也⑧		操	操	操

---

① 《广韵》朝小韵,陟遥切,训"早也"。
② "朝"上《集韵》有古文"朝"字并列。
③ "朝廷"是为"朝"作的注。见《广韵》。
④ "僚"切三、王三、《广韵》并在萧韵聊小韵,落萧反。《集韵》同,怜萧切。是此位当列燎。
⑤ "造作"是为"造"作的注。见《广韵》。
⑥ 此字误,当作姥。
⑦ "饶"字误,当作鎬。
⑧ "至也"是为"造同"作的注。见《广韵》。

续表

转次	声调	等第	韵	组	列字	注文在原文旁的位置			小韵首字		
						右或右下	左或左下	下或栏外	王三	广韵	集韵
25	去	二	效	穿	抄	钞同			抄	抄	抄
25	去	三	笑	照	照	诏同			照	照	照
26	平	四	宵	滂	漂	摽亻			摽	殍	漂
26	平	四	宵	影	要	腰同			要	要	要
26	去	四	笑	明	妙	玅同			妙	妙	妙
26	去	四	笑	喻	耀	耀曜同			曜	耀	耀
28	平	一	戈	明	摩	磨①麽同			摩	摩	摩
28	平	一	戈	心	莎	蓑同			莎	莎	蓑莎等
28	平	三	戈	晓	靴	䩍字母也			䩍	䩍	䩍靴等
28	平		戈					骯去靴反②	/	𩕄	𩕄
29	平	二	麻	见	嘉	加家同			嘉	嘉	嘉
29	去	二	祃	见	驾	稼			驾	驾	驾
29	去	二	祃	匣	暇	夏同			暇	暇	暇
31	平	一	唐	定	堂	唐			唐	唐	唐
31	平	一	唐	见	冈	綱③同			刚	冈	冈
31	平	一	唐	溪	穅	康同			康	康	穅
31	平	一	唐	匣	航	行同			航	航	斻航杭等
31	平	三	阳	禅	常	尚同			常	常	常
31	平	三	阳	晓	香	乡同位			香	香	香芗
31	平	三	阳	来	良	凉同量同	梁同		良	良	良④等
31	平	四	阳	邪	详	□同			详	详	详
31	上	四	养	心	想	相亻⑤			想	想	想

---

① "磨"字误,当作"磨"。
② 此注在转次下。
③ "綱"字误,当作"纲"。
④ 《集韵》良上有篆字"良"。
⑤ "相"字韵书无上声一读,此为误校。

续表

转次	声调	等第	韵	纽	列字	注文在原文旁的位置			小韵首字		
						右或右下	左或左下	下或栏外	王三	广韵	集韵
31	去	三	漾	明	望	妄同			妄	妄	妄
31	去	三	漾	澄	仗	长同			仗	仗	仗
31	入	一	铎	匣	涸	□			涸	涸	鹤
31	入	一	铎	来	落	乐同			落	落	洛
31	入	三	药	日	弱	若同			若	若	弱
32	平	一	唐	匣	黄	皇凰同			黄	黄	黄
33	平	二	庚	匣	行		衡同位		行	行	行
33	平	四	清	疑	迎	逢也①			迎	迎	迎
33	平	四	清	从	情	晴同位请同			情	情	情
33	上	二	梗	审	省	梗匀云所景切丨署又□②	ハブク③		省	省	省
33	上	四	静	清	请	晴同④			请	请	请
33	上	四	静	心	省	静匀云息井切察也审也⑤			省	省	省等
33	去	三	敬	见	敬⑥	镜同位			敬	敬	敬
33	去	三	敬	疑	迎	迓也⑦			迎	迎	迎
33	入	二	陌	滂	拍	珀同			芸	拍	芸
33	入	二	陌	澄	宅	泽同			宅	宅	宅
33	入	四	昔	喻	绎	奕同			绎	绎	睪等
34	上	四	静	喻	颖	颖同			颖	颖	颖

① 此注字义。《广韵》庚韵:"迎,逢也。语京切。"
② "匀"是"韵"字的简写。《广韵》梗韵:"省,所景切。省署。……又姓。"
③ ハブク日文"省略"的意思。
④ "晴"字误,当作"晴"。王三、《广韵》、《集韵》静韵请小韵并有晴无晴。
⑤ 《广韵》静韵:"省,息井切。察也,审也。"
⑥ 唐五代韵书皆作敬韵,《广韵》、《集韵》以宋圣祖名讳改为映韵。
⑦ 此注字义,见《广韵》。

续表

转次	声调	等第	韵	纽	列字	注文在原文旁的位置			小韵首字		
						右或右下	左或左下	下或栏外	王三	广韵	集韵
35	平	三	清	照	征	正同			征	征	眰征徎
35	平	三	清	禅	成	诚同位	盛同位		成	成	成
35	上	三	静	来	领	岺			领	领	领
35	去	三	劲	照	政		正同位当也①		政	正	政
35	去	三	劲	禅	盛	晟同			盛	盛	盛
35	入	三	昔	审	释	奭同			释	释	释
35	入	四	锡	明	觅	糸同			觅	觅	覛脈觅
35	入	四	锡	从	寂	□□			寂	寂	□寂等
35	入	四	锡	来	雳	历同			雳	雳	秝
37	平	三	尤	照	周	舟州同			周	周	周
37	平	三	尤	来	刘		流同		刘	刘	留
37	平	四	尤	心	修	修同位			修	修	修
37	上	三	有	见	久	九玖同			久	久	九
37	上	三	有	审	首	守同			首	首	百䭫首
37	上	三	有	禅	受	寿同			受	受	受等
37	上	三	有	喻	有	友同位	右同位		有	有	有等
37	去	三	宥	审	狩	守同			狩	狩	狩
37	去	三	宥	禅	授	寿同位			授	授	授等
37	去	三	宥	喻	宥	佑同位			宥	宥	宥
37	去	四	宥	心	秀	□□			秀	秀	秀
38	平	三	侵	见	金	今禁同			金	金	今
38	平	三	侵	照	斟	针鍼同			斟	斟	斟
38	平	三	侵	来	林	琳临同			林	林	林
38	平	三	侵	日	任	壬同位			任	任	壬

① "当也"是为"正"所注的字义。此义见于《广韵》。

续表

转次	声调	等第	韵	纽	列字	注文在原文旁的位置			小韵首字		
						右或右下	左或左下	下或栏外	王三	广韵	集韵
38	入	二	缉	审				下拦:涩①	涩	翜	翜涩等
38	入	三	缉	见	急	汲同位			急	急	急
38	入	三	缉	禅	十	□			十	十	十
39	平	一	覃	定	覃	昙同			覃	覃	覃
39	平	一	覃	泥	南	男同位			南	南	南
39	平	一	覃	影	谙	庵同			谙	谙	谙
39	上	三	琰	日	冉	□			冉	冉	冄冉
40	平	二	衔	並	晏	白甘反②			/	毚	跚
40	平	二	衔	审	衫	鉴同位			衫	衫	衫
40	平	四	盐	心	銛	暹同			銛	銛	銛
41	上	三	范	並	范	范同位			范	范	范
41	入	三	乏					㘝女法反③	/	㘝	㘝
41	入	三	乏					猲起法反④	猲	猲	猲
42	平	一	登	定	腾	藤同			滕	腾	腾
42	平	三	蒸	床	绳	乘同			绳	绳	绳
42	平	三	蒸	审	升	胜升同			升	升	升
42	平	三	蒸	影	膺	应同			膺	膺	膺
42	平	三	蒸	晓	兴	盛也			兴	兴	兴
42	入	一	德	端	德	得同位			德	德	德
42	入	三	职	知	陟	稙			陟	陟	陟
42	入	三	职	澄	直	稙同⑤			直	直	直

---

① 此为校字,原作误,不成字。
② 转次下字、注并同。
③ 在转次下,字形小误。
④ 在转次下。
⑤ 此字作"稙"误,当作"植"。

续表

转次	声调	等第	韵	纽	列字	注文在原文旁的位置			小韵首字		
						右或右下	左或左下	下或栏外	王三	广韵	集韵
42	入	三	职	审	识	式同			识	识	识
42	入	三	职	影	忆	亿同			忆	忆	亿①意等

应永本所出注文皆为小字，大小一般两字当原文一字。其位置多在原文之右或右下，也有在左或左下及栏外者。如右旁已有注文而仍需施注者，则复注于左旁。从内容来看，注文又可分为如下几项。

1. 同音字：在242个旁注字中，属于同音字的有216个。其注例是：(1)直接注上同音字。如内转第一平声东韵匣纽"洪"字旁注"红"等。(2)注"某同"。如内转第一平声东韵见纽"公"字旁注"工攻同"等。(3)注"某同位"。如内转第四平声脂韵精纽"咨"旁所注"资同位"等。从正文与同音字的关系来看，正文一般是韵书的小韵首字，注文也出现在该小韵内。

2. 字义：如内转第十二上声二等麌韵审纽"数"旁所注"计也"、内转第二十五平声三等宵韵知纽"朝"字旁所注"アサ早也"等。

3. 注音：如内转第五平声三等支韵知纽"睡"（当作"腄"）下注"音追"、外转第二十二平声三等元韵知纽"䦺"旁注"丁金反"等。

4. 同时注音注义：如上声二等上声二等梗韵审纽"省"字右旁注"梗匀云所景切丨署又□"及"左"旁注"ハブク"、同转上声四等静韵"省"旁注"静匀云息井切察也审也"等。

5. 同音字字义：如外转第二十五平声三等宵韵澄纽"晁"旁注"朝同朝廷"、同转上声一等晧韵从纽旁注"造同造作"等。

6. 校语：如内转第一入声三等屋韵禅纽"熟"旁有校语"孰亻"、内转第二平声一等冬韵清纽"鏦"旁有校语"亻无"等。

这些旁注位置及内容，反映出注文并非一人一时所加。最明显的证据是注文所根据的韵书不同。例如，内转第二十五平声三等宵韵知纽"朝"字旁所注"アサ早也"，同转澄纽晁注"朝同朝廷"，而知纽"朝"字训"早也"，澄纽"朝"字训"朝廷"，均见于《广韵》，而《集韵》无。这些注文显然依据的是《广韵》不

---

① 此字前有二古文"亿"字。

是《集韵》。内转第十二上声二等麋韵审纽"数"旁所注"计也",则见于《集韵》,而《广韵》无;同转照纽"主"旁所注"斗同","斗"在主小韵亦唯《集韵》如此。则这些注文显然又是根据《集韵》所加。这种依据不同韵书加注的现象,正好说明不是一人同时所为。而这种情况可以通过"校合"得到解释。日本的"校合"类似中国的"集校"(或"集注"),也是依据一个底本,参考并迻录其他各本及其校注而成。应永本正是这样一种校合本,所以具有相同的特点。

为韵图加注可以便于读图,但这些旁注也会出现问题。因旁注而产生的问题,主要有如下几项。

1. 误注误校:如内转第七上声四等旨韵喻纽"唯"字注"惟同",而"唯"字有平、上两读,"惟"字《广韵》、《集韵》皆只有平声。此是注误。再如外转第十四去声一等队韵并纽"佩"字注"倍同位",而"倍"字《广韵》在上声海韵,薄亥切;《集韵》簿亥切(并纽上声)。《集韵》虽又收于去声队韵背小韵下,然音补昧切,帮纽。皆与"佩"字(并纽去声)不同音。此亦为误注。又如内转第二平声一等清纽"鏓"注"亻无",切二、王二、王三、《广韵》、《集韵》冬韵无清纽,龙宇纯谓二书所列未详所本,李新魁亦谓本书所作不知何据。按刊 P2014、P2015 冬韵有"䎫"字,并此悰反。此字乃"忩"字之俗(各书该小韵并有忩字,注云:"亦怱","怱"即"怱"之或体)。《七音略》此字作"聪"。则"鏓"与"聪"并为"䎫"字之误,而"䎫"字正当列在此位。应永本当是检《广韵》或《集韵》未见此字,而不知《韵镜》初非依据《广韵》、《集韵》列字。这是以不误为误。又如内转第三十一上声四等养韵心纽"想"字有校语"相亻","相"字韵书无上声一读,而"想"字,王三、《广韵》息两反,《集韵》写两切。正当列在此位。这也是误校。

2. 因注文羼入正文而误:如外转第二十二平声三等所列"尳"字注"丁金反",此字嘉吉本〇,六地藏寺本"尳"列于四等,其他各本作"尳"亦列于四等。切三、王二、王三仙韵无此音。王一仙韵韵末作"尳",丁全反。注云:"一尳,尤也。出《说文》,新加。"刊 P2014 宣韵作"尳",子注模糊;《广韵》则在仙韵,字作"尳",注云:"行不正皃。"二书亦音丁全反。《集韵》则作"尳",珍全切。将"类隔"改为"音和"。注云:"尳尳,行不正皃。"按各韵书此字形音皆误。《说文》:"尳,尳不能行,为人所引曰尳尳。从尢从爪,是声。"大徐都兮切

(《玉篇》同),小徐的齐反。是此字当入齐韵,王一、王三齐韵低小韵(当嵇①反)有"尳"字,注"不能行为人所引マ②"即其明证。段玉裁谓"尳㯿"义与今语之"提携"相近,是也。王一、《集韵》所作,即是"尳"字之误;刊则误合"尳"、"㯿"二字为一。今谓唐时俗书,全字多作"全"、"令"等(切三、王韵屡见),"仝"字坏缺下半,即与"全、令"等形似。王仁昫见误本《说文》有此音,未悟此乃讹字而收入仙韵也。《广韵》或见此之误字,以其不当有"丁全切"一音而改为"㯿"矣。《七音略》又据《广韵》增列,则以讹传讹,庶难察其原矣。按本书宝生寺本、(佐)于本转标目下有"虇 中全反又丁全切"(宝生寺本"反"作"切"),(国)同而音注无"反"字,图中此字为后人根据旁注所增,显然不是《韵镜》原有的。上文表中的"骱去靴反"、"尣白甘反"、"瓾女法反"、"猲起法反"等也类似这种情况。此外,在永禄本等中,不少以纽的同音字分列在喻纽三、四等而大悖于音理,如内转第一平声东韵三等列"肜"、四等列"融",内转第二平声锺韵三等列"容"、四等列"庸",内转第三十一平声阳韵三等列"羊"、四等列"阳"等等都是如此。这种错误显然也是因旁注的同音字羼入正位造成的。

因注文羼入正文而误:最典型的例子是内转第二开合的"开"、内转第三开合的"合"、内转第四开合的"合"、内转第十二开合的"开"等(杨军 2002),均因旁注字羼入而致误。

因注文替换正文而误:如内转第十一上声三等语韵来纽应永本列"虑"字而施校语"吕亻"。切三、王一、王二、王三、《广韵》语韵并有吕小韵,力举反。《集韵》两举切。是此位正当列吕。盖《韵镜》原列"吕",其他各本列"吕"是其明证。应永本所列之"虑"为去声字,殆校读者误施于吕旁,传写不察而径改原文所致。再如外转第二十五平声三等宵韵来纽应永本列"僚"字,"僚"切三、王三、《广韵》并在萧韵聊小韵,落萧反。《集韵》同,怜萧切。则"僚"字不当在此。而切三、王三、《广韵》小韵有燎小韵,力昭反,《集韵》离昭切。是此位当列"燎",嘉吉本、宝生寺本、(延)、(佐)、(文)、(天)、(元)、(正)、(国)、(理)列"燎"不误。其他各本列"僚",盖亦校读者于"燎"旁误施"僚"字,传写不察遂以改换"燎"字所致。

---

① 原误为"嵇",今正。
② 王一无"マ"。

《韵镜》各版本的旁注及其导致的错误很多，情形也不尽相同，不可能在此一一列举。因为应永本不易见到，其旁注的情况也很少有人了解，所以本文作一点必要的介绍。另外，旁注羼入正位、正文和替换正文，是导致《韵镜》中许多错讹的重要原因之一。其中有些错讹往往会使我们理解《韵镜》时产生困惑，解释《韵镜》时出现错误，所以也在文中也用举例的方式对这类问题作一点必要的讨论。至于各本旁注的详情可参考《七音略校注》（杨军 2003）和《韵镜校笺》（自印本）。

《韵镜校笺》自序[①]

一、佛经翻译与切韵图的产生和发展

《韵镜》是我国现存最早的切韵图,也是研究中古汉语音韵乃至于汉语语音史的重要资料。然因其书特殊的流传经历,作者已不可考。关于该书的成书年代,则有几种不同的说法。日本学者大矢透《韵镜考》主张成书于隋末唐初,罗常培《〈通志·七音略〉研究》认为书成于唐代,葛毅卿《〈韵镜〉音所代表的时间和区域》认为成书在晚唐、五代,赵荫棠《等韵源流》、李新魁《韵镜校证》则主张成书于宋代。近年来鲁国尧先生在《卢宗迈切韵法述评》中提出新说,指出《韵镜》"是层累造成的",从而解决了这一长期争论的重大问题,此说现在已经逐渐得到学术界的认同。

从时间及流传过程来看,《韵镜》的层累又可以分为两个不同的层次,第一是从该书的雏形到张麟之刊刻为限;第二是从该书流传到日本至回归本土为止。我在《〈韵镜〉所标"开合"及相关问题再研究》(2005)中说:

> 早期韵图的"层累"具有两种性质,第一种是《韵镜》之类的韵图从草创到成熟,不断有人要对它进行"完善",在这个过程中,出现了用后起的韵书补充和改动原书列字的现象。这种性质的"层累"从时间上可以划在张麟之首次刊刻《韵镜》以前,亦即宋高宗绍兴辛巳年(绍兴三十一年,1161)以前。第二种"层累"发生在《韵镜》流传到日本以后,时间大约是

[①] 原载《韵镜校笺》,浙江大学出版社,2007。

1203～1252年以后①。造成的原因一方面同样是有人想对它进行"完善",因而把《广韵》、《集韵》里的一些字注在相应的位置,甚而有的直接增补到原书中去了。另一方面是有人为了纠正该书流传过程中产生的错讹,于是根据《广韵》或《集韵》来判定原书的是非,这种做法无论动机如何,客观上还是淹晦了原书本来的面貌。再一种情况是日本学者往往为原书所列的字加注同音字及注音、注义等等,或为原书所列的字或标注等加注校字、校语等,后来在抄写时就出现了旁注羼入原书或用批注改动原文的情况。经过一次又一次的增改,我们现在看到的《韵镜》等早期韵图里出现了若干原书没有的内容,产生了好些难以解释的问题。因此,只有从理念上充分认识《韵镜》的层累性,才能对该书的各种复杂情况作出正确的判断;也只有真正认识到《韵镜》等早期韵图的层累性质,剥除掉后人累加的成分而完成对这些韵图的复原工作,才可能对它们进行出正确合理的构拟或重建(reconstruction)。

不过,这里头还存在两个问题需要解决,第一,中国最早的切韵图,也就是《韵镜》赖以"层累"的雏形是什么时候有的? 第二,《韵镜》的定型又是何时? 它所反映的音韵系统是什么?

讨论韵图的产生,有必要考察其与佛教经咒翻译的关系。因为类似《韵镜》这种早期切韵图的产生,跟佛教在中国的普及与佛经的大量翻译的关系相当密切。

东汉末年,伴随佛教的传入,佛经翻译的活动就开始了。经过魏晋南北朝,由于统治者的参与及提倡,译经活动的规模有了很大的发展。到了隋代,还设立了专门的译经机构——翻经院,并且有了大批从事译经活动的专职人员。汤用彤(1982:8)说:

> 文帝于京师大兴善寺,炀帝于洛都上林园,请达摩笈多、彦琮等译经。而长安自罗什以后,洛阳自流支以后,译事再盛。

---

① 《韵镜》宝生寺本(即日本福德二年本)后有奥书(大约相当于中国的"跋")云:本云建长四年二月十二日书写了明了房信范。建长四年,即1252年,而日本所传《韵镜》均有张麟之1203年三刊序文,故可断《韵镜》传入日本当在宋宁宗嘉泰三年至理宗淳佑十二年(1203～1252)约50年之间。

据《法苑珠林》《释迦方志》等载,隋代就曾"译经八十二部"。到了唐太宗贞观元年,中印度僧人波颇携梵经入长安,唐太宗诏令设立译场于兴善寺。贞观十九年(641年),玄奘法师自西域归,所携经论657部,诏于弘福寺翻译。其后太子又建慈恩寺及翻经院,玄奘法师及众高僧在此专事翻译。自此,中国的译经活动遂进入鼎盛时期。《旧唐书·方伎玄奘传》云:

> (玄奘)贞观十九年……归至京师。太宗见之,大悦,与之谈论。于是诏将梵本六百五十七部于弘福寺翻译,仍敕右仆射房玄龄、太子左庶子许敬宗,广招硕学沙门五十余人,相助整比。

> 高宗在东宫,为文德太后追福,造慈恩寺及翻经院,内出大幡,敕九部乐及京城诸寺幡盖众伎,送玄奘几所翻经像、诸高僧等入住慈恩寺。

根据文献记载,玄奘一生译书多达75部,1330多卷。而此时译场的组织制度更为完备,译经者的分工更为细密、专门。据《宋高僧传》《佛祖统记》所载,唐代翻经院设置了译主、笔受、度语、证梵本、润文、证义、梵呗、校勘、监护大使等9种职位,此外还有不常设的正字一职。可见随着译经事业的发展,对于佛典翻译质量的要求越来越高。尤其是郑樵所称"咒雨则雨应,咒龙则龙见"之"密咒",更是要求准确。周一良说(1963:327):

> 八世纪善无畏、金刚智、不空等到中国来以后,密教颇为流行,尤其是在上层社会里……密宗经典里,几乎没有一部没有咒语的。大部分的咒语都没有意义,所以向来是译音。念咒时一定要发音正确,然后才有效,才能获得好结果。智广悉昙字记自序明白地说他诵陀罗尼,才访求音旨。又说读者如果读了他的书,"不逾信宿,而玄通梵音。字余七千,功少用要……总持一文,理含众德,其在兹乎?"可见是为通总持而学悉昙……为要讲求声音之道,不得不研究天竺拼音文字的读法,于是乎悉昙亦即梵文拼音表就成为重要科目。

既然不通汉语的"胡僧"和不通梵语的"华僧"都不能把梵文写成的经书,特别是要求把咒文音译为汉文,那么,兼通梵、汉两种语言就成了译经者必须具备的条件。由于梵文是一种拼音文字,所以,中国人学习梵文,要从学习它的字母开始。而古代印度很早就有一种教儿童识字的梵文拼音表,叫做"悉昙章"。"悉昙"是梵语 siddham 的音译,也就是"成就"的意思。这个词放在

"悉昙章"的开头,有"吉祥"的意思,而跟接在它后面的"十二音"没有关系。"悉昙章"首先列出梵文所有的元音字母,然后用一个辅音依次去跟这些元音相拼,得到若干音节。这样用一个辅音字母跟12个摩多(主要指元音①)相拼一遍,得到12个音节,就叫做某字的一"转",然后按照此法再依次拿别的辅音跟这12个元音相拼,全部完成后可以得到480个音节,也叫做"一转"。另外还有"二合"、"三合"、"四合"的相拼,也就有"二合"、"三合"、"四合"的"转",于是可以拼出13 872个音节。日本入唐求法僧空海所撰《悉昙字母并释义》中的"十二音"(十二摩多)如下:

    a 迦　ā 迦　i 祈　ī 鸡　u 句　ū 句　e 计　ai 盖　o 句　ao 啃　aṃ 欠　aḥ 迦入

空海释云:

    此十二字者,一个迦字之一转也。从此一迦字母门,出生十二字。如是一一字母各出生十二字,一转有四百八字。如是有二合、三合、四合之转,都有一万三千八百七十二字。

不过,《悉昙章》这样的拼音表毕竟是为学习梵文造出来的,并不能用它直接表现汉语的音节结构。所以,要表现汉语的音韵系统,并用它为佛经密咒翻译提供便利,就必须创造一种适合汉语特点的音节表。这就是早期切韵图产生的客观要求。从《韵镜》的结构来看,它的形制显然受到古代印度悉昙学的重大影响,但又与之有着较大的区别。郑樵在《七音序》里说:"七音之韵,起自西域,流入诸夏。梵僧欲以其教传天下,故为此书。虽重百译之远,一字不通之处,而音义可传。华僧从而定之,以三十六为之母,重轻清浊,不失其伦。"这段话里,除了"以三十六为之母"尚可讨论外,郑樵的意见是有道理的。鲁国尧先生最近(2004)说过一段颇具启发意义的话:

    四声,中国人早在南朝就发现了,意味着在汉语音韵学内,关于声调系统的认识已经成熟了。至于韵书,也早就有了,说明"韵"的系统基本

---

① 在"十二音"的系统里,aṃ、aḥ是被看成元音的。十二摩多就是12个元音,也叫做十二"字本"。而在"十四音"的系统里,aṃ和aḥ被称为"界畔字",不算元音。参看段晴、李建强《〈悉昙〉"字本"说源》。

上确立了。众所周知,汉语音节结构有三要素:声,韵,调,既然韵、调已备,"唯欠东风"耳,即"声"的系统。汉末即有反切,表示中国学人已经有了"声"的概念,由概念到建立科学的系统,二者非一。关于"声"的体系,却迟迟未出现,没有"声"的系统,建构不起汉语的音节系统表,亦即切韵图。而关乎"声"的系统学说必须借鉴外来的学说,那就是古印度语音学,以及梵语悉昙学。梵文声母是按发音部位区分为若干类的,此即郑樵所崇拜的"七音",他说:"所以日月照处,甘传梵书者,为有七音之图,以通百译之义也。"借到了"七音",得到了胡僧的"妙义",就水到渠成,而有切韵图,这就是郑樵"一唱而三叹"的真谛!郑樵是实事求是的学者,他认为"七音"体系来自梵僧,但每个具体的"声"的名称则是本国人的创造。他说:"华僧从而定之,以三十六为之母,重轻清浊,不失其伦。"

总之,郑樵欣赏的是,作为舶来品的"七音"系统。经过中国化后成为三十六母体系,于是与原产的"四声"和"韵",纵横交织,建构出体现汉语重大特色的庞大的,严密的,明晰的切韵图。

这就是说,早期切韵图的产生,应当是在用"唇舌牙齿喉(半舌半齿)"等"五音"或"七音"来表示汉语声母的发音部位以后。而这些概念的出现,也跟佛经翻译及悉昙学有着密切的关系。从我们现在见到的材料来看,用"唇舌牙齿喉"表示辅音的发音部位最早也是出现在南北朝时期的佛典注释里。梁宝亮等集《大般涅盘经集解》卷二十一(文字品第十三、鸟喻品第十四,37:464b—c)云:

僧宗曰:传译云,十四音者,为天下音之本也,如善用宫商。于十四音中,随宜暇语……释十四音:僧宗曰,三十八音,从十四音出。但就三十八中,前二十五音,是次第从舌本声、次至舌端、次齿、次唇。从第二十六至第三十,此是超越不定。下有八字,皆表长短声之相。半字为字本者,义生此也。夫致教之体,要觉先半而后漏,此是前后次第根本耳。迦呿此五字,是舌本音也;遮车此五字,舌中音也;咤他此五字,舌端音也;多他此五字,是舌齿音也;波颇此五字,是唇音也。

唐代又相承不衰。慧琳《一切经音义》卷二十五(《大正藏》T54・470a)"梵经"条云:

称呼梵字亦五音伦次喉颚齗齿唇吻等声……皆从深向浅,亦如此国五音宫商角徵羽,五音之内又以五行相参,辩之以清浊,察之以轻重。"

顾齐之《一切藏经音义序》云：

于是审其声而辩其音,有喉颚齗齿唇吻等,有宫商角徵羽等音。晓之以重轻,别之以清浊,而四声递发,五音迭用。其间双声迭韵,循环反复,互为首尾,参差勿失,而义理昭然。

智广《悉昙字记》云：

其始曰悉昙,而韵有六。长短两分,字有十二,将冠下章之首。对声呼而发韵,声合韵而字生焉……其次体文三十有五,通前悉昙,四十七言明矣。声之所发,则牙齿舌喉唇等合于宫商,其文各五；徧口之声文有十。

智广又在梵文辅音"ka 迦字、kha 佉字、ga 伽字、gha 伽字、ṅa 哦字"下注："已上五字牙声"；在"ca 者字、cha 车字、ja 社字、jha 社字、ña 若字"下注："已上五字齿声"；在"ṭa 吒字、ṭha 侘字、ḍa 荼字、ḍha 荼字、ṇa 拏字"下注："已上五字舌声"；在"ta 多字、tha 他字、da 陀字、dha 陀字、na 那字"下注："已上五字喉声"；在"pa 波字、pha 颇字、ba 婆字、bha 婆字、ma 么字"下注："已上五字唇声"；在"ya 也字、ra 啰字、la 啰字、va 嚩字、śa 奢字、ṣa 沙字、sa 娑字、ha 诃字、llaṃ 滥字、kṣa 叉字"下注："已上十字徧口声"。

又《悉昙藏》卷第一云：

音为本,本能出字等也。梵音屈曲以因之转变,复成一切字本也。如此间音,唯有五。谓宫商角徵羽。字本因此生三万六千余字也。

可见,除了用"唇舌牙齿喉"来表示声母的发音部位以外,还有用中国古代表示音乐音阶的术语"宫商角徵羽"来作比附的。这些都充分显示了域外传来的语言术语正在跟中国的传统文化结合。虽然这些用"五音"、"七音"或"唇舌牙齿喉"等所表示的声母发音部位跟早期切韵图所表示的不尽相同,但仍然反映出切韵图产生的条件在隋唐之间业已成熟。

我们没有确切的证据质言切韵图最早出现的具体时间,但根据它们产生的条件来推断,或许就在隋末唐初,至迟不应晚于 8 世纪。大矢透、魏建功、罗常培等前辈学者均持这种意见。大矢透在所著《韵镜考》中列举了两项证据,因为原书没有中译本,现转引赵荫棠《等韵源流》(1957:58~59)的译文如下:

> 武玄之《韵诠·明义例》之所言"正纽相证"、"旁通取韵"及"阙位"等等情形俱与《韵镜》相符合。
>
> 《日本见在书目》载《集字》廿卷(冷泉院),次为《四声韵英》一卷、《四声指挥》一卷(刘善经)、《韵集》五卷,再次为《切韵图》一卷。

对于《日本见在书目》所著录《切韵图》一事,魏建功先生(1958)说:

> 日本宽平时代(公元九世纪九十年代)《见在书目》已经著录《切韵图》一卷,这类似于宋以来的等韵体系该在更前时期早就有了。
>
> 《切韵》是7世纪的著作,《切韵图》见于9世纪90年代的日本著录,在中国产生的时代应该在八世纪左右。

罗常培先生(1935)说:"日人大矢透据滕原佐世《日本现在书目》所录《切韵图》及释安然《悉昙章》所引《韵诠》,谓《韵镜》之原型夙成于隋代。其比附《韵诠》,虽未尽协,然效法《悉昙章》之韵图,自《切韵》成书后即当继之以生,而非创自宋人,则固不容否认也。"继而又补充了五条证据:

> 张麟之《韵镜序作》题下注云:"旧以翼祖讳敬,故为《韵鉴》,今迁祧庙,复从本名。"案翼祖为宋太祖追封其祖之尊号,如《韵镜》作于宋人,则宜自始避讳,何须复从本名?倘有本名,比当出于前代。此一证也。
>
> 《七音略》之转次,自第三十一转以下与《韵镜》不同:前者升覃、咸、盐、添、谈、衔、严、凡于阳、唐之前,后者降此八韵于侵韵之后。案隋唐韵书部次,陆法言《切韵》与孙愐《唐韵》等为一系,李舟《切韵》与宋陈彭年《广韵》等为一系。前系覃、谈在阳、唐之前,蒸、登居盐、添之后;后系降覃、谈于侵后,升蒸、登于尤前。①今《七音略》以覃、谈列阳、唐之前,实沿陆、孙旧次,特以列图方便而升盐、添、咸、衔、严、凡与覃、谈为伍。至于《韵镜》转次则显依《广韵》重加排定,唯殿以蒸、登,犹可窥见其原型本以陆、孙之韵次为同源耳。二证也。

---

① 原注:参阅王国维《观堂集林》八,《李舟切韵考》。

敦煌唐写本《守温残卷》所载"四等重轻例"云：
平声
  观古桓反 关删 勬宣 涓先
上声
  满莫伴反 矕䐌 免选 缅狝
去声
  半布判反 扮裥 变线 便线
入声
  特徒德反 宅陌 直职 狄锡①

其分等与《七音略》及《韵镜》悉合。降及北宋，邵雍（1011——1077）作《皇极经世声音图》，分字音为"开"、"发"、"收"、"闭"四类，除舌头、齿头、轻唇及舌上娘母与《等韵》微有参差外，余则"开"为一等，"发"为二等，"收"为三等，"闭"为四等②，亦并与《七音略》合。是四等之分划，在守温以前盖已流行，北宋之初亦为治音韵者所沿用，则其起源必在唐代，殆无可疑。此三证也。

《七音略》于每转图末分标"重中重"，"重中轻"，"轻中轻"，"轻中重"等词，其定名实本诸唐人。案日释空海《文镜府秘论》调声云："律调其言，言无相妨，以字轻重清浊间之须稳。至如有'轻''重'者，有'轻中重'，'重中轻'，当韵之即见。且痒（侧羊反）字全清，霜字轻中重，疮字重中轻，床（士痒反）字全重。"又论文意云："夫用字有数般，有'轻'有'重'，有'重中轻'，有'轻中重'，有虽重浊可用，清轻不可用者，事须细绎之。若用重字，即以轻拂之便快也。"空海精研悉昙，善解声律。就其所举"痒"、"霜"、"疮"、"床"四字推之，盖以"全清"塞声为"全轻"，"全清"擦声为"轻中重"，"次清"为"重中轻"，"全浊"为"全重"；其含义虽不与《七音略》悉符，然"重中轻"、"轻中重"之名称必为唐代等韵学家所习用，则显然易见。③ 此四证也。

---

① 原注：全文见刘复《敦煌掇琐》下辑，今四声各举一例，余俱从略。
② 原注：参阅袁子让《字学元元》卷十《四音开发收闭辩》。
③ 原注：案空海于唐德宗贞元二十年甲申（即日本桓武天皇延历二十三年，公元804年）入唐留学，从不空三藏弟子昙贞受悉昙。

昔戴东原谓："呼等亦隋唐旧法"，"二百六韵实以此审定部分。"①钱竹汀亦云："一二三四之等，开口合口之呼，法言分二百六部时，辩之甚细。"②证以前说，盖不甚远。故等呼之名虽后人所定，而等呼之实则本诸旧音。至于经声纬韵，分转列图，则唐代沙门师方悉昙体制，以总摄《切韵》音系者也。

罗先生认为中国早期切韵图是唐代僧人仿悉昙体制，总摄《切韵》音系的产物，"自《切韵》成书后即当继之以生"。我认为罗先生的看法有理有据，可以接受。而《韵镜》一书的最后定型，也应该在唐代。因为我们发现，制作《韵镜》所依据的是唐代的某一种韵书。这可以从下面几个方面得到证明。

首先，从《韵镜》所标的韵目来看，虽说永禄本标注的韵名跟《广韵》206韵的名称基本一致，但在别的版本上，有些韵目却跟《广韵》不同而与唐五代某些韵书一致。如外转第十九平声韵目所标"欣"，其他各本同，（文）作殷。切二、切三、P.2017、王三等唐五代韵书皆以"殷"为韵目，王二改为"斤"，《广韵》、《集韵》乃为"欣"。按宋宣宗庙讳为弘殷，宋代依例当避，所以，《广韵》、《集韵》并改"殷韵"为"欣韵"。本书（文）仍以殷为此韵韵目，当存原书旧式，亦为《韵镜》之作必早于宋之一证。其作"欣"诸本，大概是《韵镜》在日本流传期间后人据《广韵》、《集韵》而改的。另外，第二十八转韵目戈、果、过。其他各本同，（文）作歌、哿、个。按切三、王一、王二歌、哿、个以及王三哥、哿、个都不以开口、合口分韵。《唐韵》虽不存平声、上声，然其个韵亦不按开合分韵。《广韵》、《集韵》则从歌、哿、个中分出合口字为戈、果、过三韵。据今存韵书材料，歌、戈按开合分韵始见于《广韵》，唐五代韵书则未见有分者。按（文）于本转所列韵目，当是据《广韵》以前韵书，或许这正反映《韵镜》原书的旧式。若然则诸本作戈、果、过者，也是本书流传于日本时后人根据《广韵》、《集韵》或《七音略》而改的。所以，有些版本的韵目跟《广韵》完全相同并非本书原来的面貌，而是该书流传于日本时由于后人改动造成的。

其次，《韵镜》各韵的次序跟《广韵》、《集韵》也有不同。如《韵镜》把蒸、登两韵系放在四十二、四十三图，在全书之末，而《广韵》的蒸、登则在阳、唐、庚、耕、清、青之后；尤、侯、幽、侵、覃、谈、盐、添、咸、衔、严、凡之前。S.2071、

---

① 原注：见《声韵考》，卷二。
② 原注：见《潜研堂答问》十三。

P.2011及王三,蒸、登在侵、盐、添之后;咸、衔、严、凡之前。具体情况见下表。

王韵	覃谈阳唐庚耕清青尤侯幽侵盐添蒸登咸衔严凡
广韵	阳唐庚耕清青蒸登尤侯幽覃谈盐添咸衔严凡
韵镜	阳唐庚耕清青尤侯幽侵覃谈盐添咸衔严凡蒸登

蒸登的韵尾是-ŋ,而王韵却把它们放在韵尾为-m的侵"盐添"和"咸衔严凡"之间。覃谈的韵尾也是-m,王韵又把它们放到韵尾是-ŋ的"阳唐庚耕清青"和韵尾是-u的"尤"、"侯"、"幽"之前。从韵尾的角度来看,王韵对这些韵的安排有失伦类。《广韵》则降"覃"、"谈"于侵后,升"蒸"、"登"于"清"、"青"之前,使-ŋ、-u、-m尾诸韵以类相从,这种安排无疑是最为合理的。盖亦所谓"后出转精"之作。综合王国维《六朝人韵书分部说》、《书巴黎国民图书馆所藏唐写本切韵后》、《书内府所藏王仁昫切韵后》、《书式古堂书画汇考所录唐韵后》、《书吴县蒋氏藏唐写本唐韵后》、《唐诸家切韵考》、《李舟切韵考》、《唐时韵书部次先后表》等所作的考订,王韵韵次本诸陆法言《切韵》,而《广韵》韵次则始于李舟《切韵》。《韵镜》把"覃"、"谈"改置于"侵"、"盐"之间,使-m尾各韵得以类聚,但-ŋ尾的蒸登放在最末,仍远离韵尾相同的"阳唐庚耕清青",则未为完善。《韵镜》以"蒸"、"登"置于书末的次序虽未见于今存韵书,但颇疑有所依据。唐代或许有一种在韵次上改良陆法言《切韵》而与李舟《切韵》小异的韵书,这种韵书在时间上或许稍早于李舟《切韵》,如果这种假设成立,《韵镜》大约依据的就是这种系统的韵书。

再次,《韵镜》所列的字有些不同于《广韵》、《集韵》,而跟唐五代韵书一致。如:

(1)内转第一平声三等东韵疑纽䍽字。(延)误为豻。各韵书东韵无此字,亦无此音。《七音略》此位无字,与《切韵》、王韵、《广韵》、《集韵》等并合。《玉篇》豸部有䍽字,鱼容切。龙宇纯、李新魁并谓本书此字即从《玉篇》而列。然本书䍽字虽见于《玉篇》,而所作"鱼容切"一音当入锺韵,不得列于此位,况谓韵图据字书列字,尤难令人依信。考刊 P.4747 东韵有䍽小韵,宜弓反。注曰:"兽名,如豕。"其他唐五代韵书及《广韵》、《集韵》东韵皆无。按 P.4747 䍽字"宜弓反"之"宜",即为"宜"之俗字,唐代俗书宜字每省"宀"上之"丶",则"宜弓反"即"宜弓反"明矣。"䍽"字既有"宜弓反"一音,则正当列于此位。五代刊本韵书东韵已收"䍽"字而与

《切韵》、王韵及后代之《广韵》、《集韵》等皆异。是本书此位列"鲜"断非依据《玉篇》，而当与 P.4747 一类韵书有关。

（2）内转第二平声一等冬韵清纽駷。切二、王二、王三、《广韵》、《集韵》冬韵无清纽，龙宇纯谓二书所列未详所本，李新魁亦谓本书所作不知何据。按刊 P.2014、P.2015 冬韵有"駧"字，并此淙反。"駧"字乃"駷"字之俗①，本书之駷，当即 P.2014、P.2015 一类韵书"駷"字之误。

（3）外转第二十四平声三等仙韵影纽○。宽永五年本、北大本、（享）、（正）列嬽，六地藏寺本、宽永五年本别笔补嬽，其他各本亦○。切三、王一、王三、《广韵》仙韵有嬽小韵，於权反。《集韵》同，纡权切。此为重纽三等字，与於缘反之娟小韵对立，本书及《七音略》"娟"字列在二十二转四等影纽位，则"嬽"字正当列于此位。刊 P.2014 宣韵影纽无重纽，"嬽"字并入娟小韵，於缘反。本书此位原当无字而与 P.2014 合，有字诸本乃后人所补。故本或作"嬽"等而误入晓纽位。

（4）外转第二十四上声一等缓韵晓纽澃。嘉吉本、（延）、（仙）、（天八）、（元）列暖，宝生寺本、（佐）、（文）、（天）、（国）、（理）作暖，其他各本亦作澃。刊 P.2014 缓韵有澃小韵，呼管反；训为"弄羽也"（P.2014"澃"字模糊，《十韵汇编》抄作"澃"，今从《瀛涯敦煌韵辑新编》）。唐五代其他韵书及《广韵》皆无。《集韵》则有澃小韵，火管切；训为"弄水也"（述古堂影宋本"水"误为"木"）。是刊此字之训误"水"为"羽"。而本书所列合于 P.2014，作"暖"若"暖"者则是误字。

（5）外转第三十六入声二等麦韵溪纽硼字。刊 P.5531 麦韵有硼小韵，口获反。其他唐五代韵书及《广韵》麦（隔）韵则无溪纽合口。本书此位列硼合于 P.5531。

（6）外转第三十六入声二等麦韵来纽礰字。宽永十八年本、北大本、宽永五年本、（延）、（天）、（正）、（享）同，六地藏寺本作礰于一等校入，嘉吉本、宝生寺本、应永本等此位○而列礰于一等。刊 P.5531 麦韵有礰小韵，力获反。本书此位列礰合于 P.5531，无字者乃误入一等位，六地藏寺本字又转讹。又唐五代其他韵书及《广韵》、《集韵》麦（隔）韵皆无来纽字。

———

① 各书该小韵并有"斾"字，注云："亦念"，"念"即"忽"之或体。

(7)外转第三十九去声二等陷韵晓纽阙字。王一、王二、《唐韵》、《广韵》、《集韵》陷韵皆无晓纽字。王三则有阚小韵,火陷反。

以上数例中,有 1 例独与王三同,其余 6 例则与五代韵书 P. 2014、P. 2015、P. 4747 及 P. 5531 相同,足见《韵镜》所列的字与唐、五代时期的韵书关系密切。

需要补充说明的是,《韵镜》虽然跟唐、五代韵书关系密切,但并不能说它就是根据五代时期的韵书列的字。因为《韵镜》跟敦煌所出五代韵书之间存在一些明显的差别。例如,P. 2014 从仙韵中分出合口字为宣韵,P. 5531 把薛韵的合口字分为雪韵。而《韵镜》所有版本都没有用"宣"、"雪"作韵目的。所以,如果要对《韵镜》与五代韵书何以如此相似作出解释,只能说《韵镜》和敦煌所出五代本韵书如 P. 2014、P. 2015、P. 4747、P. 5531 等所依据的是同一系统的唐代韵书。

关于《韵镜》反映的音系性质,我们可以通过古代韵书累世承袭特点来进行判断。根据现代学者的研究,从《切韵》到王韵、《唐韵》迄于《广韵》,其间有着名目众多、繁简不一的韵书。尽管它们之间存在着或多或少的差异,但它们都有一个共同之处,就是所反映的都是《切韵》时代的音韵系统。因此,在《韵镜》定型时,无论曾经根据何种唐代韵书对其雏形进行过层累,它所表现的音韵结构都不能脱离《切韵》音系。

至于中国早期切韵图的产生,是否如有些学者所认为的那样,以"三十六字母"为必要条件呢?这种看法实际上源于郑樵所说"华僧从而定之,以三十六为之母",并成为《韵镜》等早期切韵图成于宋代的学者持论的真正原因。赵荫棠(1931:159)就说:"三十六字母没有成立,正式等韵图就不会形成。"李新魁(1981)也说:"没有三十六字母的标目,不可能排成《韵镜》这么整齐的局面。"由于三十六字母是宋代产生的,所以他们由此推论《韵镜》产生于宋代。但是,事实并非如他们所说的那样。在今存早期切韵图中标明三十六字母的是郑樵的《通志·七音略》而不是《韵镜》。在《韵镜》的四十三幅图里,没有字母的标目,而是用发音部位"唇、舌、牙、齿、喉、舌齿、齿舌"和发音方法"清、次清、浊、清浊"等来表示声母。当一个发音部位被某种发音方法限定时,就表示了一个声母。这种办法,既可以表示三十字母系统,也可以表示三十六字母系统。因此,有三十字母就可以有切韵图。既然如此,诸如没有三十六字母就没有《韵镜》或早期切韵图的推论是不合逻辑的。郑樵可能没有见到《韵镜》,其所作《七音略》的祖本大抵又用三十六字母标目,他并不知道这已是早期切韵图业经层累的结果,所以他说"华僧从而定之,以三十六为之母"尚情有可原。而有些现代学者在已经见到《韵镜》以后还这样说,就令人非常难以理解了。我的看法是,《韵镜》既然反映的是《切韵》系韵书的音系,其所表现的声母就绝不可能是三十六字母的系统,而应当是类似于唐末守温《韵学残卷》三十字母的声母系统。总之,没有三十六字母就没有韵图的说法是不能成立的。

还有一个问题,就是张麟之刊刻《韵镜》时是否对原书作过改动?从《韵镜》列字与韵书的关系来看,宋代官修的《广韵》成书在真宗大中祥符元年,即1008年;《集韵》成书在仁宗宝元二年,即1039年。而张麟之最后一次刊刻《韵镜》是在1203年,即宋宁宗嘉泰三年(1203年),其时距《广韵》、《集韵》成书将近200年。也就是说,从入宋不久一直到张麟之刊行《韵镜》时,流传最广、影响最大且最具权威的韵书莫过于《广韵》、《集韵》。如果张麟之要改动《韵镜》,只能依照这两部韵书,而《韵镜》所列的字很多都跟《广韵》、《集韵》的小韵首字不同[①],所以我认为张麟之没有改动过《韵镜》。另外,从张麟之序例所反映的宋代语音情况来看,也可以证明张氏并没有改动《韵镜》。如"上声去音字"反映张氏时代浊上已变为去声,但《韵镜》仍然列在上声;张氏又在"调韵指微"中说"舌齿一音而曰二",所举之例为"章昌"与"张伥",说明时音知组与章组已经合流,而《韵镜》知、章二组仍分隶于舌、齿之下而不类;在"横呼韵"的"一先韵"下,张氏把仙韵的篇、虔、涎、延、然杂入先韵字中,反映出时音先、仙已经不分,而《韵镜》先、仙判然不混。这些也是张麟之没有改动《韵镜》的重要证据。再从另一个角度来看,张麟之在音韵学方面的造诣及其对《韵镜》的了解程度也不允许他改造《韵镜》。如张氏在"识语"中所称《韵镜》"不出四十三转而天下无遗音"、"实以《广韵》、《玉篇》之字",而在"调韵指微"中也说:"作内外十六转图,以明胡僧立韵得经纬之全。"[②]且专立"上声去音

[①] 根据潘文国(1997:9)的统计,《韵镜》列字与《广韵》小韵首字相合率为:东组四韵82.4%,冬组七韵81.5%,江组四韵87.%。与《集韵》的相合率为:东组四韵65.9%,东组七韵64.3%,江组四韵64.5%。

[②] 辨见调韵指微校笺第13条。

字"之例等,表明张氏对《韵镜》的了解程度非常有限。另外,他明知"今逐韵上声浊位,并当呼为去声",却不知道这是浊上变为去声的结果,反而错误地认为《韵镜》中出现这种情况的原因,是"古人制韵,间取去声字参入上声者,正欲使清浊有所辨耳"①。这也足以说明张氏的音韵学知识远远不足以用来改造《韵镜》。根据上述理由,我认为张氏没有改动过《韵镜》,而仅仅是把"友人"所授之写本上版刊刻而已。

最后,我们再来讨论早期切韵图的具体功用和编制切韵图的目的。在古代韵书里,有部分专为译音而造的汉字,其中有些表示的不是汉语固有的音节。下面先看看《广韵》戈韵里的例子。

①迦:释迦。出释典。居伽切(见开)。

②佉:丘伽切(溪开)。四。呿:张口皃。呿:欠去。俄:俄俄。

③伽:伽蓝。求迦切(群开)。三。茄:茄子。菜,可食。又音加。枷:刑具。又音加。

④𠌭:手足疾皃。去靴切(溪合)。𠌭,上同。

⑤瘸:脚手病。巨靴切(群合)。

⑥肥:肥𠌭,手足曲病。于靴切(影合)。二。俄:俄俄,痴皃。出释典。

⑦鞾:鞾鞋。《释名》曰,鞾本胡服,赵武灵王所服。许𠌭切(晓合)。靴:上同。

以上各例都是戈韵的三等牙喉音声母字,显然大多为翻译用字。其中如"迦"、"佉"、"伽"等还是《悉昙章》里对译梵文辅音"k"、"kh"、"g"的常用字。这些字在韵书中是逐渐增加的。《广韵》戈韵的这些字,在切三的歌韵里只有鞾、伽两字,而且都没有音切。切三:"鞾,鞾鞋。无反语。一。""伽:无反语,噱之平声。一。"直到王仁昫的《刊谬补缺切韵》,才为这两字加上反切。王一鞾字注:"鞾鞋。无反语。胡屩。亦作靴,又作薙。火戈反,又希波反。陆无反语,何(李)诓于今古。"王三注:"鞾鞋。无反语。火戈反,又希波反。陆无反语,古今。二。"王二:"鞾,希波反。鞋。俗作靴。""伽"字,王一则音□迦反(□,《十韵汇编》从刘复《敦煌掇琐》作"去";按 P.2011 字迹模糊,然断非"去"

---

① 辨见上声去音字校笺第 2 条。

字无疑。姜亮夫抄作"求迦反",似是),注:"法。一。"王三注:"求迦反。一。"王二无伽而另有茄小韵,注云:"叵罗反。忤子。二。"另一字为枷,训"枷杖"(此"枷杖"之枷当是僧人所持之法器,与枷锁之枷别为一物而音义皆异。《广韵》释此枷字为"刑具"则失之)。王二的"茄"当即《广韵》"茄子"的茄,其"叵罗反"之"叵"当是"巨"之误,而切下字则是借用一等字。

此外,在《广韵》戈韵所收的字中,王仁昫《刊谬补缺切韵》歌韵较《切韵》又多收了迦、呿两小韵。迦王一、王二居呿反,注曰:"仙名。"王三音同,注"佛名"。呿王一、王三墟迦反。训为"张口"。王二音义同,其字则作佉。

这些字有的见于《韵镜》,如"内转第二十八合"平声三等位所列的"舵"、"瘸"、"肥"、"靴"(即"鞾"的异体字)等。这种情况足以表明早期切的韵图与佛典经咒翻译之间是密切相关的,所以我认为早期切韵图大约是唐代的僧人为译音的准确和选字的方便而创制的。

总结以上,我们可以得出下面的结论:大约在唐代初期,高僧中有人为了译音的准确和便利,在"悉昙"的启发下,编制了这种符合汉语语音特点的音节结构表。这种音节表就是早期切韵图,也就是《韵镜》、《七音略》这类韵图的雏形。

二、《韵镜》刊行与流传情况再研究

《韵镜》的流传颇为特殊,在我国古代史志和相关文献里,都找不到这部书的著录。这究竟又是什么原因造成的呢?我以为跟这部书的性质有很大关系。早期切韵图这类反映《切韵》音系的音节表,跟佛经翻译活动有非常密切的关系,是僧人为了翻译经咒编制的,因此,使用它的人就不可能很多,流传范围自然很难逾越寺庙等场所。这或许就是张麟之刊行《韵镜》时所说"自是研究,几五十载,竟莫知原于谁"的原因。虽然我们无法找到更直接的证据,但是从这部书在日本的流传的情况来看,许多事实支持我们的这种推测。

日僧叡龙《韵鉴古义标注》卷上引《韵鉴本朝传来旧记》云:

> 皇和人王八十九世,龟山院文永之间,南都转经院律师始得《韵镜》于唐本库焉,然不辩知有甚益。又同时有明了房信范能达悉昙,挂锡于

南京极乐院,阅此书而即加和点,自是《韵镜》流于本邦也。①

其中颇为值得注意的是,《韵镜》是在日本的南都转经院的唐本库发现的。南都即今日本奈良,即710～793年之间的日本都城,在794年迁都于平安京(今之京都)后,遂被称为"南都"。在日本奈良时期,元正、圣武两天皇极力推尊佛教,因此佛教大盛。此时有著名的南都六大寺:即东大寺、兴隆寺、方兴寺、大安寺、药师寺及法降寺等。而南都(奈良)六宗并行:即三论、成实、法相、俱舍、华严、律六大佛教宗派。各宗的发展都受中国学者的重大影响。这时期日本佛教僧侣及留学生入唐求学盛极一时,同时,中国也有不少僧侣东渡传道,如754年鉴真的东渡,曾为日本佛教开了律宗。这些留学僧和渡来僧将大量汉译佛经和章疏传入日本,又以这些人为核心,逐渐形成佛学研究的风气。除六宗外,当时天台宗的章疏、密宗的经义,净土宗的实践,涅槃宗或禅宗的要素实际上也都有广泛的流传。总之,奈良曾经是日本佛教的中心,也是佛教从中国传入日本的重要登陆地点。而《韵镜》在日本最早出现于奈良,应当就是日本遣唐僧或者东渡的中国僧人携带到日本的。《韵镜》在南都转经院发现之初,并不知道此书为何物,而此时精通悉昙学的高僧明了房信范正好也在南都极乐院,于是就抄写了此书并加上和点,自此《韵镜》遂流传于日本的佛寺之间。

《韵镜》传入日本的时间大约在1203～1252年间,即宋宁宗嘉泰三年到理宗淳佑十二年之间。宝生寺本(即日本福德二年写本)后有奥书(大致相当于中国的"跋")云:

本云建长四年二月十二日书写了明了房信范

建长四年即1252年,而日本所传《韵镜》均有张麟之1203年第三次刊行时的序文,故可推断《韵镜》流入日本的时间应该在1203年以后至1252年以前这50年之间。

《韵镜》传入日本后,原藏于"唐本库",由日本高僧明了房信范抄写并加注假名,其后遂流传于日本。日本东京帝国大学国语研究室所藏大正十二年九月震灾中烧毁的宽永十一年甲戌二月廿一日午刻书写的奥书《韵镜看跋

---

① 按此段文字所记时间有误,"文永"为日本年号,当宋理宗景定五年(1264)至恭帝德佑元年(1275),而信范抄写此书在建长年,较文永元年早12年。

集》卷首云：

> 南都转经院律师，此韵镜久虽所持不能读之间，上总前司公氏属令点之处非悉昙师难叶，终返之。爰小河嫡弟明了房圣人有之，悉昙奥义究日域无双人属之初加点者也。

明了房信范（1223～1296），全名小河明了房信范，是日本后崛河至伏见时期日本高僧。信范精通悉昙学，除最早抄写《韵镜》并加注和点外，还著有《悉昙私抄》（文应元年，1260）、《声调要诀抄》（弘安六年，1284）、《悉昙字记明了房记》（弘安八年，1286）、《悉昙秘传记》（弘安九年，1287）等。在所著《悉昙秘传记》（《大正藏》第八十四卷 No2708）后有奥书云：

> 本云：又记者于关东若宫别当然僧正御坊，为令排悉昙之要枢，瑞常住之智珠，略以所甄录也。羡三朝宗祖垂悉之证明矣。于时弘安九年丙戌仲夏上旬也。
>
> 悉昙末资沙门信范记

又有俊深所书奥书二则，其一云：

> 延德第二之历岁次壬午狭钟初四之夜，金鸡告节两般，玉灯竭坏三个。忍饥寒，押胸臆，染紫翰，斁白麻毕。抑只绍隆密教胜计，利济孤露悲愿耳。
>
> 梵文末资俊深春秋三十二度臈十五

其二云：

> 右件记者小川明了房圣人信范撰述也。
>
> 爰小僧俊深远传源淳法印之遗尘，俊弘僧教之雅迹；近酌俊海上人之旧风，弘海阇梨之梵流。专窥中天之赡切，聊穷南印之音韵。既蒙两师之提撕，深尽二流之渊源。自尔以来，三五之乌兔荏苒而押迁，二六之车马斡转兮竞来矣。粤虽有倾盖之友，持秘传之记，恐衣里之宝珠，手中之庵摩云云，窃致悃请频怒，秘惜书模之功已讫。烦精粹花文骨者欤！末学不可不秘，不可不传而已。翌日重注奥书了。俊深。

其下还有尊佑奥书一则云：

> 信范上人者，生生世世(刊)方师也，非一世二世结缘云云。其旨俊深

法印(刊方肝心记文。文明十一天己亥夷则初六日及倾日,于下野佐野庄山越密藏院,俊深都御自笔二千书之。

金刚资尊佑三十六岁

有宝生寺本《韵镜》张麟之《序》第二叶框外有注记云:

小河明了房信范批点之。

以上除可明信范乃精通悉昙之高僧外,"专窥中天之赊切,聊穷南印之音韵"的俊深以及《韵镜看拔集》所载奥书之作者等日本僧人,皆尊之为"圣人",而尊佑等又称之为"上人",亦足见信范在僧界的地位和影响。

在1528年(日本享禄元年,当明世宗嘉靖七年)以前,日本流传的《韵镜》都是写本,且都与信范抄本有关。从现存各写本的情况看,这些本子最早是在佛寺流传,由僧人转相授受。仅以各本奥书之落款观之,即可明了此点。如嘉吉本署为"权律师俊庆",元龟本署为"孝山老衲书之",宝生寺本除有信范奥书外,尚有觉范智真的奥书。另外,传领什贤真舜奥书有"于武州麻生乡王禅寺花藏院以觉范本写之多年"语,延德识语本书末有"入唐僧广真首座教授麟易越溪娜令教授越一白山平泉寺治部卿易贤"识语,元和本亦有"正治院一代觉深法印之弟子"语。此外,《韵镜看拔集》所载奥书又云:

本云建长四年二月十二日书写了
弥勤二年丁卯三月十五日书写了　主什舜
韵之字假名私印融付之了
武州多西郡小河内峯　于昙华庵书之了
庆长十年九月求是
高野山往生院于宝积院深秀房従手前是传者也
生国讃州屋嶋之住僧也　龙严俊善房之
　　　　　今八俊之

类似的材料还有很多,足以证明《韵镜》在传到日本后有相当长的时间只是流传于佛寺之间,并且由少数僧人传习。从1252年信范抄出直到1528泉南(大阪)僧人宗仲校勘刊行,中间经历了276年,《韵镜》才由僧界逐渐流入俗世。由此推测,《韵镜》成书后,在本土大约也多是流传于僧界,俗间难以见到。这恐怕就是我国古代史志及各种公私目录均不见载的原因,也正是张麟之感叹"自是研究,几五十载,竟莫知源于谁"的原因。《韵镜》在日本流传期间,先后有过许多写本。据马渊和夫《韵镜校本と广韵索引》就多达十数种,可惜其中大多数都毁于震火。现将本人所知见诸本简述于下。

1.嘉吉本。现存各写本中时代最早的是嘉吉本,为日本嘉吉元年(1441,当明英宗正统六年)所写,书末有"嘉吉元年仲春候权律师俊庆"的题署,藏于醍醐寺,日本古典保存会昭和十二年(1938)影印发行。

2.宝生寺本。此本在书末有奥书数条:

　　本云建长四年二月十二日书写了明了房信范
　　本云以多本令见合书之就韵字假名印融私付之了(此条为朱笔小字)
　　本云文明十九年①玄阳七日以印融御本书了　觉范翼
　　本云于耆长享贰年②戊申小春廿八日书讫笔者　顺真
　　于武州麻生乡王禅寺花藏院以觉范本写之多年什贤御冯候间为形见写进也　传领什贤
　　于耆福德贰年　暮春十七日　书了　笔者智吽之
　　求主镜任房

该本最后为日本福德二年(1491,当明孝宗弘治四年)所写,藏于横滨宝生寺,昭和55年(1981)日本《相模工业大学纪要》第14卷第2号影印发行。

3.应永本。书末有奥书三条:

　　延庆二年十二月书写毕
　　　　　　　书博士清原元宣
　　应用龙集小春廿五日于藏冰轩下写之
　　　　　　　桑门光睦泚笔
　　寳德第二重九月念九日以东寺迭本加挍合毕件本以折本书写之云₌所₌落字磨灭之故欤

延庆二年(1309)当元武宗至大二年。延庆二年书博士清原元宣抄写的原本现已不存,而应永本就是在应永元年(1394,当明太祖洪武二十七年)光

---

① 当明宪宗成化二十三年(1487)。
② 当明孝宗弘治元年(1488)。

睦以清原元宣的抄本为底本重新抄写的。到了日本宝德二年(1450年,当明代宗景泰元年),有人又在东寺迄写本上用别的本子进行"校合",上引第三条奥书中所谓"件本以折本书写之云云"即言此事。所以我们今天见到的应永本实际上就是宝德二年的这个校合本。由于"书阙有间",不知第三条跋文中所说的"折本"即今传应永本用来参校的别本是哪些本子,所以,现在已很难斥言了。这个本子藏于东京教育大学国语研究室,没有单印本。昭和二十九年(1955年)日本岩南堂书店出版马渊和夫《韵镜校本と广韵索引》就是用这个本字作的底本。

4. 六地藏寺本。此本以朱笔书《指微韵镜》于表纸(封面),无奥书及抄写者题署。根据日本学者的研究,大约是在日本室町时代后期抄写的(沼本克明 1985)。这个本子跟其他写本有明显的不同:①在第一转栏上相对唇音、舌音、牙音、齿音、喉音及舌齿音等发音部位的上方,依次注有羽、徵、角、商、宫、半徵、半商等"七音"的名称,字迹与图中各处相同,可能是抄写人依照《七音略》所标。②该本每图中字与字凡行列之间皆有栏界。③各本凡于图中无字之处皆施以圈围〇,而此本无〇。1985年日本汲古书院所刊《六地藏寺善本丛刊》第5卷《古代韵学资料》中有影印本。因为马渊和夫《韵镜校本と广韵索引》新订版出版于1970年,早于此本的发现,故未及采用。

又据马渊和夫(1970年,第三部《研究篇》),《韵镜》在日本还有以下一些写本。

1. 元德三年(1331年)本。此本不存正图,共10页,藏于岩崎文库。有日本学者对《韵镜》及张麟之《序例》的解读、校勘等。如第2叶有朱书小字三行:"□□①而尤只ノ韵ノ同位ナラハ修字ニ当ル虽然ト修字ハ一幽②ノ韵ノトヲリナリ只字ハ只ノ韵ニ入ヘシ有第二ニ故取一涑字也"。按张麟之《序例》归字例有"先侯反,先字属第四,归成涑字,又在第一。盖逐韵齿音中间二位属照穿床审禅字母,上下二位属精清从心邪字母,侯字韵列在第一行,故随本韵定音也。"末叶有题跋云:"元德三年正月廿三日刻于悉地院以明本圣人之本终书写交点之功了 Va-jrā③ 玄惠 卅"。

---

① 马渊和夫原注:"冒头二字不明。"
② "幽"字右有假名注音"イフ"。
③ "Va-jrā"原为梵文,是"金刚"的意思。

2. 延德识语本。此本共 57 叶，藏于竜门文库。书末有奥书云："人唐僧广真首座教授麟易越溪⑧ 令教授越一白山平泉寺治部卿易贤　日本延德二年虍六月九日　易（花押）"。延德二年当明孝宗弘治三年（1490 年）。

3. 天文十年本。此本共 67 叶，藏于东京大学国语研究室。该本 1～13 叶为张麟之《序例》，13 叶"韵鉴序例终"后有三行注记：

　　　　齿之位五字充余四字充

　　　　　　　阿弥陁佛

　　　　此ヨリ后之字切ハ一栢和尚二相传也可秘

13～15 叶为"归字例"，其后为《韵镜诀　七种反音》，分别是第一音和、第二凭切、第三类隔、第四从邪往来、第五床禅往来、第六匣喻往来、第七泥日往来。在 22 叶有一行注记云："是マテ一栢和尚ニ恳ニ相传之可秘但一々字ヲ反メ能功夫せハ悉ク可知之"。此本在第二叶上还有一条识语："自庆元丁巳至今日本天文十年辛丑者三百四十五年ナリ"。文龟十年当明世宗嘉靖二十年（1541 年）。

4. 元龟本。此本共 54 叶，佐藤琴子藏。书末有奥书"元龟贰岁辛未月上旬日　孝山老衲书之"一行。元龟二年辛未当明穆宗隆庆五年（1571 年）①。

5. 元和本。此本共 56 叶，书名题为《韵镜》，高野山正智院藏。书末有奥书三行：

　　　　正智院一代觉深法印之弟子
　　　　深应仙学房
　　　　元和五年七月廿六日　十七岁

元和五年当明神宗万历四十七年（1619 年）。

另外还有文龟本、佐滕本、上野图书馆本等，这里不再一一介绍，详情可参看马渊和夫《韵镜校本と广韵索引》(第三部《研究篇》：七至十三页)。

《韵镜》最早在日本刊行的时间是享禄戊子（1528 年，当明嘉靖七年），泉南（今大阪府）僧人宗仲（或作"宗中"）论师（或云"律师"）校订付梓。在永禄重刊本书末载有宣贤跋文云：

---

① 马渊和夫谓此年为 1570 年，按辛未时值 1571 年。

《韵镜》之书,流于本邦,久而未有刊者。故转写之讹,乌而焉,焉而马,览者多困彼此不一。泉南宗仲论师偶订诸本,善不善者,且从且改。因命工镂板,期其归一,以便于览者。且曰:"非敢扩之天下,聊备家训而已。"於戏,今日家书,乃天下书也。学者思斾。

享禄戊子孟冬初一日
正三位行侍从臣清原朝臣宣贤

享禄戊子年所刊原本已不存,而在永禄本此条跋文后又有两行阴文版记云:

倾间求得宋庆元丁巳张氏所刊之的本而
重挍正焉永禄第七岁舍甲子王春壬子

所以永禄本就是以享禄本为底本校勘后刊行的。至于板记所谓"宋庆元丁巳张氏所刊之的本"则非常可疑,因为张氏刊本传入日本后一直藏在南都(奈良)转经院,其后流传的本子都是根据信范抄本转抄的,没有任何材料证明信范以后的僧人还利用过张氏刊本,而俗间能够看到此本的机会几乎不存在。另外,在永禄本刊行以前也只有一个享禄戊子年的刊本。所以,永禄本校勘所根据的版本虽已不可考,但从现在掌握的材料来看,可以肯定不会是张麟之所刊原本,而是藏于佛寺的某个写本。至于永禄本版记所言,或许竟是书贾为了提高刊版的商业价值而加上去的。永禄本以后,《韵镜》的刊本渐多,而以宽永年间刊刻此书为最盛。自宽永五年(1629年,当明熹宗天启九年)到延宝七年(1678年,当清康熙十一年)约50余年间,相继有9种刊本印行。以下是几种较为重要的刊本。

1.永禄本。刊于永禄七年(1564年,当明嘉靖四十三年)。清代末年,黎庶昌出任驻日公使,偕杨守敬访求本土失传的中国古籍,得永禄本《韵镜》一种,遂于光绪十年(1884年)在日本使署刊入《古逸丛书》之十八。此后商务印书馆又据以影印,收于《丛书集成》。1955年,古籍出版社又据《古逸丛书》影印出版。2000年江苏古籍出版社亦据此本影印,与宋巾箱本《广韵》合刊。中国学者龙宇纯所著《韵镜校注》及李新魁所著《韵镜校证》都是以此本为底本的。

2.宽永五年本。刊于宽永五年(1627年,应当明熹宗天启七年)。此本之特点为:①在书名前一叶(第4叶)有切韵法五则。②在张麟之识语前有

"五音五位之次第",实际上是一幅用平假名写成的五十音图,每个假名之下都有注音。③张麟之《序例》中汉字旁都加注了假名。④在三十六字母图上栏框线外分别对应唇音、舌音、牙音、齿音、喉音注有水羽、火徵、木角、金商、土宫;在舌齿音相对来、日二纽处分别注有舌头、舌上;又于天头注有"泥日往来"、"从邪往来(此下"往来"皆用省略符)"、"影喻往来"……与宝生寺本相同。这些内容或根据《七音略》而加,或根据"门法"而加,都是日本学者为了便于学习切韵法而作。⑤又于《韵镜》每图左上发音部位与韵目相交之空白处分别填入"十六摄"之名:每摄名称与《指掌图》、《等子》、《指南》完全相同。凡内转各摄之摄名外有墨圈,外转摄名外则无圈。① 每图标注的内、外与《指掌图》、《等子》、《指南》相同。每摄次第与《指掌图》后附《检例·辨内外转例》所称"旧图"大抵一致,唯咸、增两摄与"旧图"次序相反。宽永五年本的这些内容也是日本学者据《指掌图》、《等子》、《指南》等而增加的,并非《韵镜》原有。铃木真喜男(1978)认为此本是日本古活字本的复本,且是日本江户时代初期《韵镜》刊本的代表。日本勉诚社 1977 有影印本。

3. 宽永十八年本。于宽永十八年(1641 年,当明崇祯十四年)根据享禄本复刻。其后有两种复制本,一种是松雪堂 1930 年复制本,另一种是日本文求堂 1936 年复制本。

4. 北大本。1934 年北京大学影印,原误以为宽永十八年本。然此本与宽永十八年原本之间有 31 处不同,所以应当是根据宽永十八年本的一种复制本影印的。宽永十八年本共有两种复制本,一种是 1936 年日本文求堂复制本,因时间晚于北大本,故不可能根据此本。另一种是 1930 年松雪堂复制本,北大本根据的极有可能就是此本(杨军,2001)。另外,学术界皆亦有人省称此本为"宽永本"(如《韵镜校证》),而不知日本宽永年间所刊《韵镜》近 10 种之多,今为与各本区别,姑称北京大学影印本为"北大本"(《韵镜校注》省称为"影印本")。

5. 古活字本。于庆长十三年(1608 年,当明神宗万历三十六年)刊行。该本有刊记两行:

    庆长戊申中春良日

---

① "江"摄例外,此摄为外转,例当无圈,今有者,当是抄写所误。

下洛涸澈书院新刊

1978年,日本弘文庄"稀书善本五百种展"中即有此本。要之,日本刊行之《韵镜》版本虽多,却不出享禄元年刊本及庆长古活字本两系。现将其系统略述于下:

```
享禄本（1528）——→ 永禄本（1564）——→ 宽永十八年本
                                                  （1641）
         ┌文求堂本(1936)
         │
         └松雪堂本(1930)——→北大本(1934)

古活字本(1608)——→宽永五年本(1627)
```

《韵镜》流传于日本既久,先后共有各种写本、刊本及古活字本数十种行于世,因震灾火毁等故,今存世者已无多。到了清代末年,黎庶昌出任驻日公使,偕杨守敬访求本土失传的中国古籍,得永禄本《韵镜》一种,遂于光绪十年(1884年)在日本使署刊入《古逸丛书》之十八。自此,《韵镜》在日本流传600多年后终于得以回归本土。

《七音略校注》自序[①]

《七音略》为郑樵所著《通志》二十略之一,与《韵镜》同为中国古代早期韵图,是考订中古语音系统的重要参考文献。

郑樵,字渔仲,宋兴化军莆田人。自号溪西逸民。生于北宋徽宗崇宁三年(1104年),卒于南宋高宗绍兴三十二年(1162年)。《宋史·儒林传六》记载:

> 郑樵,字渔仲,兴化军莆田人。好著书,不为文章。自负不下刘向、扬雄。居夹漈山,谢绝人事。久之,乃游名山大川,搜奇访古,遇藏书家,必借留读尽乃去。赵鼎、张浚而下皆器之。初为经旨、礼乐、文字、天文、地理、虫鱼、草木、方书之学,皆有论辩,绍兴十九年上之,诏藏秘府。樵归,益厉所学,从者二百余人。
>
> 以侍讲王纶、贺允中荐,得召对,因言班固以来历代为史之非。帝曰:"闻卿名久矣,敷陈古学,自成一家,何相见之晚耶?"授右迪功郎,礼、兵部架阁,以御史叶义问劾之,改监潭州南岳庙,给札归抄所著《通志》。书成,入为枢密院编修官,寻兼摄检详诸房文学。请修金正隆官制,比附中国秩序,因求入秘书省翻阅书籍。未几,又坐言者寝其事。金人之犯边也,樵言岁星分在宋,金主将自毙,后果然。高宗以幸建康,命以《通志》进,会病卒,年五十九。学者称夹漈先生。

关于郑樵的事迹,《宋史·儒林传》较为简略,高明先生在《郑樵与通志七音略》中,据《福建通纪》、《莆田县志》所载《郑樵传》有所补充。因文长不能尽

[①] 原载《七音略校注》,上海辞书出版社,2003。

引,读者可自行参考。

夹漈知识广博,平生著述甚丰。《莆田县志》载樵绍兴二十七年奏对云:"臣处山林三十余年,修书五十种,皆已成。其未成者,臣取历代之籍,始自三皇,终于五季,通为一书,名曰《通志》。参用马迁之体,而异马迁之法。谨撮其要览十二篇,曰《修史大例》,先上之。"《福建通纪》所载略同。

郑樵著述不仅数量多,涉及内容亦非常广泛。而其为学之旨,则在博通与自创两端。《通志总序》云:"然大著述者必深于博雅,而尽见天下之书,然后无遗恨。"又云:"凡著书者,虽采前人之书,必自成一家言。"自此即可见郑樵之治学思想。然务博易流于芜杂,专己难免乎自大。即以其所著中最为重要的《通志》而言,亦不免于二弊。在《通志》中,郑樵最看重的是二十略。郑樵在《通志总序》中说:"夫学术超诣,本乎心识,如人入海,一入一深。臣之二十略,皆臣自有所得,不用旧史之文。"又云:"臣今总天下之大学术,而条其纲目,名之曰'略'。凡二十略,百代之宪章,学者之能事,尽于此矣。其五略,汉、唐诸儒所得而闻;其十五略,汉、唐诸儒所不得而闻也。"其所谓五略者,《礼略》、《职官略》、《选举略》、《刑法略》、《食货略》;而所谓"汉唐诸儒所不得而闻"之十五略者,则《氏族略》、《六书略》、《七音略》、《天文略》、《地理略》、《都邑略》、《谥略》、《器服略》、《乐略》、《艺文略》、《校雠略》、《图谱略》、《金石略》、《灾祥略》、《昆虫草木略》是也。于此可见郑樵自视之高,自负之甚。然考诸旧史,并非尽如其言。加之过于狂傲,往往轻诋古人,因而清儒对其人其书评价均不高。《四库全书总目提要》云:

> 通史之例,肇于司马迁。故刘知几《史通》述二体,则以《史记》、《汉书》共为一体;述六家,则以《史记》、《汉书》别为两家。以一述一代之事,一总历代之事也。其例综括千古,归一家言。非学问足以该通,文章足以镕铸,则难以成书。梁武帝作《通史》六百二十卷,不久即已散佚。故后有作者,率莫敢措意于斯。樵负其淹博,乃网罗旧籍,参以新意,撰为是编。凡《帝纪》十八卷,《皇后列传》二卷,《年谱》四卷,《略》五十一卷,《列传》一百二十五卷。其纪传删录诸史,稍有移掇,大抵因仍旧目,为例不纯。其年谱仿《史记》诸《表》之例,惟间以大封拜、大政事,错书其中,或繁或漏,亦复多歧,均非其注意所在。其平生之精力,全帙之菁华,唯在二十《略》而已。一曰《氏族》、二曰《六书》、三曰《七音》、四曰《天文》、

五曰《地理》、六曰《都邑》、七曰《礼》、八曰《谥》、九曰《器服》、十曰《乐》、十一曰《职官》、十二曰《选举》、十三曰《刑法》、十四曰《食货》、十五曰《艺文》、十六曰《校雠》、十七曰《图谱》、十八曰《金石》、十九曰《灾祥》、二十曰《草木昆虫》。其《氏族》、《六书》、《七音》、《都邑》、《草木昆虫》五《略》，为旧史所无。案《史通·书志篇》曰："可以为志者，其道有三：一曰《都邑志》，二曰《氏族志》，三曰《方物志》。"樵增《氏族》、《都邑》、《草木昆虫》三《略》，盖窃据是文。至于《六书》、《七音》，乃小学之支流，非史家之本义。矜奇炫博，泛滥及之，此于例为无所取矣。

所考郑樵自诩"不用旧史之文"者仅三略而已，而皆亦有所本。又其《校雠略》诸论多以校雠取代目录之学，淆乱两科之大界，实为后世章学诚辈必欲以校雠学"辨章学术，考镜源流"之滥觞；又于《六书略》创六书分类之法，自我作古，正如沈兼士先生（1935）所说："六书之分，固非绝对有别，判若鸿沟者也。今郑氏舍本逐末，倒果为因，以六书为纲，别立细目，而以文字分类件系于其下。脱有出入，复削足就履，设变例以弥缝之，如象形中有形兼声，形兼意，指事中有事兼声，事兼意。遂使后之学者变本加厉，争论纷纭，歧路愈多，真义愈隐，庸人自扰，甚无谓也。"仅以此论，《提要》唯言辞稍嫌激烈外，所评堪为公允。

至于《七音略》，据郑樵《七音序》称，则欲以声音之学传儒学之教，从而达到"以夏变夷"之目的。其言曰："今宣尼之书，自中国东则朝鲜，西则凉夏，南则交趾，北则朔易，皆吾故封也。故封之外，其书不通。何瞿昙之书能入诸夏，而宣尼之书不能至跋提河？声音之道，有障阂耳，此后学之罪也。舟车可通，则文义可及。今舟车可通而文义所不及者，何哉？臣今取七音编而为志，庶使学者尽传其学，然后能周宣宣尼之书，以及人面之域。所谓用夏变夷，当自此始。"此言无疑夸大了声音之学的作用。不过，他认为韵图之学始于"胡僧"，而由"华僧"所定，则是相当合理的。《七音序》曰："七音之韵，起自西域，流入诸夏。梵僧欲以其教传天下，故为此书。虽重百译之远，一字不通之处，而音义可传。华僧从而定之，以三十六为之母，重轻清浊，不失其伦。天地万物之音，备于此矣。虽鹤唳风声，鸡鸣狗吠，雷霆经天，蚊虻过耳，皆可译也，况于人言乎？所以日月照处，甘传梵书者，为有七音之图，以通百译之义也。"所言韵图与"甘传梵书者"有关，即与佛经翻译有关，亦不无道理。郑樵在《六书略》中有《论梵汉》，对梵文的拼合原理有一定的认识，他之所以能看出韵图与佛经翻译的关系，正与其粗通梵文有关。至于他对韵图的构成原理的了解，则很有限。这一层，仅以《七音略》对"内外转"的处置即可说明。

早期韵图区分内外转的根据，郑樵并不清楚。在《韵镜》里，"外转"各图齿音二等位置上，所列的皆为二等庄组（照二）字，即使有些位置上韵书正好没有庄组二等韵的字，《韵镜》一般总是宁愿空出该位，而不将无处可居的三等庄组字填入。原因是一旦列入三等庄组字，外转各图将无从分别二等齿音位置上的字到底属于二等抑为三等。因此，早期韵图在外转各图中是不列三等庄组字的，亦即三等庄组字溢出"外转"各图，不能在这些图中拼合（"转"即拼合之义），须于图外（韵书中）查找，故名之曰"外转"。而"内转"各图均无独立二等韵，不存在同一图中庄组二等字与三等字的冲突，与其让二等位置空闲，不如定下条例，将三等庄组字寄放进去，以解决部分三等庄组字无地可居的问题。既然内转各图中同韵的三等字无论声纽如何，都居于该图之内，因而名之曰"内转"。所以，"内外转"是为齿音二等位置上列字所定的条例，如此，使用韵图时自然可知"内转"诸图齿音二等位置上所列的是三等庄组字，"外转"诸图齿音二等位置上的则为二等庄组字。这个条例与精组字列字的道理相同，精组字无论三等抑或四等，都必须放在四等位置上，即便齿音三等位置无字，亦不得将三等精组字列于该位。这是因为倘使三等章组无字时将精组字列入三等位置，则无从分别齿音三等位置上所列的到底是章组字还是精组字。郑樵既不懂得这一道理，而又不愿墨守成法，加之为学过于勇武，见"外转"诸图齿音二等有空位而韵书中适有三等庄组字，以为古人粗疏，自以为是将三等庄组字补入图中。例如十四转去声二等穿纽位，《七音略》列"毳"字，《韵镜》无。王一、王三祭韵"毳"字两见，一在桑小韵，楚岁反；一在毳小韵，此芮反（清纽），注："又楚岁反。"《广韵》同，毳小韵下"毳"又楚税切。《唐韵》桑小韵音同王一等，无"毳"字。王二"毳"字只见于毳小韵，音同王一等，无又音。按各书皆无"毳"字，本书既已字误，又列于二等亦误。因本图既属外转，三等韵正齿音依例不当寄入二等位，故当从《韵镜》删。又如外转第十七去声二等审纽位，《七音略》列"阠"（大中堂本、于氏刊本、仿明刊本、聚珍本同，其他各本误为"阠"），《韵镜》无字。《广韵》及以前韵书无此音，《集韵》稕韵末乃增阠小韵，所陈切。本书当是据《集韵》列，此字正当作"阠"，然本转属外转，稕韵为三等韵，其齿音不当列于二等。同转入声二等穿纽位《七音略》

列"剃",《韵镜》无字。切三、王一质韵有剃小韵,初栗反。王三、《唐韵》、《广韵》音同,字作"剩"。《集韵》测乙切。按此字作"剩"是,然为三等字,而本转属外转,依例不当列于二等位,《韵镜》此位不列,是也。再如外转第十八平声二等照纽《七音略》列"竣",《韵镜》无。《广韵》及以前韵书真(谆)韵无此字,且无庄纽(照二)。《集韵》乃收此字于韵末,壮伦切。本书所据殆即此也。然本转属外转,不当于二等位置列三等字,此亦是郑氏不明体例而妄增者,当删。同转平声二等穿纽《七音略》列"愃",《韵镜》无。王三真韵"愃"字两见,一在屯小韵,陟伦反(知纽);一在䛐小韵,丈伦反(澄纽)。两音并训"布贮",当是"幡"字之讹。此字《广韵》谆韵屯、"䛐"两小韵下皆作"幡",是其证也。然本转之愃,于上引二音不合。《集韵》真韵末有幡小韵,测伦切。与本书所列相合。其训为"布载米",则其字当从巾作"幡"为是。然本转为外转,不当于二等位列三等字,是此亦当系郑氏妄增者。再如外转第二十一去声二等审纽《七音略》列"孱",《韵镜》无。《广韵》及以前韵书裥、线韵皆无此字。《集韵》线韵有,山箭切。乃据《周礼·鲍人》"为孱"《释文》"音践。或山箭反"之或音而收。按本图属外转,线韵列于四等,则正齿音二等位(照组)不得列三等线韵字,否则即与裥韵字混。本书于二十三转二等审纽位列二等谏韵"讪"字(王一、王二、王三、《唐韵》、《广韵》并所晏反)不误,然又于本转列"孱"则非其例也。《韵镜》此位不列字,是也。又《七音略》外转第二十二平声二等照纽列"悛"。《韵镜开奁》同,其他各本无。切三仙韵有"悛",莊(庄之俗字)缘反。刊宣韵则有跧小韵,庄闪反(今从 P2014 照片摹写,姜亮夫抄径改作莊关反)。王一、《广韵》仙韵亦有悛小韵,庄缘反。《集韵》仙韵有"恮",亦庄缘切;山韵则有"跧",阻顽切。按本转属"外转",二等位有独立二等韵山韵,三等仙韵齿音字不得借二等地位。是此字当系后人不明体例而妄增者。《韵镜》本或将此字列于穿纽位,亦是后增。又同转去声二等照纽位列"奍"。《韵镜》(理)同,其他各本无。唐五代韵书线韵无此字。《广韵》线韵有奍小韵,庄眷切。此当本书所据。然本图属外转,齿音二等位依例不得列三等线韵字,否则坏其例矣。《韵镜》各本无字当是原书旧式,(理)有者,定是后人妄增。又同转去声二等审纽位列"篡"。《韵镜》无。王二、王三、《唐韵》、《广韵》线韵有篡小韵,所眷反。本书所列虽据韵书,然本图乃系外转,齿音二等位不得列三等字。是当从《韵镜》删。又外转第二十四上声二等照纽位列"蹨"。《韵镜》无。

《广韵》及以前韵书无此音。《集韵》狸韵有蠽小韵,茁撰切。本书所列当即据此。按本转为外转,二等位依例不当列三等齿音字,《韵镜》不列,是也。又同转入声二等穿纽位列"劓"(大中堂本、仿明刊本、于氏刊本同,其他各本作劓)。《韵镜》无。切三薛韵有劓小韵,厕滑反(《十韵汇编》据王国维抄误为厨滑反,姜亮夫抄误为厕列反。今依 S2071 正);王二字同、王一字讹为"劓",王三字误为"箾",并厕别反。切三虽以滑为切下字,而仍当是薛韵字。《唐韵》字同切三、王二,《广韵》则作"劓",并误为厕列反(列当是别之形讹)。《集韵》茁小韵有"劓"字,侧劣切;然此音乃庄纽,当非本书所据。本书所列字形与《广韵》同,或所见本《广韵》反切下字尚未误欤? 然本图属外转,齿音二等位不得列入三等薛韵字,《韵镜》不列,是也。以上十一事,为外转诸图《七音略》列有三等庄组字而《韵镜》无字者,当为郑氏所增补,而皆其昧于图例之证也。惟其增补,即使《七音略》严重混淆二、三等庄组字之大界,亦使古韵图所定"内外转"的条例晦而难明。以此而论,《七音略》自不如《韵镜》条例分明,郑氏韵图学知识之粗浅可见一斑。

郑樵逞臆更改韵图的例子还有很多。如《七音略》于三十四转入声三等床纽位列"杓"字,又于禅纽位列"妁"字,《韵镜》床纽无字而在禅纽位列"杓"字。王二、王三、《唐韵》、《广韵》药韵有妁小韵,市若反。各书"杓"字皆在妁小韵。《集韵》则以"杓"为小韵字,下载"妁",实若切。诸书"杓"、"妁"同音,依《集韵》则药韵有船(床三)无禅;依《广韵》及以前韵书则有禅无船。本书当是据《广韵》等书于禅纽列"妁"字,而又据《集韵》于船纽列"杓"字,不知各韵书药韵船、禅并无对立,其妄可谓甚矣。再如内转第二上声一等泥纽《七音略》列"㺯",《韵镜》无。"㺯"字王二、王三、《广韵》在董韵,奴董反。本书已列于第一转。本转所列者,《集韵》"㺯"字收在肿韵,乃湩切。则以为冬韵上声字而非董韵字。按"㺯"字韵书无两音,依《集韵》当列本转,依其他韵书则当列于第一转(《韵镜》是也),不当两转并见。本书如此者,乃据《集韵》增补而未审也。

其例甚多,不胜枚举,而本校注中凡于此类妄增、妄改者皆有质正,读者自可参验之。鲁国尧先生(1992、1993)指出,早期韵图是"层累的造成的"。从郑樵《七音略》对早期韵图的改动,足以证明此说之精当。本校注所作的一项工作,就是力图剥除这些"层类"的成分,尽可能恢复早期韵图的旧貌。然因书阙有间,增改而与图例及韵书龃龉之层累成分尚可考见,不违图例且合于韵书者,则难以质言矣,幸知音者察之。

《七音略》虽已改早期韵图之原貌,然于中古音之研究,并非毫无价值。除此书为仅存两种早期韵图之一,可与《韵镜》相互参证外,又因郑樵之改动而反映出宋代语音之特点。如浊上与浊去不分,张麟之已惑而不明,而《七音略》亦有因此而误者。如外转第二十五去声一等定纽列"道",《韵镜》列"导",王一、王三、《唐韵》、《广韵》号韵有导小韵,徒到反。王二音同,字讹为"㝃"。《集韵》亦作"导",大到切。诸书该小韵皆无"道"字。按"道"是上声字,切三(S2071)、王一、王三、《广韵》晧韵徒浩反;《集韵》杜晧切。本书此位列"道"者,盖以不辨浊上与浊去而误也。又同转去声三等並纽列"膘"。《韵镜》无。各韵书笑韵无此字。王一、王二、王三、《唐韵》、《广韵》、《集韵》笑韵并有骠小韵(《唐韵》字作"腰"),毗召反。各书该韵並纽无重纽,本书既列"骠"字于二十六转,不得再于本转列"膘"字。按"膘"字见《说文》,大徐敷绍切(滂纽);小徐频小反(並纽)。《玉篇》则有扶小、孚小二切。王三"膘"字收于剿小韵,子小反(王三此字收于剿纽有误,当是所据本"孚小反"误为"子小反"矣),注:"胁前。又扶了反。"《广韵》则收于摽小韵,符少切。与薸小韵(平表切)构成重纽。《集韵》亦收于摽小韵,婢小切。与薸小韵(被表切)形成对立。然其音皆为上声,当列二十六转上声四等位。本书彼转已列"摽"字,又列同音之"膘"于本转者,不惟不辨宵韵系之重纽三、四等,又不能别浊上与浊去矣。又内转第二十八上声一等定纽列"惰",去声一等定纽列"堕"。《韵镜》则于上声列"堕",去声列"惰"(元)列"憜"。切三、王一、王三、《广韵》哿(果)韵有㙐小韵,徒果反。各书该小韵无"隋"字。《集韵》果韵以"憜"、"惰"等为小韵首字,杜果切。下收"隋"字。然本书误列"堕"字于去声位,因颇疑本位所列为去声"惰"字之讹。"惰"字王一、王二、王三、《唐韵》、《广韵》个(过)韵并徒卧反;《集韵》音同,亦与"憜"等共为小韵首字。《韵镜》所列不误,而本书乃将上声之"堕"与去声之"惰"互倒,是不辨浊上、浊去之证也。又外转第三十八去声二等明纽列"䁪"。《韵镜》列于上声二等位。各韵书诤韵无明纽二等。"䁪"是上声字,切三、王三、《广韵》并在耿韵,武幸反。《韵镜》所列即合于此音。《广韵》、《集韵》敬韵、孟小韵亦收"䁪"字,莫更切。本书"孟"字已列于三十六转,断无析其同音字列于此位之理。本书于上声所列之"黾"字,切三、王三、《广韵》皆在䁪小韵,《集韵》则以"黾"为小韵首字,母耿切。该小韵无"更"字。

本书当是不辨浊上与浊去，而以瞄之切下字武幸反误列"瞄"字于去声，其后又据《集韵》列"黾"于上声也。中古汉语浊上与浊去相混，是汉语史上的一个重要变化，《七音略》中已然反映了这一变化。另外，东冬两韵系的合流在《七音略》中已见端倪。如内转第二上声一等透纽《七音略》列"统"，《韵镜》无。"统"字王二、王三他宋反，《广韵》、《集韵》他综切，并在去声送韵，且无上声透纽一读。大徐、小徐音同《广韵》，唯《玉篇》他综切，又音"桶"。按"桶"是董韵字，王二、王三、《广韵》他孔反，《集韵》吐孔切。本书统已列于去声，"桶"则在第一转。此位所列甚无据，《韵镜》不列，是也。然据此例，颇疑郑渔仲已不别东、冬两韵系，因有此误也。

与其他古书相同，《七音略》也有若干错讹是在流传中产生的。罗常培先生在影印元至治本《通志·七音略》的序中(1935)，据清武英殿本、浙江局本，并与《韵镜》及《广韵》、《集韵》相参，条分缕析，订正其错讹1491条(未计"本书不误而《韵镜》误者"14条)，有误者仅4条而已。如第十四转去四清"毳"字，王一、王二、王三、《广韵》祭韵此芮反，《集韵》音同，在脆小韵。依切当列于十六转，本转四等乃霁韵位置，本书误列。《韵镜》亦误列此字于三等穿纽。罗先生谓此条为本书不误而《韵镜》误者，非矣。又第二十三转上照三"瞔"，《韵镜》永禄本作"瞔"，其他各本作"瞔"。罗先生谓本书此字误，是也。然以为当从《韵镜》作"瞔"，则非矣。切三狝韵有瞔小韵，旨善反。训为"耳闻"。王三、《广韵》、《集韵》字音皆同，训为"耳门"。是其字正当从耳作"瞔"。《韵镜》此字从耳作"瞔"，永禄本作"瞔"者，日本俗书耳、目多淆而因有此误也。又第二十七转去透一"柂"，《韵镜》作"拖"。《王一》、《广韵》个韵并有拖小韵，土逻反，内无"柂"字。《集韵》"拖"字在过韵，他佐切，与"扡"、"拁"同列小韵首。按王三此字已误作"柂"，音亦误为"别逻反"。此字既训"牵车"，自当从手作。罗先生谓当从《韵镜》作"拖"，是也；然将一等作四等则非矣。又所引"柂(集韵余知切)"中"余知"亦为"余支"之误。且此音与本图所列相距过远，不如引哿韵拕小韵下之"柂"(待可切)为宜。又二十八转去一来"赢"字(他本并误作"赢")，罗先生谓当从《韵镜》作"𦸼"，而误将一等作三等，非也。王一、王三、个韵并有赢小韵，郎过反，《广韵》过韵为鲁过切，《集韵》卢卧切。本书所列，即是"赢"字之形讹。

但罗先生据本过寡，难以尽纠其谬，参考韵书又限于《广韵》、《集韵》，亦不免让读者有查证之劳。1999年，我到南京师事鲁国尧先生研究《韵镜》，承命比勘《七音略》,以为前期工作,因以 10 种版本对校,并与《韵镜》诸本互勘,又取今所见各种唐、五代韵书及《广韵》、《集韵》,并与《说文》、《玉篇》、《篆隶万象名义》、《类篇》等字书,以及《经典释文》、《一切经音义》等各种音义书相参证,详为考校,历三载而成是书。罗先生说(1935):"……凡此本是而他本非,或他本是而此本非,或此本与他本并非,要当参证《韵镜》,旁稽音理,正其所短,取其所长,斯可成为定本。"今兹校注,乃承罗先生余绪,用力虽多,不过拾遗补漏而已。且以身居边鄙,识见浅陋,又岂敢自视为定本哉!一孔之见,或有得失,谨就教于雅正方家。

《四韵定本》的入声及其与《广韵》的比较[①]

一、《四韵定本》简况

《四韵定本》是明末清初大思想家方以智编写的一部韵书。全书分为上下两卷,卷首有序,卷末有后人附录的《参考》,未刊。现有方以智六世孙宝仁手抄本,藏于安徽省博物馆。此书为一部完整的韵书,对研究明清官话极为重要。

"四韵定本"为封面大题,内名为"四韵定本正叶"。方以智在《通雅·音义杂论》"音韵通别不紊说"中说:"旋以中、和、均、平之声音为四正,支、湾、放、闭为四隅。"则"四韵"即为中和均平"四正"与支湾放闭"四叶"之韵。盖此书系方以智晚年所定,为方氏韵学总结之作,故谓为"定本"。此书内有"浮渡方以智"之语。"浮渡"为方以智家乡地名,在今安徽省枞阳县浮山镇。方以智乃于康熙十年(1671年)遭难尽节,则是书始作虽不可考,而定稿下限当在1671年之前。书中避康熙名讳,如"玄"作"元","晔"字缺末笔,"胤"字、"弘"字、"曆"字缺末笔,"顒"字缺末二笔,而文宗奕詝之"奕"不避讳。则其六世孙方宝仁抄写年代当在文宗咸丰元年(1851)之前。

此书共分19韵部,按东钟、鱼模、齐微、支思、皆来、真文、欢桓、寒山、先田、歌何、家麻、遮车、江阳、庚青、萧豪、尤侯、侵寻、廉纤、监咸部次编排。此书虽沿用《中原音韵》韵名,但又定为翁雍、呜于、嘻支、隑挨、温恩、桓安、渊

[①] 原载《中国音韵学》(中国音韵学研究会南昌国际会议论文集),江西人民出版社,2008。

烟、阿何、哇耶、央汪、亨青、爊夭、讴幽、音谙、淹咸等十五摄,于《中原音韵》、《洪武正韵》皆有弃取。每韵的编排体例为:先按阴、阳、上、去、入分别声调,各调下再按"重粗呼"、"轻细呼"划分韵类,然后按声母之发音部位排列小韵。小韵下有音注,注音多为反切,亦有少量拟声。声母次序则是按帮、滂、明;见、溪、影、晓;夫、微;端、透、泥、精、从、心;知、穿、审;来、日排列,大致相当于 p、p^h、m、k、k^h、ø、x、f、v、t、t^h、n、ts、ts^h、s、tʃ、$tʃ^h$、ʃ、l、z。其中,见组与精组在细音前不混,微母独立为唇齿浊擦音,影、于、以与疑的一部分合流为零声母,疑母的一部分细音与泥母合流,浊塞、塞擦音声母按平声送气、仄声不送气分别与同部位塞音、塞擦音声母合流。入声部分与阴声韵相配,部分与阳声韵相配。中古－t、－k 韵尾部分已合流,其中有些恐已经失去韵尾塞音。但－p 韵尾保持尚完好,而与阳声韵－m 尾韵相配。

  本书尤为可贵的是作者所用反切不沿袭古人韵书,而多据时音自创,小韵下又根据情况不同收同音字若干。每韵在标目下往往有对沈约、孙愐、《广韵》、周德清、《洪武正韵》等韵书分韵的看法及自己弃取的理由,韵部末尾有对该部特点分析和总结。除此而外,还有一些使用注释或按语形式对字音的说明。这些数据,对于整理所记明末、清初官话的语音系统和分析古今音韵的演变、分合大势尤其珍贵。由于此书从未刊行,学术界对此一无了解,所以语言学界从无学者提及。历史学家侯外庐先生曾见此书,但未作研究。研究方以智哲学思想的蒋国保先生以为《四韵定本》与《切韵声原》是一书二名,且以为侯外庐误记,则其未见是书可知也。方氏曾著有《切韵声原》(方氏自谓有《等切声原》,而至今尚未发现)、《音义杂论》(载《通雅》中),学术界至今亦无系统研究。《四韵定本》其价值又远在此二书之上。因此,对此书加以整理,并与《广韵》、《礼部韵略》、《古今韵会举要》、《中原音韵》、《洪武正韵》、《西儒耳目资》等加以比较,据此得出距今 350 年左右明清之际官话音系,归纳其特点,并阐明其发展历史,必然是汉语语音史上的一个重要课题。目前安徽省古籍整理规划出版办公室正在编辑《方以智全书》,笔者受古籍办委托整理《四韵定本》,整理完成后先将此书入声部分的特点公诸学界。

二、《四韵定本》的入声调类

  《四韵定本》的入声分别出现在东钟、齐微、皆来、先田、歌何、庚青、侵寻、廉纤、监咸等九个韵部。方以智在东钟韵入声轻细呼后注云："挺斋谓平声有阴阳，上、去无阴阳，入则散入三声矣。智谓上为阴，去为阳可也。入声如福与服、束与熟、博与薄，俱微有别，非若绝与节以撮别，发与法以韵别也。其入之阴阳乎？方言难各处转习，然方言亦一理也。入声之韵敛少而字头无余音，以之取证，自宜辨定，又挺齐所未尝细论者。杨用宾座师曰：'北方入声虽似派入三声，而实历历有入声也。'兹故于首摄之尾及之。"从方氏所举的例子来看，福（方六切：非/屋三）、服（房六切：奉/屋三）；束（书玉切：书/烛）、熟（殊六切：禅/屋三）；博（补各切：帮/铎）、薄（傍各切：并/铎）分为两类，而两类之间的差别在于声母的清浊。再如东钟韵入声重粗呼列有这样一组同音字："复方木切辐菖福幅蝠腹复蝮馥覆弗拂/伏虙服簸鵩坄佛"这些字在《广韵》里，分别见于 1）屋三非：福腹复幅辐菖蝠方六切；2）屋三敷：蝮覆芳福切；3）物非：弗分勿切；4）勿敷：拂敷勿切；/5）屋三奉：伏虙服鵩簸复馥房六切；6）勿奉：佛符勿切。"伏"字后原注云："以下皆符六切，入有伏声。"除了"复馥"在《广韵》是浊声母外，清声母字为阴入，浊声母字为阳入。只有"复馥"变化不规则，混到阴入里去了。又如歌何韵末方以智云："惟有博与薄类微有起伏。"《四韵定本》博伯各切；薄有两读，一与博同，一音迫各切。迫各切为送气声母，所以方氏所辨当即"伯各切"下的"博"、"薄"二字。《广韵》"博，补各切"（铎/帮）；"薄，傍各切"（铎/并）。因此，《四韵定本》的阴入即为"起"，阳入为"伏"。侵寻韵入声有"十摄集切什拾湿"一组字，"湿"字下方氏注云："湿起声，十伏声。"《广韵》湿，失入切（缉/书）；十什拾，是执切（缉/禅），也是清起浊伏。因此我们认为《四韵定本》的入声有阴阳两调，一类即方以智所称的"起"或"起声"，一类则是方氏所称的"伏"、"伏声"或"伏切"。一般情况是《广韵》等中古韵书的浊声母字入声字大部为"伏声"，亦即阳入；中古清声母入声字为"起声"，亦即阴入。一部分浊入则混入阴入中去了。下面是各部入声的一些例子，括号中凡是没有特别注明的是《广韵》的反切。

（一）东钟韵入声

重粗呼：

斛胡谷切槲觳鹄鹘（屋一匣：斛槲胡谷切觳《集韵》、《正韵》作縠，胡谷切鹘《正韵》胡谷切；沃一匣：鹄胡沃切鹘《集韵》胡沃切）縠①（屋一晓：縠呼木切）

---

① "縠"字原注："旧切呼谷伏声。"

复方木切辐菖福幅蝠腹复蝮馥覆弗拂①(屋三非：福腹复幅辐菖蝠方六切；屋三敷：蝮覆芳福切；物非：弗分勿切；勿敷：拂敷勿切；复馥房六切)伏②虑服箙鹏垘佛(屋三奉：伏虑服鹏箙房六切；勿奉：佛符勿切；德并：垘蒲北切)

笃都木切督裻(沃端：笃督裻冬毒切)读③楮牍犊黩渎独毒(屋定：独黩读楮牍渎犊徒谷切；沃定：毒徒沃切)

速苏谷切觫蔌觫諌肃鱐(屋一心：速蔌觫涑苏谷切；屋三心：肃鱐息逐切)/涑俗④(烛邪：俗涑⑤似足切)

轻细呼：

匊居六切掬鞠菊(屋三见：菊掬鞠匊居六切；)局⑥跼(烛群：局跼渠玉切)蓐桐(烛见：蓐桐居玉切)

续息玉切藚/粟夙宿蓿(《广韵》屋三心：夙宿蓿息逐切；烛心：粟相玉切；烛邪：续藚似足切)

讨论：①以上两类，一般情况是按中古声母的清浊分为两个调类。根据原书子注，浊声母一类为"伏声"，清声母一类为"起声"(参看脚注)。②"复"、"馥"两字在《广韵》均无清声母的读音，但在这里没有跟其他浊声母字相类而混到清声母中去了，不合规则。③"蓐"、"桐"两字也是《广韵》清声母字而混到浊声母一类中去了。

(二)齐微韵入声

重粗呼：

纥昏勿切⑦麧齕核(没匣：麧齕纥下没切核《正韵》下没切)

拂符勿切艴佛弗袚韍绋茀岪翇(物非：弗绋袚翇岪分勿切；物敷：拂茀袚艴佛敷勿切)咈佛(物奉：佛咈符弗切)

轻细呼：

必边吉切毕縪鬠韠跸珌笔(质A帮：必毕韠縪跸鬠珌卑吉切；质B帮：笔泌

---

① 原注云："旧呼弗近于质韵，温公读不字如卜，智故收弗、拂于此。"
② 原注云："以下皆符六切，入有伏声。"
③ "读"下原注"睹伏切"。
④ "俗"下原注"所伏切"，犹言"所之伏切"。
⑤ 《广韵》涑字两读。
⑥ "局"下原注"主伏切"，犹言"主之伏切"。
⑦ 原注云："又近痕勿切。"

鄘密切)弼佖邲泌祕苾(质B并:弼佖邲房密切;质A并:祕苾毗必切)

吉坚质切拮(质A见:吉趌拮居质切)佶趌(质B群:佶趌巨乙切)迄吃(迄见:讫吃居乙切)

即接吉切堲唧(职精:即堲唧子力切;质精:堲唧资悉切)疾昨悉切蒺(质从:疾蒺秦悉切)

失设质切(质书:失式质切)实神质切(质船:实神质切)

橘居笔切(术见:橘居聿切)獝(质群:獝《韵会》揆律切)

讨论:①这部分入声字大抵也是按照中古声母的清浊分为"起"、"伏"两类。值得注意的是,原书为"纥"的注音是"昏勿切"但是其下注"又近痕勿切",《广韵》"昏"晓母、"痕"匣母。显然"昏勿切"、"痕勿切",音不同,这种不同估计也是声调方面有"起"、"伏"之别。②"泌"在《广韵》是清声母帮母字,混到浊声母中不合规则。③"佶"字是浊声母,也被放到清声母字之间。"趌"字在《广韵》有见、群异读,所以不算例外。

(三)皆来韵入声

重呼:

辖胡八切鞶(辖匣:辖鞶胡瞎切)硈(辖晓:硈许辖切)䪕(辖匣:䪕胡瞎切)

笪当八切怛妲狚(曷端:怛妲狚笪当割切)达(曷定:达唐割切)

轻细呼:

伐方握切廏阀罚垡筏(月奉:伐筏罚阀垡廏房越切)髮(月非:髮发方罚切)

讨论:这一部不合规则的只有"硈"字,这是一个清声母字却被放到了浊声母字之间。

(四)先田韵入声

细呼:

鳖必列切鷩彆别(薛帮:鷩鳖并列切;屑帮:彆《集韵》必结切;薛並:别皮列切)

结见决切袺拮絜洁訐羯孑(屑见:结絜洁袺拮古屑切;薛见:孑訐揭居列切;月见:訐羯揭居竭切)杰桀碣竭揭碣(薛群:杰桀竭碣揭渠列切;月群:揭竭碣楬其竭切)

穴胡决切(屑匣:穴胡决切)泬血(屑晓:血泬呼决切)

跌丁结切耋经垤迭垤(屑端:咥丁结切)咥(屑定:垤耋迭跌经垤徒结切)

设式列切(薛书:设识列切)舌①折揲(薛船:舌揲食列切;薛禅:折常列切)

拙谆折切挩(薛章:拙挩职悦切)橛(月群:橛《五音集韵》、《正韵》其月切)辍(薛知:辍陟劣切)掘(月群:掘《集韵》、《正韵》其月切;迄群:掘《集韵》渠勿切)

讨论:①值得注意的是"设舌折揲"这组字,原书反切为"式列切",但又注"沈韵食列切"。显然"式列切"与"食列切"不同,亦当为清"起"浊"伏"之异。②"橛"、"掘"为群纽字,这里反映出合口细音跟知、章相混,同时"辍"是清声母,放在浊声母之间亦不合规则。

(五)歌何韵入声

重粗:

博伯各切襮搏薄镈髆剥驳瀑(铎帮:博搏镈襮樸补各切髆《集韵》伯各切;觉帮:剥驳瀑北角切)鳆雹②樸泊礴傍(铎並:泊亳薄礴傍各切;觉並:雹鳆蒲角切)

霍痕各切③藿癨(铎晓合:霍霍癨虚郭切)鹤貉涸(铎匣开:涸鹤貉下各切)膗鄗郝壑嗃熇(铎晓开:鄗壑郝熇嗃呵各切膗《正韵》黑各切)

穫忽郭切钁濩(铎匣合:穫钁濩胡郭切)獲蠖(麦匣合:獲蠖胡麦切)㜯霩(铎晓合:霩虚郭切㜯《正韵》忽郭切)𬗩(𬗩读入声不详所本)

作恣各切凿(铎精:作柞凿凿则落切)昨④凿柞筰酢筰(铎从:昨酢作筰筰凿柞在各切⑤)

著质各切(药知:著张略切;药澄:著直略切)斫缴酌勺焯(药章:斫酌缴焯勺之若切)约(约读塞擦音不详所本)汋(觉崇:汋士角切)濯卓倬踔(觉知:卓倬竹角切踔《韵会》竹角切)浊⑥(觉澄:浊濯直角切)

轻细:

噱匣虐切(药晓:謔虚约切)臄醵谑(药群:噱臄醵其虐切)学⑦鸴⑧(觉匣:学鸴胡觉切)

---

① 原注:"沈韵食列切。"
② 此下原注曰:"旧切弱角则为细声,恐用轻切重之门法耳。当属伏声。"
③ 此下注"又忽各切"。
④ 此下注曰:"租薄切。"
⑤ 此下注曰:"昨亦伏声。"
⑥ 此下注曰:"旧切直角送声也,当属伏声。"
⑦ 此下注"旧切辖角"。
⑧ 此下注"学为伏声"。

讨论:①"鹤"、"貉"、"涸"三字都是浊声母字,虽然放在清声母字之间,但三字类从而不杂乱。②"获"、"濩"二字是浊声母字,也被放在了其他清声母字之间。"矿"字读擦音,未详何据。③"凿"、"柞"并有清浊异读,所以放在其他浊声母之间,不算例外。④"浊"字出现在小韵最末,且有注云:"旧切直角送声也,当属伏声。"而"汋"、"濯"已然放在其他清声母之间,可能已经变为"起声"混到阴入中去了。"约"字何以读塞擦音,原因不明。

(六)庚青韵入声

重粗:

百博陌切伯柏瓪北(陌帮:百伯柏瓪博陌切;德帮:北博墨切)萡蔔①踣蔔(德并:萡蔔萡踣蒲北切)擘擗②(麦帮:擘博厄切擗《韵会》博厄切)白③帛舶(陌并:白帛舶傍陌切;)

赫④亨格切嚇黑(陌晓:赫嚇呼格切;德晓:黑呼北切)劾⑤覈核(麦匣:核覈下革切;德匣:劾胡得切)

画化核切获嚄或惑(麦匣合:获画胡麦切嚄《集韵》胡麦切;德匣合:或惑胡国切)掝⑥(麦晓合:掝呼麦切)

入声轻细:

壁变历切璧辟躄襞碧逼幅堛(锡帮:壁北激切;昔帮 A:辟璧躄襞必益切;昔帮 B:碧彼役切;职帮:逼彼侧切;职滂:幅堛芳逼切)愎(职并:愎符逼切)楅(楅《集韵》拍逼切)

戟忌逆切激击殛亟棘襋(锡见:激击古历切;陌三见:戟几剧切;职见:殛棘襋亟纪力切)极(职群:极渠力切)

的丁历切菂商嫡嫡靮甋滴(锡端:的嫡甋靮滴嫡商都历切菂《集韵》丁历切)狄敌迪觌籴笛荻頔⑦(锡定:荻狄敌迪觌笛籴頔徒历切)

积将昔切脊踖迹跡踏鲫绩勣磧(昔精:积脊踖迹跡踏鲫资昔切;锡精:绩勣

---

① 此下注:"即卜字。"
② 此字声符原作"卑"。
③ "白"下原注:"旧切薄核。"
④ "赫"上有眉批曰:"杭读国如谷、墨如木,则叶屋韵。"
⑤ "劾"字原注:"旧切胡贼。"
⑥ 此下注:"伏声。"
⑦ 此下注曰:"狄下旧异,今同。或伏。"

则历切;昔清:碛七迹切《集韵》同)寂籍瘠(锡从:寂前历切;昔从:籍踖瘠秦昔切)

只之石切摭跖跢炙职织膱陟(昔章:只炙摭跖之石切;职知:陟竹力切;职章:职织膱之翼切;跢未详)植掷踯直①(昔澄:掷踯直炙切;职澄:直除力切植《集韵》逐力切)

式施只切释适襫螫识饰轼拭(职书:识式拭轼饰赏职切;昔书:释适螫襫施只切)石祏硕瓰射食蚀②(昔禅:石硕祏瓰常只切;职船:食蚀乘力切;昔船:射《集韵》食亦切)

讨论:①"福"是清声母字,放在浊声母"愎"后不合规则。②"蜮"下既注"伏声",则与前面匣母来源诸字无别。③"直"下注有"伏切","蚀"下注有"石下异音,亦是伏声",皆为中古浊声母与清声母声调变化不同的标记。

(七)侵寻韵入声

急见立切伋给级汲圾(缉见:急汲给伋级芨居立切;业见:极居怯切)及③笈岌极(缉群:及笈其立切;叶群:极其辄切)芨(缉疑:岌鱼及切圾《集韵》逆及切)

缉接入切葺(缉精:葺子入切缉《集韵》即入切)集④(缉从:集秦入切)噍濈(缉精:噍濈子入切)

霫息入切(缉心:霫先立切)飁习⑤褶袭(缉邪:习袭飁褶似入切)

汁占入切执絷馽⑥(《广韵》缉章:执汁之入切;缉知:絷馽陟立切)蛰(缉澄:蛰直立切)

十摄集切什拾《广韵》缉禅:十什拾是执切湿⑦(缉书:湿失入切)

讨论:①"岌"、"圾"在《广韵》等中古韵书中是疑母字,跟见母、群母字相混,原因未详。②"集"字虽然混杂在清声母字之间,但其下注"伏",是声调仍自为一类。③"湿"下注云:"湿起声,十伏声。"正好说明入声按声母清浊分为阴阳两调。

(八)廉纤韵入声

---

① 此下注曰:"直,伏切。"
② 此下有注曰:"石下异音,亦是伏声。"
③ "及"下原注:"伏声。"
④ "集"下原注曰:"伏。"
⑤ "习"下原注曰:"旧切席十。"
⑥ "馽"字抄本"马"下无四点,乃省笔也。
⑦ 此下原注:"湿起声,十伏声。"

协胡颊切叶勰挟侠(怗匣:协叶勰挟侠胡颊切)胁愶(业晓:胁愶虚业切)

喋丁协切跕(怗端:喋跕丁悏切)牒渫谍蹀蝶鲽揲褋迭氎艓(怗定:牒喋蹀谍氎迭褋蝶揲徒协切渫鲽艓《集韵》达协切)

接即叶切(叶精:接即叶切)倢(叶从:倢疾叶切)婕睫楫浹莢鯜(叶精:接睫楫婕莢鯜即叶切;怗精:浹即协切)

摄失帖切韘歙(叶书:摄韘歙书涉切)涉(叶禅:涉时涉切)箑霎(叶生:箑霎山辄切)

讨论:①"倢"字在《广韵》为浊声母,混在其他清声母中不合规则①。②"涉"字为浊声母字,虽然放在清声母字之间,但并不杂乱,大抵也是一个"伏声"或"伏切",亦即阳入。

(九)监咸韵入声

重粗:

合胡合切盒合盍阖榼(榼读擦音未详所本)嗑(合匣:合合盒侯合切;盍匣:盍阖嗑盇胡腊切)呷(狎晓:呷呼甲切)盇(盍匣:盇胡腊切)

入声轻细:

法方甲切(《广韵》乏非:法方乏切)乏(乏奉:乏房法切)

讨论:"呷"字在《广韵》为浊声母字,混在清声母中不合规则。

以上材料可以帮助我们判断《四韵定本》的入声有阴、阳两类及其中古来源,但是两类的调值不能确定。根据方以智"起"、"伏"的描写,大致只能推知阴入的调型可能略升,阳入则是一个低平调。

三、《四韵定本》入声的韵尾

《四韵定本》的入声韵尾跟《广韵》相比已经发生了变化。从本书的情况看,−k韵尾跟−t韵尾已经发生合流,但是−p韵尾保持完好。

1.《广韵》−t韵尾混入−k韵尾。如东钟韵入声重粗呼"复方木切辐菖福幅蝠腹复蝮馥覆弗拂"这组字中,混入了原为−t尾的"弗拂";其下还收入了"勿文拂切物芴沕"这一组−t尾字。在庚青韵入声两次收"日(《广韵》人质切)"字,重粗呼"日"下注曰"或读如热";轻细呼"日"下注曰:"可叶。沈之锡

---

① 倢,《集韵》有叶韵精母即涉切一音。

韵与质韵皆细声时,锡韵多的、历之音。唇亦轻点而质有缩舌势耳。若百、陌、格、责,自成一韵,与锡、历异。《正韵》反合为一,何耶？智按:粗呼则成百、格一类,细呼则成壁、滴一类。庚、梗、亘、格、丁、顶、订、滴,故为庚青之入声。如欲细分,定从谱取。"

2.《广韵》一t韵尾混入一k韵尾字。如皆来韵入声重呼中,收入《广韵》一k韵尾的"鞯"(原注:"与索声近")。按鞯《广韵》苏各切,《集韵》昔各切。为铎韵心母,中古为一k尾。又在"益伊昔切嗌亿臆抑醷绎峄醳怿译驿斁掖亦腋奕帟液射埸蜴易弋杙翼翊廙"后自注云"一、乙在质韵,本一声也"。更为值得注意的是,方以智在歌何韵入声末云:"既取觉韵与陌韵之莫、索、拍以入药韵,而《正韵》犹守孙切,此其未决也。以中原、江淮、楚声读,则曷韵之褐、末、括、脱、拨字,陌韵之获、虢字皆可彙矣。"《广韵》曷韵为一t韵尾,陌韵为一k韵尾,方以智却说这两韵的字"皆可彙矣",这是《广韵》一k尾和一t尾在《四韵定本》已经相混的重要证据。

3.用上声字加声调为入声字注音。如"读"下原注"睹伏切"(犹言"睹之伏切",即"睹"的阳入);"俗"下原注"所伏切"(犹言"所之伏切",即"所"的阳入);"局"下原注"主伏切"(犹言"主之伏切",即"主"的阳入)。从以上情况推断,《广韵》的一k韵尾、一t韵尾在《四韵定本》里已经合流,极可能是变成了一个较弱的一?。

4.《广韵》的一p韵尾,在《四韵定本》里保存较为完整。庚青韵入声重粗"色"无音切,其下注曰:"或读色如摄而不闭。"既云"或读色如摄而不闭",则读"摄"定为闭口。又廉纤韵入声下注曰:"《正韵》十叶仍沈之旧,江淮、楚读月、阙、陌、白、色、默、叶俱叶屑,但叶闭口细呼耳。"此外,方以智在《四韵定本正叶凡例·旋韵图说》谓:"侵寻、廉咸则闭口矣。"而侵寻韵下自注:"挺斋名侵寻以配例,《正韵》为侵、寝、沁、缉。智定为音谱摄,而仍还独韵,以示闭尾之始。"廉纤韵末则云:"自侵寻为真文、庚青之尾闭,谓之心韵。而甘南乃为欢桓之尾闭,监咸乃为寒山之尾闭,廉纤乃为先天之尾闭。故入声缉、合、叶、洽应之,读合叶洽则缉以应侵,而合、叶止两韵耳。可悟音喑、淹咸两摄兼应之故。"监咸韵末又云:"古时南、耽、簪、镡皆与侵韵同叶,今取甘、谙、酣、南,恰应欢桓韵。若读堪、三、蓝、谈,则叶咸韵。《中原》合覃与咸,故一例呼耳。不见寒、干、丹、难、潘、盘、搬、班之有两类声韵乎？彼分摄而此合之,韵闭故也。"一m韵尾既然保存完好,跟它相配的一p韵尾也不当失落。需要说明的是,在歌何韵入声重粗有"诺₍奴各切₎纳"小韵,《广韵》诺,奴各切(铎泥);纳,奴答切(合泥)。似是-k、-p韵尾相混,但全书都有此例,所以只说明可能有少量-p韵尾字开始变为-ʔ尾,而并非《广韵》-p韵尾字在《四韵定本》中仍然保持完好的反证。

第三编 训诂与词汇语法研究

"义同换读"的产生与消亡①

古书注解中有一种特殊的音注,即所注的音并非被释字本身具有的读音。这种现象,沈兼士先生把它叫做"义同换读"(1940、1941、1947)或者"义读"。"义同换读"就是把难识、难读的字换读成常用、易懂的字,或者用标注一个常见字读音的方法,把被释字的意义或义项标识出来。除了沈兼士先生所举外,古书中还有相当数量的例子。例如,《史记·吕不韦列传》:"吕不韦者,阳翟大贾人也。往来贩贱卖贵,家累千金。"《索隐》:"王劭卖音作育。案:育卖义同,今依义。"按"育"乃"鬻"字之音,"鬻"(以;屋三)、"卖"(明;卦)义同,故王劭径以"鬻"音读"卖"也。这种现象,与日文中的训读颇为相似。如古汉语"息"有一个"子"的义项,日本汉字用"息子"表示"儿子",即训读为日语的むすこ。即便到了现代,也有类似情况。如商场里某种商品上标着"一元二角五分"的价格,而我们常常会把它念成或听见别人把它念成"一块二毛五",但"元"[yan]无"块"[khuai]音,"角"[tɕiao]亦无"毛"[mao]音。再如贵阳话的"拱[kong]"这个音节有"凸"的义项,因此当地就有人把"凸[thu]"字念成"拱[kong]"。这些都可以看成与"义同换读"相似的一种读法。"义同换读"跟习见的"同音通用"、"音近假借"都不同,"通假"是相同意义的文字之间的通用或不同文字之间的借用,通用和借用的条件是语音相同或相近。"义同换读"则是意义相同或相近的词之间的换读,两个词在语音上并不接近。因此,"通假"是文字的通用或借用,"换读"是不同词语之间的替换。

沈兼士先生提出"义同换用"、"义同换读"之说后,杨树达先生(1941)即致信表示赞同。但此后半个多世纪,未能引起学术界应有的注意。因为不明

---

① 原载《汉语史学报》第二辑,上海教育出版社,2002。

此例,曾经导致一些学者产生疑惑。胡玉缙《许庼学林》卷十九《晋虢休碑跋》云:"(虢休)碑叙世系,谓其先出自轩辕,后稷之裔,王季之穆。有虢叔者,以德建国,命为郭氏。王壬秋(闿运)孝廉以虢为号郭字。今考额题'晋明威将军南乡太守虢府君侯之碑'。虢字作𩏩,明是虢字。古者有同音通假之例,无同诂相通之例。虢郭声相近,古多通用。虢诂为郭,音不相近,不能通用。碑文之郭,不得为虢;碑额之虢,不得为郭。叙虢氏而必及于郭氏,疑不能明。若谓字形相近,则额明明是虢字,非郭字。若谓休先世姓郭,后改为虢,则文中不应不叙及,且虢姓何以不见于他书也。"按"郭"(见;铎)、"虢"(敷;虞)义同,例得换用。此即因义同而换用的典型例子。

古文中的异文,有些是意义相同的词的替换。如《仪礼·大射仪》:"宾升就席。"郑注:"今文席为筵。"徐养原《仪礼今古文异同疏证》云:"《周礼》(司几筵)注:'筵亦席也。'""筵"、"席"义同,故古文之"席",今文则作"筵"。这种异文,就是一种同义词之间的替换造成的。既然意义相同的字可以换用,自然也就可以换读。《说文》"囧,窗牖丽廔闿明也。……读若犷。贾侍中说读与明同。"贾逵读"囧"(见;梗)与"明"(明;庚)同,正是因"囧"、"明"义同而换读也。此类例子在魏晋经师的注音中尤多。

《仪礼·丧服》"墼",《释文》云:"古狄反(见;锡)。刘薄历反(并;锡)。"考此字《广韵》古历切(见;锡),各书皆无并纽一读。按刘昌宗"墼"音薄历反者,古音韵部虽同而声纽相隔甚远,断非通假之类,当是以"甓"之音读"墼"。《说文》土部:"墼,瓴适也。"瓦部:"甓,瓴甓也。"二字训同而以"甓"较常用。《诗经·防有鹊巢》"中唐有甓",《传》:"甓,令适也。"《尔雅·释宫》:"瓴甋谓之甓。"故刘昌宗径以"甓"音注"墼"。

《周礼·夏官·御仆》"夹蜃",《释文》:"辰轸反(禅;轸)。刘薄忍反(并;轸。)"按"蜃"字不当有并纽一读,刘昌宗乃以"蠙"音当其读也。《周礼·夏官·川师》"蠙珠",《释文》:"薄田反。刘扶忍反。"《集韵》准韵婢忍切有"蠙"字,注:"珠名。《书》'淮夷蠙珠'。刘昌宗读。"薄忍反、扶忍反与《集韵》婢忍切全同,是刘以"蠙"音读"蜃"之证也。如此者,蜃训大蛤,亦训为蚌。《说文》虫部:"蜃,大蛤。"又"蚌,蜃属。"《尔雅·释鱼》:"蚌,含浆。"郭注云:"蚌即蜃也。"《周礼·天官·鳖人》"蜃",《释文》:"市轸反。郑云大蛤也。""蠙"亦训"蚌"。《尚书·禹贡》:"淮夷蠙珠暨鱼。"《释文》云:"蠙字……韦昭薄迷反,蚌也。"《疏》亦云:"蠙是蚌之别名。"故蜃音"薄忍反"是以"蠙"音读"蜃",《集韵》不察,乃于婢忍切"蠙"字上收"蜃"字也。

《尔雅·释兽》"蜼",《释文》:"音诔。《字林》余绣反。或余季、余水二反。"按"蜼"(以;至;旨)字吕忱音余绣反者,乃是"狖"(以;宥)字之音。《史记·司马相如列传·子虚赋》:"于是玄爰媛素雌,蜼玃飞鸓。"《集解》:"徐广曰:蜼音于季反。骃案,《汉书音义》曰:蜼似猕猴,昂鼻而长尾。"《索隐》:"张揖曰:蜼似猕猴,昂鼻而长尾。郭璞曰:蜼音遗。"《汉书·扬雄传下·长杨赋》:"捕熊罴豪猪、虎豹狖玃,狐菟麋鹿。"师古曰:"狖似猕猴,仰鼻而长尾。狖音弋授反。"是"蜼"、"狖"乃一物之二名,"狖"稍常见,故以其音读"蜼"。《广韵》不察,乃于宥韵余救切收"蜼"字矣。

又如《周礼·地官·司市》:"则赊贳而与之。"《释文》:"音世(书;祭),贷也。刘伤夜反(书;祃),一时夜反(禅;祃)。"按刘昌宗"贳"字音"伤夜反"与一音"时夜反"者,《集韵》式夜切,"贷也";时夜切,"《说文》贷也",两音并不别义,均为借贷,且皆换读为"赊"。按"赊"有宽缓义,缓收或缓付货款亦为"赊"。《史记·高祖本纪》(八·三四三·二):"常从王媪、武负贳酒。"《集解》:"韦昭曰:贳,赊也。"《索隐》:"邹诞生贳音世,与《字林》声韵并同。又音时夜反。《广雅》云:贳,赊也。《说文》云:贳,贷也。临淮有贳阳县,《汉书·功臣表》'贳阳侯刘缠',而此纪作'射',则'贳'亦'射'也。"按此"贳"伤夜反、时夜反者,乃"赊"字之去声,《集韵》不察,乃于神夜切小韵内收"贳"字矣。

最早发现这种读法的是唐代的颜师古。他在《匡谬正俗》中说:"贳字训贷,《声类》及《字林》并音埶,古读皆然。而近代学者用刘昌宗《周礼音》,则读'贳'字为时夜反,不知昌宗何以凭据。其鄙俚之俗又读为'赊',皆非正也。案《说文解字》云:'赊,鬻;贳,贷也。'此则二字本来不同,断可知矣。又陆士衡《大暮赋》云:'抚崇涂而难停,视危轨而将逝。年弥去而渐遒,知兹辟之无贳。竞争晖以鼓缶,愍他人而自励。'以此言之,故知贳字为势音矣。训诂、小学及前贤文章皆相附会,可以无惑。说者又云,《汉书》射阳侯刘缠,《功臣》谓为贳阳侯,所以为贳、射同音耳。余难之曰:县邑地名,或有时代讹转,或有方俗语异,何得一之,令其别字同读?譬犹御宿之苑,《百官公卿表》作御羞字,《扬雄传》作籞宿字,解御羞者即云御膳;释籞宿者则曰池御,止宿之所。此非《汉书》乎?何以乖别如此!今岂得便谓御、籞同音,羞、宿一读?斯不然矣。"从颜师古这段话里,可以看出,汉以后经师读书,已有"义同换读"一法。颜师古系出"一字讹替,便以为己罪"之名门世家,当然不以换读为正。然此换读之法,不仅盛行于魏晋时期,即在师古时仍不乏用者。所以,颜师古在《匡谬正俗》中又说:"'怨偶曰仇'义与'雠'同;'尝试'之字,义与'曾'同;'邀迎'之字,义与'要'同。而音读各异,不相假借。今之流俗,径读'仇'为'雠'、读'尝'为'曾'、读'邀'为'要',殊为爽失。若然者,'初'字训'始'、'宏'字训'大'、'淑'字训'善',亦可读'初'为'始'、读'宏'为'大'、读'淑'为'善'邪?"颜氏所举诸例中,读"尝"为"曾"者即是"义同换读"。以此观之,隋唐时期"义同换读"尚在"流俗"读书中通行。下再以数例为证。

《左传·哀公二年》:"而灭其君。"《释文》:"灭或作戕,戕音残。"按此戕、残同,均为杀害之义。《国语·楚语下》:"戕懿公于囿竹。"注:"戕,残也。"故陆德明以"残"(从;寒)字之音读"戕"(从;阳),非"戕"有"残"字之音也。

《庄子·齐物论》:"猨猵狙以为雌。"《释文》:"为雌,音妻。一音如字。"按此"雌"义为妻,陆德明乃径以"妻"音读之,非"雌"(清;支)字即有"妻"(清;齐)音也。

《列子·周穆王》:"强弱相藉。"《释文》"藉音陵。"杨伯峻《集释》云:"藉不当有陵音。《释文》之意,盖以藉当训陵轹之陵(《后汉书·朱浮传》注:陵轹犹欺蔑也),遂以陵音拟之。藉自有欺凌之意"《史记·魏其武安侯列传》"今吾身在也,而人皆藉吾弟",注:"藉,蹈也;践踏之也。不必改读也。此条疑景元所补。"按"藉"(从;昔)无"凌"(来;蒸)音,殷顺敬亦以义同而换读也。

《史记·秦本纪》:"(昭襄王)二年,彗星见。"《正义》:"彗,似岁反;又先到反。"按"先到反"乃"扫(扫帚)"之音读,张守节直以扫(心;到)读彗(邪;祭),非彗字即有先到反之音也。彗有扫帚、扫除二义。《史记·天官书》:"三月生彗星。"《正义》:"天彗者,一名扫星。本类星,末类彗。"又《史记·孟子荀卿列传》:"如燕,昭王拥彗先驱。"《索隐》:"按彗,帚也。谓为之扫地,以衣袂拥帚而却行,恐尘埃之及长者,所以为敬也。"以上是名词,义同扫帚。又《后汉书·光武纪下》:"赞曰:……长毂雷野,高锋彗云。"注:"彗,扫也。"又《班彪传下·西都赋》:"元戎竞(原文作竟)夜,戈铤扫(原文作彗)云。羽旄扫霓,旌旗拂天。"注:"彗,扫也。"是即动词,为扫除之义。

《晋书·王澄传》:"澄见树上鹊巢,便脱衣上树,探轂而弄之,神气肃然,旁若无人。"何超《音义》云:"轂,《字林》:鸟子生哺者。音卵(来;缓);又公豆反(见;候)。""轂"字《说文》云:"鸟子生哺者。从鸟,殼声。"大徐口豆切(溪;

候),小徐格沤反(见:候)。"鷇"音卵者,当是何超所作之音,而非出于《字林》。《尔雅·释鸟》:"生哺鷇,生噣雏。"《释文》:"《字林》工豆反。郭音同。"《集韵》、《类篇》"鷇"字注云:"《字林》:鸟子生哺者。"并居候切。是皆《字林》音见纽候韵之证也。"鷇"字师儒相传并无卵音,何超音卵者,以此处"鷇"义为卵故也。按鸟类所产皆为卵,孵化后自啄者为雏,须哺者为鷇。如《西京杂记》:"江鸥海鹤,孕雏产鷇。"然有浑而不别皆称为"鷇"者,《方言》八:"爵子及鸡雏皆谓之鷇。"(郭璞注:"恪遘反。关西曰鷇音顾。")又有以鷇卵连文浑言者,《文选》陈琳《檄吴将校部曲文》:"譬犹鷇卵,始生翰毛。"刘良注:"鷇卵,鸟子也。"又《国语·鲁语》:"鸟翼鷇卵。"《文子·上德篇》:"鷇卵不探。"又有以鷇为鸟"胎"者,如扬雄《蜀都赋》:"风胎雨鷇。"是"鷇"可有卵义。《庄子·齐物论》:"其以为异于鷇音。"《释文》引司马云:"鷇,鸟子欲出者。"所谓"欲出"则尚未出者也。谓之鷇可,谓之卵亦可也。故何超"鷇"字径音为卵。而俗间又造一"鷇"(左下形符换成卵)字以当此义,以与"鷇"雏义相别。《一切经音义》十:"鷇(左下形符换成卵),卵外坚也。尚在卵中谓之鷇,出卵以后名曰鷇。"

从这些例子来看,"义同换读"的注音方法有两种,一是用直音,二是用反切。用直音时,要把被音字直接读成注音字,并按注音字的意义去理解。用反切时,可以按所注反切去读被音字,但要辩明:其一,该反切并非被音字的原有的读音;其二,该反切是与被音字意义相同(或有相同义项)的另一个字的读音。必须找出该反切所代表的字,再按这个字的意义去理解被音字。

宋代及以后的音义材料中,已经很难发现"义同换读"的情况。我在史炤的《资治通鉴释文》中找到这样一例,《通鉴十一·汉高帝六年》:"亟发兵,坑竖子耳。"《释文》:"亟,欺冀切。又音急。"胡三省《通鉴释文辨》曰:"余按字书,亟从欺冀切者,其义数数也。此言亟发兵,犹言急发兵也。亟音纪力翻,其义疾也,趣也,急也。亟字有急义而无急音。"按《广韵》"亟"音纪力切(见;职),"急"音居立切(见,缉),二字韵尾有[-k]、[-p]之异,而史炤"亟"字"又音急"者,似是换读。但是,史炤注《通鉴》常有用时音或方音者,如《通鉴四十九·汉安帝永初六年》:"诏曰:凡供荐新味,多非其节,或郁养强孰。"《释文》:"强,去声。"《辩(当作辨)误》云:"强,音其两反。读从上声,不从去声。自此之后,凡勉强之强,炤多从去声,盖蜀人土音之讹也。"又《元初元年》:"板楯蛮救之。"《释文》:"楯,音顺。"《辩(当作辨)误》云:"余按楯,音食尹翻,未尝有顺音……此亦炤操土音之讹。板楯蛮以木版为楯,故名。"这是史照(当作炤)方音中浊上已变成去声,又用方音作注之证。因为我们目前尚难判断南宋初期,四川眉山入声韵尾[-k]、[-p]是否相混,因而此例是否属于"换读"也难以判断。尽管如此,我们仍然可以说,"义同换读"在宋代的注音中几乎已经绝迹。

"义同换读"是由沈兼士先生正式提出的,跟钱大昕"音随义转"说有差别。但最早发现这种现象的是颜师古。需要注意的是,在古书注解中有以注音方式改字者,与"义同换读"不同。《史记·秦本纪》:"造父以善御幸于周穆王,得骥、温骊……"《集解》:"徐广曰,温,一作盗"《索隐》:"温音盗。徐广本亦作盗……刘氏音义云,盗骊,騧骊也。騧,浅黄色。"按"盗骊"乃浅黄色骏马名,"温"乃字之误也(五代后晋沙门可洪《新集藏经音义随函录》卷三,584c:"营他,上音营,造也。""营"乃"营"字之误)。司马贞此以注音之法正其讹误,非换读也。另有以注音标明避讳字者,表面虽与"义同换读"相似,但实际并不相同。如《史记·秦始皇本纪》:"严王退舍。"《正义》云:"严音庄。"按严王本即庄王,汉代因明帝讳庄而改为严王,张守节不擅改字而读为庄。在形式上,用注音改错字与注音标明讳字,都只用直音而不用反切。通过前面的探讨,可以得出以下结论。

1. "义同换读"在 A、B 两字之间必有相同义项,而不必声韵相近。

2. "义同换读"不是文字上的音近通假,而是词的替代。

3. "义同换读"的产生,最早应该与经籍异文有关,因为义同可以换用,故有换读。

4. "义同换读"现存最早的例子见于汉代,而以魏晋时期经师注音中使用最多。其法之所以盛于魏晋,盖因当时经学之"家法"大乱,音义家随俗省便之故。

5. "义同换读"在唐代仍有使用,但因字书、韵书大行,使注音日趋规范而逐渐稀少。宋代有一例极为相似,但不能肯定即为"义同换读"。

《诗·氓》"复关"解①

《卫风·氓》之二章："乘彼垝垣,以望复关。不见复关,泣涕涟涟。既见复关。载笑载言。"数句中"复关"三见,以往的解释大抵有三:一为处所,包括地名、关名等;二为代称;三为车厢。现将影响较大者先分述如下。

毛《传》云:"复关,君子所近也。"毛氏以"复关"为君子所近之处②,东汉以来盖无异说。《后汉书·崔骃传》载崔篆《慰志赋》中有"扬蛾眉于复关兮,犯孔戒之冶容。懿氓虻之悟悔兮,慕白驹之所从"。此数语即用《诗·氓》诗意,其于"复关"则于毛说无异。而崔篆时代较郑玄为早③,则其《诗》当用博士说,故"复关"之解,三家与毛不异,而皆明以"复关"为处所。王应麟《诗地理考》引《寰宇记》云:"澶州临河县,复关城在南,黄河北阜也。复关堤在南三百步。"是明以"复关"为地名。陈奂《诗毛氏传疏》谓此"关"乃卫国之郊关,以"复关"为关名。为申足毛义,据《左传》谓卫国有"近关"、"远关",说此"复关"当即卫之"近关"④。王先谦《诗三家义集疏》则以"重门"释"复关"。他说:"陈奂据左襄十四年、二十六年《传》卫有'近关',谓卫国之关有远有近,《诗》之关即'近关',《传》本《左传》为说。愚案,复无近义,且'近关'非以君子所近蒙称,此毛误解左氏也。《广雅·释诂》'复,重也'。《管子·牧民篇》注同。

---

① 原载《贵州大学学报》,1999年6期。
② 《后汉书·崔骃传》注引"毛苌注"作"复关",君子所近之处也。
③ 《毛诗》之兴,在郑玄笺诗之后。郑玄为汉末人,而据《后汉书·崔骃传》,崔篆于王莽时为郡文学,以明经徵诣公车。后又任建新太尹。卒于东汉初。其时《毛诗》未立学官,故崔篆所习,当是三家说。
④ 以"近关"解此"关"者,并非始于陈奂。鲍照《采菱歌》有:"空抱琴中悲,徒望近关泣"。是其时解诗,此"关"已解为"近关"。

'复关'犹易言'重门'。近郊之地,设关以出入、御非常,法制严密,故有重关,若《司关疏》所称'面置之关'者。妇人所期之男子,居在'复关',故望之。崔篆赋所谓'扬蛾眉于复关'也。"既为处所,则为地名可,为关名亦可。然以处所解"复关"之最大之障碍,在于难以贯穿上下文意。因为同系一人,同在一时,所望之所处,亦复相同,则不当有"不见"、"既见"之别。因而陈奂一方面力证毛说,一方面心存怀疑,所以他又说:"玩诗语意,复关非关名。"

以"复关"为氓之代称者,始于郑《笺》。他说:"前既与民以秋为期,期至,故登毁垣向其所近而望之。犹有廉耻之心,故因复关以托号民云。"后又径称氓为"复关"。孔《疏》说:"复关者,非人之名号,而妇人望之,故知君子所近之地。《笺》又申之犹有廉耻之心,故因其近复关依托号此民。故下云'不见复关'、'既见复关',皆号此民为复关。"朱熹《诗集传》采用郑说,谓:"'复关',男子所居也。不敢显言其人,故托言之耳。"是所谓"托号"、"托言"者,犹今修辞中之借代。以借代为释,此处尚可说通。然考诸古籍,以地代人甚为希见,是"托号"、"托言"之说过于勉强。

由于至今说此诗者,多以"复关"为处所,或以为氓之借代,所以,高亨先生在《诗经今注》中说:"复,返也。关,车厢也。《墨子·贵义》:'子墨子南游使卫,关中载书甚多(关即车厢)。'复关,指回来的车。"高亨先生此说亦未当。以此章来看,诗中女子与氓期约时,并未让氓驾车前来,而是在"既见"氓后,得知卜筮皆"无咎"时而嘱氓"以尔车来,以我贿迁",若以"复关"为"回来的车"解,则"以尔车来,以我贿迁"无从说通。且所引《墨子》此文之"关"是否即"车厢"尚存问题。在先秦两汉古籍中,"关"字绝无"车厢"一训。如此独例孤证,断难证成其说。所以,此诗之"关"与"复关",当有更为合理的解释。

分析以上说法,对于"复关"的理解,关键在于"关"字。如将此字说通,问题自然迎刃而解。在古籍中,"关"字除有关隘等义外,尚有"通告"之义。《周礼·秋官·条狼氏》:"誓大夫曰:敢不关,鞭五百。誓师曰三百。"郑玄注说:"郑司农云:'誓大夫曰敢不关,谓不关于君也。'玄谓大夫自受命以出,则其余事莫不复请。"根据二郑的解释,文中的"关"即当作通告解,即与今"请示报告"一类意义相当。孔诒让《周礼正义》谓:"郑司农云'誓大夫曰敢不关,谓不关于君也'者,《史记·佞幸列传》'公卿皆因关说',《索隐》云:'关,通也。'此'不关',谓不通君也。云'玄谓大夫自受命以出,其余事莫不复请'者,贾疏云:'欲见受命出征,阃外之事,将军裁之,不须复请。除此之外,其无不复请。

皆须请于君,乃得行事……是其虽在外不得专命之事也。'诒让按,此誓大夫、誓师,皆谓常事当关,而有不关者也,故罪止于鞭。"今案,"关"训为通,在两汉古籍中并非希见。如《史记·佞幸列传》:"公卿皆因关说。"《索隐》:"按,'关'训通也。谓公卿因之通其词说。刘氏云'有所言说皆关由之'。"又《史记·梁孝王世家》:"大臣及袁盎等有所关说于景帝。"《索隐》:"袁盎云:'汉家法周道立子',是有所关涉之说于景帝。"又《汉书·五行志》中之下:"臣虽欲复捐身关策,不及事已。"颜师古注:"言虽损弃其身,不怀顾虑,极陈计策,关说天子,亦无所及。"又有训"关"为白者,如《汉书·王褒传》:"进通得关其忠。"颜师古注:"关,白也。"以上诸例中"关"义皆得训为"通告"、"告白"等。此外,古书中虽无训解而实用此义者亦不一而足。其例如《汉书·霍光传》:"诸事皆先关白光,然后奏御天子。"此"关白"一词,亦复与《史记·佞幸列传》及《史记·梁孝王世家》之"关说"在用法及意义上完全相同。在《尉缭子·将理》中又有:"试听臣之言,行臣之术,虽有尧舜之智,不能关一言。"则此"关一言"当即与今语之"说一言"相同。同样的用法尚有:《汉书·谷永传》:"当毕力遵职,养绥百姓而已,不宜复关得失之辞。"直以"复关"作"辞"之谓语,是知此处"复关"当与今之"再说"等极其相似。

《说文》门部云:"关,以木横持门户也。从门,䏿声。"按,关即为以木横持门户,有贯通之义。其字从门声䏿者,《说文》丝部云:"䏿,织绢从糸贯杼也。从絲省,卯声。"是"䏿"字亦有"贯通"、"贯联"、"贯串"之义[1]。据此,"关"字引申而有"通"、"通由"等义固宜矣[2]。而言语乃人类互通之媒介,故通告、通说等亦可以"关"为言也。

这里还有一个问题,即郑玄既于《周礼·秋官·条狼氏》下以"复请"释经之"关",为何于《诗·氓》之解释却有不同?今谓郑氏之注经,为《毛传》作《笺》在前,注《周礼》则在其后矣。且其释"关"字显受《毛传》影响,以有此一失。而在其注《周礼》时,已蔚然大家,而学说更为缜密矣。故今于其说,则是后而非前也。

---

[1] 古书中"关"字又有作"通过"解者,如《史记·万石张叔列传》:"事不关决于丞相。"又《史记·酷吏列传》:"其治米盐,事大小皆关其手。"

[2]《礼记·丧服传》"故子生三月,则父名之。"注:"凡言子者,可以兼男女。又云女子者殊之,以子关適(嫡)庶也。"贾公彦疏云:"关,通也。"《集韵》:"关,一曰通也。"

前已正《诗·氓》"复关"之"关"当作通告解,而"关"之义可得而说也。即第一章既谓"秋以为期",此时期至而来回话,故云"复关",其义与后郑注《周礼》之"复请"大抵相同。是"以望复关"即为"以候望回话"的意思,惟有如是解,下文所云之"不见"、"既见"方无轩轾,而此文章之诗旨、构思等可明,说此诗者终可以文从而字顺矣。

《吕氏春秋》"捷于肌肤"之"捷"字新解[①]

《吕氏春秋·论威篇》有一段关于法令威严的议论,原文如下:

> 古之至兵,民之重令也。重乎天下,贵乎天子。其藏于民心,捷于肌肤也,深痛执固,不可摇荡,物莫之能动。

从本段文意来看,"深痛"二字分别承接前二句。"深"是说"藏于民心"的程度,"痛"则言"捷于肌肤"的感受。正因为藏之深、捷之痛,所以能执守坚固(即"执固")。这几句话的意思大约可晓,但"捷"字之义颇为费解。东汉高诱的注说:"捷,养也。"在古书旧注中,训"捷"为"养"的,除高氏此注外,再也找不到第二例。此外,"养"跟肌肤之痛也没有逻辑联系,所以,高注显然是有问题的。因此,自清代以来,校理《吕氏春秋》的学者,针对"捷于肌肤"的"捷"字,作出了各种不同的解释。由于这些解释,或曲为高注辩解,而显理隔义乖;或置"痛"意不顾,终觉难为的诂。于是,笔者特撰此文以作更进一步的研究,以期得到一个令人信服的合理解释。

为了便于讨论,本文分成两个部分。第一部分转述清代以来人们对"捷"字所作的几种重要解释,并稍加评说;第二部分则首先提出本文的看法,并从音、义等角度,结合文献资料进行论证。

[①] 原载《贵州大学学报》1997年第1期,人大复印报刊资料《语言文字》1997年第4期转载。

一、清代以来诸家解释述评

因为陈奇猷先生的《吕氏春秋校释》(以下简称《校释》)蒐集材料极为赡富,每有重要说解大都详为引录,为了方便读者查对,本文所述的各家说法,主要转引自《校释》一书,只在个别地方作了必要的补充。

1."捷"读为"浃"。

此说首倡于清代的毕沅。毕氏《吕氏春秋校正》说:"(高)注疑未是。捷或当为浃。"其后杨树达亦同意此说(详后"1.2.2.")。

2."捷"读为"接"。

持此说者主要有5家,而对"接"的解释则又有不同。

(1)"接"释为"接续"。

洪颐煊《读书丛录》说:"捷,古字通作接。《尔雅·释诂》:'接,捷也'。郭注:'捷谓相接续也'。《荀子·解蔽篇》:'虽亿万已不足以浃万物之变'。杨倞注:'浃。或为接'。其义亦通。"按,洪说既以"接续"为释,又据《荀子》注所引异文认为"接"与"浃"义也相通,是不以毕沅说为非。

(2)"接"释为"达"。

此说见于孙诒让《墨子间诂》①。《墨子·修身篇》:"畅之四支,接之肌肤。"孙诒让注说:"《小尔雅·广诂》云:'接,达也。'亦与挟通,《仪礼·乡射礼》郑注云:'古文挟皆作接。'俗作浃,义并同。《吕氏春秋·论威篇》云:'其藏于民心,捷于肌肤也,深痛执固。'高注:'捷,养也。'案,捷、接字亦通,高失其义。"按,孙氏之意,以"捷"、"接"、"挟"古字皆通,俗字又作"浃",并释为达。杨树达所说略同,他说:"高训捷为养,义隔不顺。毕沅读为浃,洪颐煊读为接,皆是也。近孙诒让《墨子间诂·修身篇》注引此文,亦读为浃,谓高氏失其义。"按,杨氏谓孙诒让读"捷"为"浃",未尽是。说已见前。

(3)"接"释为"接气"。

吴承仕《吕氏春秋旧注校理》说:"毕校非也。捷、接声近义通。《内则》:'接以太牢。'接读为捷。捷,胜也。谓食其母使补虚强气也。又《淮南子·精神篇》:'食足以接气补虚。'接气与'养'义为近,高注读捷为接,故以养释之。

---

① 中华书局,1986。

毕疑为浃,失之远矣。"按,吴所谓"接气",即续补精气之意,其说既增字为释,又迂曲太甚。杨树达批评他说:"吴检斋(承仕)欲为高回护,似可不必。"

(4)"接"释为"接触使痛痒"。

陈奇猷《吕氏春秋校释》说:"捷、接通。捷于肌肤谓接于其肌肤为其所感觉,详《论人》[注二三]。"又于《论人篇》:"言无遗者,集肌肤,不可革也。"注云:"集、接、捷三字音近通假。此作'集',《论威》作'捷',《墨子》作'接',义均同。'集于肌肤'者,谓接于人之肌肤为人所感觉而知之也。《管子》云:'集于颜色,知于肌肤',字既作'知',而又以'集'、'知'对举,尤为'集'字有知义之明证。"陈氏又说:"高注'养'盖即'痒'字……高氏之意盖谓接于其肌肤使其肌肤感于痛痒,则高氏正读捷为接也。《圜道》:'人之有形体四枝,其能使之也,为其感而必知也',高注云:'感者,痛恙也,手足必知其处所。'感即接触所生之感觉。四枝接触所生之感觉而高以痛痒释之,故此接触于肌肤高亦以痛痒为解。二者比较,则高氏之意尤为明显。诸家不知养之即痒,而以高注为误,失之。"按,陈氏之说,尤不可依信。第一,《论人篇》的"感而必知"中的"感"为因,"知"为果,感是有所感,而"痛恙"则是所感者,故高注以此为释。而本篇中,"捷"是因,"痛"是果,若以"接触肌肤使其痛痒"为释,则下"痛"无所承接,徒使文理阻滞,而又破碎其辞。第二,强为高注辩解,故意迂曲其说,误与吴承仕相似。第三,引误本《管子》为证,且《管子》中"知"、"集"二义绝不相同(详见下文2.4.)。

3."捷"读如字,释为"疾速"、"迅捷"。

范耕研《吕氏春秋补注》说:"高注固未是,毕校亦非。此言肌肤痛痒,其感受甚捷,喻令行之速也。"按,"迅疾"于肌肤既不成辞,亦无由致其疼痛。其说亦非。

4."捷"读为"集",释为"丛聚"。

谭戒甫《校吕遗谊》说:"注养字无义,疑'簀'字之误。簀同籑,均可训集。捷即集之音假也。《论人篇》:'言无遗者,集于(原脱'于'字)肌肤。'《管子·白心篇》:'集于颜色,知于肌肤'(王引之校作'集于肌肤,知于颜色')。捷又通接,《尔雅·释诂》:'接,捷也。'故《墨子·修身篇》云:'畅之四支,接之肌肤。'然则集于肌肤,乃晚周人常语也。集有丛聚之义,盖即沦肌使髓意耳。"按,此说"集"、"接"、"捷"音通及"捷于肌肤"有沦肌浃髓之意近是,而以"捷"为"集"之借字则不然。因"集聚"绝无致痛之理,所谓"晚周人常语"倒难免强辞为说之嫌。

在上述各家中，毕说虽读"捷"为"浃"。但未明言当属何义。按，除"合洽"、"周匝"等义与本文所论无关，"浃"还有以下诸义。《荀子·解蔽篇》："虽亿万已不足以浃万物。"杨倞注："浃，遍也。"《汉书·司马相如传下》："故休烈显乎无穷，声称浃乎于兹。"颜师古注："浃，彻也。"《尔雅·释言》："浃，彻也。"郭璞注："谓沾彻。"《淮南子·原道》："'不浃于骨髓。"高诱注："浃，通也。"要之，有"遍彻"、"透彻"、"通彻"各义。如据孙诒让、杨树达之说推测，大约当作"通彻"解。此三家之说，较其他说法义长，然而，也难以说通下文的"痛"字，令人颇感释义模糊而终欠妥帖。所以，"捷"字应该还有更为确切、合理的解释。

二、"捷"古有"插"义说

"捷于肌肤"的"捷"，当即训为"插"义，其意义为"刺人"、"刺入"等。下面，我们就分别据经籍用字的异文情况和"捷"、"插"等字的声音、字形、意义及其递变情况来加以论证。

1. 经籍中"捷"、"插"通用。

《周礼·考工记·总叙》郑玄注："戈、殳、戟、矛皆插车辂。"《仪礼·士丧礼》"撂笫"注："撂，插也。"二"插"字《经典释文》（以下简称《释文》）皆作"捷"[1]。《礼记·乐记》"裨冕搢笏"注："搢犹插也。"《释文》云："犹捷，本亦作插。"[2]又《仪礼·士冠礼》："捷相兴。"《释文》云："捷，本又作插。"[3]按，上引诸经之"插"，古本当皆作"捷"。《考工记·庐人》"晋围"郑注："郑司农云，晋谓矛戟下铜镦也。玄谓读如王晋大圭之晋，矜所捷也。"段玉裁说："捷同臿，俗作插。"[4]《考工记·总序》注："殳、戟、矛皆插车辂。"孙诒让说："插，叶钞宋本《释文》作捷。"又说："捷与插古通用。"又云："《释文》本是也。"[5]《管子·小匡》："管仲诎缨插衽。"王念孙《读书杂志》卷七《管子》第四"插衽"条说："插，

---

① 《释文》第 534 页。
② 《释文》第 609 页。
③ 《释文》第 777 页。
④ 《周礼汉读考》卷六。
⑤ 《周礼正义》3131 页。

当从宋本作揵。揵,古插字也。今作插者,后人所改耳。《太平御览》服章部三,引此正作揵。"是"搢"之训古本皆只作"揵",后世盖因"揵"多训"捷胜"、"迅捷"而其"插"义转晦,故传抄者及注家遂以"插"字改经。《穀梁传·僖公三年》:"桓公委端搢笏而朝诸侯。"晋范宁注:"搢,插也。"亦其例。

2."揵"、"插"古音近而"揵"有"插"音。

《广韵》"揵,疾叶切"(从叶开三);"插,初洽切"(初洽开二)。中古二字声韵不同。但中古"庄、初、崇、生、",是由上古的"精、清、从、心"分化出来的,且二字又同属盍部,所以,上古音的"揵"(*dz—)跟"插"(*tsʰ—)只是在声母清浊上小有差异。再者,魏晋以来的经师注音中,凡意义为"插、刺"的"揵"字,相承读作清纽(*tsʰ—)而不读从纽(*dz—)。如《考工记·总叙》《释文》:"皆揵,徐刘初辄反。戚初洽反。"①《释文》:"犹揵,本亦作插。初洽反,徐采协反。"《释文》所引的徐邈、刘昌宗,并为东晋经师(蒋希文,1984。杨军,1996)。在二人的读书音里,中古的庄组声母尚未从精组声母中完全分化出来(蒋,1984;盘小愚,1995),所以,徐邈、刘昌宗的"初辄反"跟徐邈的"采协反"两音相同,均读为清纽。而戚衮、陆德明读"初洽反"者,则与《广韵》"插"字之音相同。这些资料,既表明上古音里作"插"义的"揵"应该读清纽,同时,还证明直到隋唐之际的读书音里,"揵"字仍保存了"插"的读法,并且反映出二字的最后分化是在此后。《集韵》也在洽韵初纽("测洽切")下,同时收录了"插"、"揵"二字,注云:"《说文》刺肉也②。或作。"《集韵》收字多存古③,因而也是"揵"字古读清声母且与"插"相同的重要旁证。

3."揵"、"搢"等字的形义分析。

(1)"揵"字分析。《说文》手部:"揵,猎也。军获得也。从手,聿声。"这里的"军获得也"一义,当属后起,故不具论。关于"猎也"之义,桂馥《说文解字义证》引《月令章句》说:"猎,揵也。言以揵取之。"二字互训,知其义同。④ 其语均源于古代的狩猎,而"揵"之义当即"追逐而猎取禽兽"⑤。由于古代猎取

---

① 《释文》第 560 页。
② 段玉裁《说文解字注》谓当作"刺内也",是。
③ 《集韵韵例》:"凡经典有数读,先儒传授,各欲名家,今并论著,以粹群说。"
④ 《国语·晋语》:"不如揵而行。"注:"旁出为揵。"《仪礼·大射仪》:"无猎获。"注:"从旁为猎。"则是同训之例。
⑤ 段玉裁认为"揵,猎也",即"谓逐禽而得之也"。可参。

飞禽猛兽必用矢矛一类的锐利物射刺之,遂有"刺人"的意义。如甲骨文"雉"字作 ☽ 甲骨文合集 10513　☽ 甲骨文合集 18335 等,颇像以矢或缚有增缴的矢弋射禽鸟,因有"伤亡"之义①。又如甲骨文"豙"字作 ☽ 甲骨文合集 1339 或 ☽ 殷墟文字萃编 221,像矢矛刺穿豕之形。罗振玉说:"从豕身著矢,乃豙字也。豙殆野豕,非射不可得,亦犹雉之不可生得。"②此皆古人狩猎必用利物弋刺之证。当然,"捷"既是"追逐猎获禽兽",也就有"捷速"一义,因为逐猎也须行动迅疾。但作此义的字,《说文》作"疌",即"捷"的声符。因"形声字声中有义",③且形声字常有"声旁即语源者",④故颇疑"逐猎"之"捷"本只作"疌"。卜辞,金文不见"疌"字,《说文》作" ☽ ",解云:"疾也。从止、从又。又,手也。屮声。"此说"屮声"非。《广韵》"屮"音"丑列切"(彻薛开三),上古为透纽月部(*tʰiat),与"疌"音(*dziap;*tsʰiap)相去甚远。徐锴《说文解字系传》说:"止,足也;又,手也。手足共为之,故疾也。"此说亦非,因"手足共为之"绝难会"疾也"之义。且"屮"亦无着落。今谓此"屮"已非《说文》"艸木初生"之义,而是表端部有叉的木棍或殳矛的符号。如卜辞的"栅"字作 ☽ 甲骨文合集 6647 或 ☽ 殷墟文字乙编 3025,两"屮"并列,象征竖木排列,是其例。以手持屮,即像手持棍棒或殳矛等,因有刺击之义。(《荀子·富国篇》:"刺屮殖谷。"其"刺屮"连文,当即刺插之义,谓插锹起土也。)字从"止",则表亦行动快速。如卜辞中"追"、"遂"、"正(征)"等均从"止",而有"疾行"或"行走"之义。是"疌"以从止,从手持屮,有"逐取禽兽"之义。因此,"疌"是"捷"的初文,而"捷"乃"疌"之初义。二者关系可用下图表示。

$$疌(逐猎)\begin{cases}捷(逐猎;由疌增形)\\疌(疾行;由逐猎分化)\end{cases}$$

其后,又按"逐猎"、"疾速"、"刺人"的意义滋生出不同的词,滋乳出不同的字。

①捷(逐猎)组:

---

① 参徐中玉主编《甲骨文字典》。
② 罗振玉:《增订殷墟书契考释》。
③ 参看杨树达《积微居小学金石论丛》卷一《形声字声中有义略证》等文。
④ 参看杨树达《积微居小学述林》卷一。

捷《说文》："军获得也。《春秋传》曰：齐人来献戎捷。"《诗·小雅·采薇》："一月三捷。"毛传："捷，胜也。"

②疌（疾行）组：

疌《说文》："居之速也。"

踕《广韵》："足疾。"

徣《广韵》："行走貌。"

艓《广韵》："舟行也。"

倢《说文》："佽也。"（佽：便利；便捷）

③捷（刺入、插入）组：

鍓《说文》："斛（锹）也。"《尔雅·释器》："斛谓之鍓。"郭璞注："皆古锹锸字。"

䀹《释名·释形体》："䀹，插也，毛插于眶也。"①

緁《说文》："缏衣也。"（缏衣：缝衣边）

以上，皆可证"捷"在古代有"刺"、"插"的意义。

（2）"搢"字分析。

"搢"字经典皆训为"捷"或"插"，上文 2.1. 已述。但"搢"也是其声符"晋"的增形字。《周礼·考工记·庐人》"晋围"注："郑司农云：晋谓矛戟下铜鐏也。玄谓读如'王晋大圭'之晋，矜所捷也。"段玉裁说："谓其音义同也：晋大圭训为畚于绅带之间，知此晋谓矜畚于铜鐏。捷同畚，俗作插。晋大圭俗本作搢大圭，非。"②《说文》："晋，进也。日出而万物进。"按，"晋"字甲骨文作 ᖰ 甲骨文合集 19568，金文作 ᖰ 晋人簋或 ᖰ 格伯作晋姬簋，均像二矢倒插于筲或囊之形，故有插入之义。③ 诸经之"搢笏"、"晋大圭"、"晋围"皆此义。《说文》说"进也"是，谓"日出而万物进"则误以从日说解。"晋"、"搢"之义为"插"，而诸经屡以"捷"为释，此又"捷"有"插"义之证也。

4. "捷于肌肤"即"刺于肌肤"说。

前面已证"捷"有"插"、"搢（即晋）"的意义，《说文》："插，刺内也。"（《广韵》引作"刺入也。"按：内、入义并同。）而"搢（晋）"亦有"刺入"、"插进"之义，

---

① 此据《广韵》所引。

② 《周礼汉读考》卷六。

③ 参看杨树达《积微居小学金石论丛》卷一《形声字声中有义略证》等文。

所以,"捷于肌肤"即是"刺进肌肤"的意思。只有作是解,下文的"痛"才有所属,而整段意思也才可文从字顺。而《论人篇》的"集于肌肤,不可革也"。《管子·白心篇》的"集于肌肤,知于颜色"。① 二"集"字并当为"捷"的借字,且可以"刺入"、"插进"的引申义"深入"、"深透"等为训释,于文理亦通畅无障隔。"集"借为"捷",犹"戢"借为"捷"②。《诗·小雅·鸳鸯》"戢其左翼"《释文》:"《韩诗》云:捷也,捷其喙于左也。"③即《韩诗》读"戢"为"捷",释为"插"之证。又《墨子·修身篇》:"畅之四支(支:同肢),接之肌肤。"此"接"亦"捷"之借字,亦可以"入"为训。《淮南子·原道篇》有"不浸于肌肤,不浃于骨髓"之语,是"浸"既为"深","浃"亦"捷"字之借,当训为"透"。高注:"浸,润也;浃,通也。"大意可通,而非切解也。

---

① 原作"集于颜色,知于肌肤"。今据王念孙《读书杂志》卷七《管子》第四校改。
② "集"、"戢"二字古声韵皆同,亦与"捷"音近。
③ 《经典释文》第332页。

"伧嗫穰擩"释

唐徐坚《初学记》卷十九"奴婢"条下载有汉代王褒的《责须髯奴辞》[①]，文中有一段形容须髯奴毛发胡须的文字，其言曰：

> 岂若子须，即乱且赭。枯槁颓瘁，够劳辛苦。汗垢流离，污秽泥土。伧嗫穰擩（音而），与尘为侣。无素言可依，无丰颐可怙。动则困于总灭，静则窘于囚掳，薄命为髭，正著子颐。为身不能庇其四体，为智不能御其形骸。獭须瘦面，常如死灰。曾不如犬羊之毛尾，狐狸之毫氄。

其中"伧嗫穰擩"[②]一语，颇不经见于古书旧籍，其下除"擩"字下注云"音而"外，别无他释。检寻辞书字典，有误引此语作为"伧"字之例者，亦有误取"伧嗫"结合之例，或以交错组合而求变化，或竟因"嗫"、"擩"互倒而致讹误。唯如此解，其义乃洞然可晓。今特援举数例，为作考辨于下，兼以匡正几种辞书之失。

古语中"伧穰"、"嗫擩"均为联绵词，不容分别释之。"伧穰"与"抢攘"同，《说文》作"枪攘"[③]，义为乱貌、不安貌或匆遽貌。他书又作"伧攘"、"伧囊"、"狖囊"、"戕囊"、"伧伫"等，皆与"抢攘"相同，异文虽多，实为一词。《汉书·贾谊传》有"本末舛逆，首尾衡决，国制抢攘，非甚有纪，胡可谓治？"注："苏林曰：抢音济济跄跄，不安貌也。晋灼曰：抢音伧。吴人骂楚人曰伧。伧攘，乱

---

① 《古文苑》亦载此文，而题为黄香《责髯奴辞》。
② 《古文苑》本"擩"作"檽"。
③ 今本作"枪欀"，此据段玉裁校。

貌也。师古曰：晋音是。伧音仕庚反，攘音女庚反。"①是知二字为叠韵连语，义为乱貌或不安貌。《庄子·在宥》："之八者，乃始脔卷狢囊而乱天下也。"《释文》："狢音仓，崔本作戕。囊如字。崔云戕囊犹抢攘。"成玄英疏："狢囊，匆遽貌也。"是知浑言则谓之"乱貌"，而"不安貌"言其制度无序；"匆遽貌"言其劳碌忙乱，析言略有小别耳。故《集韵》庚韵于抢字（锄庚切）、攘字（尼庚切）下并云："抢攘，乱貌。"②或以形容社会动荡、动乱等，如柳宗元《吊屈原文》："支离抢攘兮，遭世孔疚。"于公义《为李晟收西京露布文》："丑类抢攘。"亦有形容杂草秽乱者，《说文》艸部"莖"下云："莖薴，艸乱也。从艸，争声。杜林说，莖薴，艸貌。"《集韵》耕韵"莖"（锄耕切）下、"薴"（尼耕切）下并曰："莖薴，艸乱也。"又可形容音乐之杂乱，如刘禹锡《竹枝词引》："其卒章激讦如吴声，虽伧佇不可分，而含思婉转，有湛濮之艳。"而《责须髯奴辞》中的"伧穰"，则是形容须髯奴胡须毛发纷乱纠缠，亦为"乱貌"之一端。或又造"鬇鬡"以当其义。《集韻》庚韵"鬇鬡"（尼庚切）下曰："鬇鬡，发乱貌。或从襄。"又于耕韵"鬇"（锄耕切；中茎切）下曰："鬇鬡，发乱。"今按，联绵词本无定字，唯取音近而已。其作"伧穰"或"抢攘"、"伧攘"、"伧囊"、"狢囊"、"戕囊"者，皆与"抢攘"同。盖此本为阳部叠韵之词，后世音变而转入庚韵或耕韵，则又以"伧佇"、"鬇鬡"、"争薴"等为之，其义则与"抢攘"等无大差异。

文中的"嗫嚅"亦即"嗫嚅"、"嗫唲"，皆为双声连绵词。其义盖为言语时口颊蠕动之委琐貌。东方朔《七谏·怨世》："改前圣之法度兮，喜嗫嚅而妄作。"洪兴祖《补注》曰："嗫，如叶切；嚅，如朱切。"《玉篇》口部嗫（而涉切）下曰："嗫嚅，多言也。"嚅（汝俱切）下曰："《埤苍》云，嗫嚅，多言也。"按"小语谋私貌"与"多言"义虽有别而亦复相关，所谓"小语谋私貌"乃私相议论、窃自商量之貌，其言虽不可闻而其口颊蠕动则可得而见。此即与"多言"之貌相似，盖皆取义于"颞颥"一词。《玉篇》页部"颞"（仁涉切）、"颥"（仁于切）字并云："颞颥，耳前动也。"（《广韵》"颞"字注、《集韻》"颞"字注同）《集韻》"颥"（汝朱切）字下云："耳穴东謂之颞颥。"其字又作"嗫唲"。《古文苑》王延寿《王孙赋》："嚼咶唊而嗫唲。"章樵注："咶音忍；唊音冉；嗫之涉反；唲音儿。并口动

---

① 晋灼读"抢"为"伧"，以"乱貌"释"伧攘"是。而云"吴人骂楚人曰伧"，遂将骂人之"伧"与"伧攘"混为一谈，则又误矣。
② 《集韵》"抢"字下作"欀"，依例当作"攘"。

貌。"按章氏四字分释非是,当云:"咓唻、嗫呢,并口动貌。"因二词皆为双声连绵词,"嗫"字亦当从《广韵》音"而涉切"①。凡人窃语而可见者为口腮耳颊之动,故"小语谋私貌"、"多言貌"皆得以形容口动、耳动之"颞颥"、"嗫呢"之状。"嚅"字之所以音"而"者,亦因二字双声之故也(《切三》虞韵曰朱反下"嗫嚅,多言"所释之"嚅"即从"口",从"而"而相重。又《切三》、《刊》、《王一》、《王三》、《唐韵》等"颞"字注中"颞颥"之"颥"亦均从"页",从"而"而相重)。

前述已证《责须髯奴辞》之"伧嗫穰嚅"当即"伧穰嗫嚅",且与"伧穰嗫嚅"音义全同。两个联绵词之结合,以"伧穰嗫嚅"之类为正例,可以"AABB"式表示。而作"伧嗫穰嚅"者,则变为"ABAB"式,而终非正例。其所以如此,有两种可能:一为交错组合以求其变,如此则因修辞效果而有意为之者。今考先秦两汉群书所载,似此者唯见一例。《荀子·大略》有"蓝苴路作,似知而非"。王念孙认为"苴作"当即"狙诈",其言曰:"《诸侯王表》'秦据势胜之地,骋狙诈之兵。'应劭曰:'狙,伺也。因间伺隙出兵也。狙音若蛆。'念孙案,应分狙诈为二义,非也。狙诈叠韵字,狙亦诈也。《荀子·大略篇》'蓝苴路作,似知而非。'杨倞注引赵蕤注《长短经·知人篇》曰:'姐者,类智而非智。'苴、姐并与狙同。狙诈者有似于智,故曰'蓝苴路作,似知而非。'作即诈字也。《月令》曰:'毋或作为淫巧,以荡上心。'郑注曰:'今《月令》"作为"为"诈伪"'是也。《叙传》曰'吴孙狙诈,申商酷烈。'狙诈同义,酷烈同义,是其明证矣。"②今按"狙诈"确乎古代习见之叠韵连语③。如扬雄《法言·问道》有"狙诈之家曰:'狙诈之计,不战而屈人之兵,尧舜也。'曰:'……衔玉而贾石者,其狙诈乎!'"《汉书·宣帝纪》有"骋狙诈之兵"。《后汉书·王允传论》有"伺间不为狙诈"。《三国志·蜀志·郤正传》有"狙诈者暂吐其舌"。皆其例。汪荣宝、朱起凤并以王念孙之说为是④,则《荀子》之"苴作"即为"狙诈"。而言"蓝苴路作",则亦为"ABAB"之构成方式,与"伧嗫穰嚅"略同。"蓝路"二字为来纽双声,倘可证二字为联绵词,"ABAB"之结构方式,即可成立。然"蓝路"之语不见于古籍,杨注已云"未详其义",朱起凤亦谓"惟'蓝路'二字,不知作何

---

① 嗫字《切三》、《王二》、《王三》、《唐韵》并有"而涉"、"之涉"二反。
② 王念孙《读书杂志》七《汉书》第十六"连语"条。
③ 二字上古皆在鱼部。又狙,清母;诈,庄母。上古声母亦近,又得为双声。
④ 汪说见《法言义疏》;朱说见《辞通》。

解耳",故"蓝路"是否联绵词,未可遽定。而联绵词是否有"ABAB"之交错组合方式,亦终不可定论矣。若"伧嗫穰擩"非即"ABAB"之构成,则"嗫"、"穰"必为"穰"、"嗫"二字之误倒,且使"伧嗫"、"穰擩"终不成词矣。

辞书有关之误可见以下数端,现分别条辨于后。

误为"伧"字增加义项。

《辞源》"伧"字第一个义项为"粗野,鄙陋。"而引例则为"《初学记》十九王褒《青须髯奴辞》:'伧嗫穰擩,与尘为侣。'"按"伧嗫穰擩"乃"伧穰""嗫擩"之别构,义为须髯毛发纷乱、口腮耳颊蠕动之貌,乃奴者猥琐之状,并无"粗野,鄙陋"一义(说已见前)。是《辞源》所立义项既误,而又误将联绵词作单字分拆。所引篇名中,又误"责"为"青",徒使读者不知所云矣。而台湾天成出版社《文史辞源》此条因全抄《辞源》,故所误全同。《汉语大词典》此条除引篇名不误外,所误亦与《辞源》相同。

误以"伧嗫"列为词条。

台湾版《中文大辞典》"伧"字下列有"伧嗫"词条。其云:"伧嗫,委琐也。《骈雅·释诂上》:'伧嗫,委琐也。'黄香《责须髯奴辞》:'伧嗫穰橺,与尘为侣。'"按"伧嗫穰擩"断不可拆为"伧嗫"与"穰擩",此既拆之,则误已甚。而谓出自《骈雅》者,实厚诬古人也。《骈雅·释诂》原文作"伧嗫穰擩,委琐也"。其说本不误,断取其前而舍弃其后,其误自在词典编纂者。又将《责髯奴辞》之"擩"误引作"橺",真可谓鲁莽灭裂也。

综前述以论之,《责须髯奴辞》之"伧嗫穰擩",即"抢攘""嗫嚅"之别构,其义与"伧穰嗫擩"相同。辞书中凡有据以为"伧"字增加义项者,或列"伧嗫"为一词条者,皆误。

《庄子·则阳》:"君为政焉勿鲁莽,治民焉勿灭裂。"朱熹《致知》:"吾恐其鲁莽灭裂而终不能有所发明也。"

关于遵义话"x的+量"的语法形式[1]

遵义话有一种特殊的语法形式,即"x的+量"式。其中,"x的"表示"的"字结构,"量"则表示量词。遵义话的"x的+量"式,实际上是两种结构,一种是名词性的,一种是形容词性的。本文主要讨论这两种结构的构成方式和语法功能。

一、名词性的"x的+量"式

就语法功能而言,名词性的"x的+量"式,可以充当句子的主语和宾语,也可以后接疑问语气词作疑问句,少数情况下还可以作定语。例如:
(1)作主语
我的件已经烂了。
左边的双要好些。
红的朵好看。
三的碗吃完了。
有洞洞的种给他。
(2)作宾语
我要他的个。
你坐中间的把。
他要大的起。
我正在吃二的碗。

---

[1] 原载《贵州民族学院学报》,1992年4期。

给我有花的种。

(3)后接疑问语气词作疑问句

你们的个呲?

活的只哎?

大的起嘞?

三的个呲?

开起的扇哎?

例中的"呲"、"哎"、"嘞",都是疑问语气词,大致相当于普通话里的疑问语词"呢"。

(4)作定语

我的支铅笔

右边的件衣服

白的双鞋

二的个姐姐

大花的种窗帘

从作定语的情况来看,名词性的"x的+量"式,实际上是一种偏正结构的定语部分,如"我的支"、"右边的件"等,是"我的支/铅笔"、"右边的件/衣服"的省略形式。由于名词性的中心词被省略了,这个偏正结构的定语部分才具有了名词的性质,得以充当句子的主语和宾语等。但需说明的是,在遵义话里,"x的+量"式作定语的情况不常见,按照习惯,只要说话的双方都知道所说的事物,那么,上述偏正结构的中心语部分就可以省略,而用定语部分(即名词性的"x的+量"式)取代。

在名词性的"x的+量"式中,"x"一般由形容词、人称代词、方位词和一些词组充任,少数情况下也可由名词、数量词和动词充任。较为特殊的,是由数词充任。下面是这些词或词组分别作"x"时的几种情况。

(一)"x"为形容词

凡是形容词,都可以作"x"。例如:

红的朵　黑的支　白的条　大的盘　小的盏　多的堆　少的杯　满的缸　长的串

尖的根　方的个　重的挑　新的条　活的只　亮的把　肥的件　高的座　细的颗

粗的棵　弯的起

只要是形容作"x"，"x 的＋量"式结构中的量词可以是任何名物量词。由于量词"个"所具的宽泛性，因此"个"的使用范围最广，以上的例子中，所有的量词都可以用"个"来替换。

(二)"x"为人称代词

凡是人称代词，都可以作"x"。例如：

我的根　你的支　他的双　我们的起　你们的个　他们的支

我自己的顶　你自己的件　他自己的条

人称代词作"x"时，量词的使用情况跟形容词作"x"时相同。

(三)"x"为方位词

凡是方位词，也都可以作"x"。例如：

前面的个　后面的起　左边的双　右边的条

上边的件　下边的种　中间的朵

方位词作"x"时，量词的使用情况跟形容词、人称代词作"x"时相同。

(四)"x"为一些词组

凡是可以构成"的"字结构的词组，也都可以充当"x"。例如：

我吃得起（主谓式）　栓带子的双（述宾式）

打得凶的个（述补式）　方格子的种（偏正式）

这时候量词的使用情况也跟前述几种词类作"x"时相同。

(五)"x"为名词

名词作"x"的时候不太多，只有在对两个或两个以上事物进行比较、选择或并举时才出现。例如，在比较铜质与铁质两把锁时，可以说："铜的把好，铁的把不好。"在选择肉馅和糖馅两种包子时，可以说："我要糖的起，肉的个给他"。再如，列举十二生肖的图片等时，也可以说"老鼠的起、牛的起"或"马的张、羊的张、猴子的张"等等。

此时的量词使用情况，与前述几种一致。

(六)"x"为数量词

数量词作"x"的时候也不多，一般也是在对两个或两个以上事物进行比较、选择或并举时才出现。例如，两种物品比较时，可以说"八角的种比七角的种好"；两场电影的选择，可以说"我看三点的场，七点的张给他"等等。当这些数量词中的数超过"十"时，通常还可以省略量词，量词省略后，意义又不变。如:"三十八码的双"可以说成"三十八的双";"三百八十块的种"可以说成"三百八十(或三百八)的种"等等。这种省略的形式,跟下文第(8)小节所述数词作"x"的形式不同。

(七)"x"为动词

"x"为动词的情况也比较少,常常也是在对两个或两个以上事物进行比较、选择或并举时才出现。例如:"炒的起"(肉、菜等)、"走的个"(人、物等)等等。一般,当动词后可以加上助词"起"、"过"时,这个结构是名词性的。例如"炒过的起"、"走起的个"等等。如果这个动词后不能加上"起"、"过"等助词,那么,这个结构是形容词性的(请参看本文第二节)。

凡"x"为上述形容词、人称代词、方位词、名词、数量词、动词和一些词组时,"x的+量"式都具有较强的特指功能。如"红的朵"(花),意为"红的那朵花",特指几朵花中"红的那一朵"。再如"中间的个"(人),也特指若干人里"中间的那一个"。在这种情况下,结构助词"的"与量词之间可以加上一个指示代词"这"或"那",不过,习惯上一般都不加。如果我们用"指"表示代词"这"或"那",根据上述几种"x的+量"式所具的特指功能,我们可以把这种结构视为"x的+指+量"式的省略形式。前述几种"x的+量"式,还有一个共同之处,即结构中的量词只能用名量词充当,而不能用动量词如"下"、"趟"、"次"、"回"、"遍"等充当。

(八)"x"为数词

当"x"为数词时,"x的+量"式中的量词,既可以是名量词,又可是动量词。下面分别讨论。

1."数词+的+名量"式

这种结构,又有两种情况。

a.表示事物之间的先后序列。试比较普通话遵义话:

第一个　一的个

第二个　二的个

第十个　十的个

第十一个　十一的个

遵义话表示第一个的"一的个"可以用"头的个"替换,另外,要表示最后一个或最末一个时,一般用"尾儿的个"或"最后的个"来表示。上例中的量词"个",可以用其他名量词如"支"、"把"、"件"、"条"、"顶"、"根"、"只"、"双"、

"种"、"起"等来替换。如:"一的把"、"二的件"、"三的双"、"四的种"等等。

b. 表示亲属间的长幼序列,也可由"一的个"、"二的个"、"十的个"、"十一的个"……来表示。其中,"一的个"可用"头的个"和"大的个"替换,最小或最末的,一般用"幺的个"或"小的个"来表示。因为叔伯、兄弟、姐妹和子女等,只能接受量词"个"的限定,所以上例里的"个"不能用其他量词替换。又由于亲属的数量总是有限的,所以上述结构中出现的数不会太大。

2. "数词+的+动量"式

这种结构,主要用于表示动作或行为的先后序列。试比较普通话遵义话:

第一次 一的次

第二次 二的次

第十次 十的次

上例中遵义话"一的次"也可用"头的次"替换,如要表示最末一次,则可用"尾儿的次"。例子中的量词可以用其他动词如"下"、"趟"、"回"等来替换。

在"数的+量"结构中,量词为名量词时,该结构之后可补上中心语。如"三的个"之后,可补上"人"、"姐姐"、"门"等等。而当该结构中的量词为动量词时,它的后面不能再加任何成分。

凡数词作"x"时,数词前都可以加上表示序数的"第",如"三的个"等于"第三的个";"五的趟"等于"第五的趟",但习惯上一般都不加。

二、形容词性的"x的+量"式

遵义话还有一种形容词性的"x的+量"的语法形式。其中,"x"主要由象声词和少数动词充任,量词只能由"个"、"下"、"声"等充任。

(一)"x"为象声词

当"x"为象声词时,量词可以是名量词"个",也可以是动量词"下"、"声"。如:

哇的个　嚯的下　寂的声　啪的个　呜的下

例中的量词"个"、"下"、"声"可自由替换。当量词为动量词"下"、"声"时,量词前还可以加上"一"。如"嚯的下"等于"嚯的一下","呜的声"等于"呜的一声"等。但量词为"个"时,不能加"一"。

(二)"x"为动词

当"x"为动词时,量词可以是名量词"个",也可是动量词"下"。如:

跳的个　飞的下　扑的个　跨的下

例中的量词"个"和"下",也可以自由替换。当量词是动量词"下"时,量词前也可以加上"一",如"跳的下"、"飞的下"、"扑的下"等,都可以说"跳的一下"、"飞的一下"、"扑的一下"等等;而量词是名量词"个"时,则不能加上"一"。

这里的"动的+量"结构,不同于本文第一部分第七小节中名词性的"动的+量"结构。名词性的"动的+量"结构中,动词后可以加上助词"个"或"起",量词除不能用动量词以外,可以用任何名量词。形容词性的"动的+量"结构中,动词后不能增加助词,另外,量词只能是动量词"下"和名量词"个",不能再用其他量词。

形容词性的"x的+量"式,作为句子成分,可以充当状语。例如:

跳的下就下去了。(1)

飞的下就过来了。(2)

扑的个就过去了。(3)

跨的个就上去了。(4)

哇的声就哭起了。(5)

呜的声就开跑了。(6)

嚯的下就垮了。(7)

啪的个就是一巴耳。(8)

通常,在这类句子的状语和谓语之间,都要用连词"就"来连接。而这类句子的谓语,以述补结构最为常见,如例(1)至(6)。例(7)也可改为述补结构的谓语,如"垮了"——"垮下来了"。只有例(8)的谓语是合成谓语,这种谓语是这类句子中最少见的。

主要参考文献

[1]华学诚.扬雄方言校释汇证[M].北京:中华书局,2006.

[2]罗常培.《经典释文》和原本〈玉篇〉反切中的匣于两纽,罗常培语音学论文选集[M].北京:中华书局,1963.

[3]周祖谟.方言校笺[M].北京:中华书局,2004.

[4]周祖谟.《〈篆隶万象名义〉中之原本〈玉篇〉音系》,问学集[M].北京:中华书局,1966.

[5]周祖谟.唐五代韵书集存[M].北京:中华书局,1983.

[6](唐)陆德明.《经典释文》,上海:上海古籍出版社影印宋元递修本;北京:中华书局影印通志堂本,1983;北京:商务印书馆《四部丛刊》,初编缩印本(《附校勘记》).

[7]段玉裁.《古文尚书撰异》、《周礼汉读考》、《仪礼汉读考》、《皇清经解》本.

[8]李富孙.《诗经异文释》、《春秋左传异文释》、《皇清经解》续编本.

[9]胡承珙.《仪礼古今文疏义》、《皇清经解》续编本.

[10]徐养原.《周官故书考》、《仪礼古今文异同疏证》、《皇清经解》续编本.

[11]王先谦.诗三家义集疏[M].北京:中华书局,1987.

[12]孙星衍.尚书今古文注疏[M].北京:中华书局,1986.

[13]洪亮吉.春秋左传诂[M].北京:中华书局,1987.

[14]孙诒让.《周礼正义》,北京:中华书局,1987.

[15]马国翰.《玉函山房揖佚书》,娜嬛馆补校本.

[16]方成珪.《集韵考正》、《万有文库》本.

[17]沈　淑.《陆氏经异文辑》、《陆氏经典异文补》、《丛书集成》初编本.
[18]吴承仕.经典释文序录疏证[M].北京:中华书局,1984;经籍旧音序录[M]、经籍旧音辨证[M].北京:中华书局,1986.
[19]周祖谟.广韵校本[M].北京:中华书局,1960;问字集[M].北京:中华书局,1981.
[20]黄　焯.经典释文汇校[M].北京:中华书局,1980.
[21]司马迁.史记[M].北京:中华书局,1975.
[22]班　固.汉书[M].北京:中华书局,1983.
[23]王　力.汉语语音史[M].北京:中国社会科学出版社,1985.
[24]罗常培.《知彻澄娘音值考》,《史语所集刊》三本第二分册,1931.
[25]蒋希文.徐邈音切研究[M].贵阳贵州教育出版社,1999.
[26]卢文弨.经典释文考证[M].抱经堂丛书本;丛书集成本,北京:商务印书馆,1935.
[27]万　氏.《经典释文校勘记》,《四部丛刊初编》本.
[28]邵荣芬.经典释文音系[M].台北:台湾学海出版社,1995.
[29]王　力.龙虫并雕斋文集[M].北京:中华书局,1980.
[30]万献初.《经典释文》音切类目研究[M].北京:商务印书馆,2004.
[31]杨　军.《今本〈释文〉中后人所增改的反切举例》,中国音韵学研究会第十四次年会暨第六届国际学术研讨会论文集[C].香港文化教育出版有限公司,2000.
[32]杨　军、储泰松.《今本〈释文〉引〈切韵〉〈玉篇〉考》,《中国语言学》第四辑,北京:北京大学出版社,2010.
[33]沈红宇.今本〈经典释文·礼记音义〉中后人增改之反切研究[J].金筑大学学报,2004(4).
[34]沈红宇.今本〈经典释文〉中后人所增改的反切研究[D].贵州大学硕士论文,2005.
[35]沈建民.《经典释文》音切研究[M].北京:中华书局,2007.
[36]段玉裁.说文解字注[M].经韵楼本,上海:上海古籍出版社,1981.
[37]龙宇纯.唐写全本王仁昫刊谬补缺切韵校笺[M].香港:香港中文大学,1968.
[38]鲁国尧.《卢宗迈切韵法述论》,鲁国尧语言学论文集[C].南京:江

苏教育出版社,2003.

[39]王国维.《李舟切韵考》,王国维遗书[M].上海:上海古籍出版社,1983.

[40]杨守敬.日本访书志[M].沈阳:辽宁教育出版社,2003.

[41]虞万里.《〈经典释文〉单刊单行考略》,榆枋斋学术论集[C].南京:江苏古籍出版社,2000.

[42]余廼永.新校互注宋本广韵(定稿本)[M].上海:上海人民出版社,2008.

[43]张涌泉.敦煌经部文献合集[M].北京:中华书局,2008.

[44]张金泉、许建平.敦煌音义汇考[M].杭州:杭州大学出版社,1996.

[45][日]白藤礼幸.篆隶万象名义索引[M].东京:东京大学出版会,1977.

[46][日]阪井健一.魏晋南北朝字音研究[M].东京:日本汲古书院,1975.

[47][日]狩野直喜.《唐钞古本〈尚书释文〉考》,江侠庵编译《先秦经籍考》,北京:商务印书馆,1933.

[48]姚 远."吐蕃"词源及其名义问题重议[J].青海社会科学,1987(1).

[49]郑张尚芳.古译名勘原辨讹五例[J].中国语文,2006(6).

[50]陈 澧.切韵考[M].北京:中国书店,1984.

[51]方孝岳.广韵韵图[M].北京:中华书局,1988.

[52]李 荣.切韵音系[M].北京:科学出版社,1956.

[53]李新魁.韵镜校证[M].北京:中华书局,1982.

[54]龙宇纯.韵镜校注(第五版)[M].台北:台北艺文印书馆,1976.

[55]罗常培.《元至治本〈通志·七音略〉序》,北京大学,1935.

[56]罗常培.《〈通志·七音略〉研究》,《历史语言研究所集刊》第五本第四分册,1935.

[57]鲁国尧.《愚鲁庐学思脞录》,稿本.

[58]潘文国.韵图考[M].上海:华东师范大学出版社,1997.

[59]邵荣芬.切韵研究[M].北京:中国社会科学出版社,1982.

[60]沈兼士.广韵声系[M].北京:中华书局,1985.

[61]辻本春彦.广韵切韵谱[M].日本临川书店,2008.

[62]杨　军.七音略校注[M].上海：上海辞书出版社,2003.

[63]杨　军.韵镜校笺[M].杭州：浙江大学出版社,2007.

[64]佐佐木猛.集韵切韵谱[M].日本中国书店,2000.

[65]高　明.韵镜研究[M].高明小学论丛[M].台北：(台湾)黎明文化事业股份有限公司,1978.

[66]姜亮夫.瀛涯敦煌韵书卷子考释[M].杭州：浙江古籍出版社,1990.

[67]孔仲温.韵镜研究[M].台北：(台湾)学生书局,1987.

[68]李新魁.《韵镜研究》,《语言研究》创刊号,北京：中华书局,1981.

[69]李新魁.汉语等韵学[M].北京：中华书局,1983.

[70]鲁国尧.《卢宗迈切韵法》述评[J].《中国语文》,1992(6);又见《鲁国尧自选集》,郑州：河南教育出版社,1994.

[71]鲁国尧.《卢宗迈切韵法》述评(续)[J].《中国语文》,1993(1);又见《鲁国尧自选集》,郑州：河南教育出版社,1994.

[72]罗常培.《释重轻》,《历史语言研究所集刊》第二本第四分册,1932;又载《罗常培语言学论文选集》,北京：中华书局,1963.

[73]罗常培.《通志·七音略研究》,《历史语言研究所集刊》第五本第四分册,1935,又载《罗常培语言学论文选集》,北京：中华书局,1963.

[74][日]马渊和夫.韵镜校本と广韵索引(新订版)[M].(日本)岩南堂书店,1970.

[75][日]平山久雄.《韵镜二事》,纪念王力先生诞辰九十周年文集[M].济南：山东教育出版社,1992.

[76]余廼永.新校互注宋本广韵(增订本)[M].上海：上海辞书出版社,2000.

[77]杨　军.北大本〈韵镜〉的版本问题[J].贵州大学学报,2001(4).

[78]杨　军.集韵见、溪、疑、影、晓反切上字的分用[J].贵州师大学报,1995(2).

[79]陈新雄.六十年来之声韵学[M].台北：(台湾)文史哲出版社,1973.

[80]董同龢等.《韵门法通释》,《历史语言研究所集刊》第14册,1949.

[81]杜其容.《释内外转名义》,《历史语言研究所集刊》第40册,1969.

[82]高　明.《嘉吉本韵镜跋》,高明小学论丛[M].台北：(台湾)黎明文化事业股份有限公司,1978.

[83]黄耀堃.《宋本切韵指掌图检例与四声等子》,《燕京学报》新 13 期,2002.

[84]罗常培.《释内外转》,《历史语言研究所集刊》第四本第二分册,1933.

[85]许世瑛.评罗董两先生释内外转之得失[J].淡江学报,1966(5).

[86]薛凤生.音韵学十讲[M].北京:华语教育出版社,1999.

[87]杨　军.韵镜校证补正[J].贵州大学学报,1995(1).

[88]杨　军.韵镜校证续正[J].古汉语研究,2001(2).

[89]杨　军.《韵镜校笺》(稿本,当时尚未出版),浙江大学出版社,2007.

[90]周祖谟.《宋人等韵图中"转"字的来源》,问学集[M].北京:中华书局,1966.

[91]《韵镜》影印永禄本,北京:古籍出版社,1955.

[92]郑　樵.《通志·七音略》(简称《七音略》),北京:商务印书馆万有文库本.

[93]黄　侃.集韵声类表[M].上海:开明书店,1936.

[94]孙星衍.平津馆仿宋小字本《说文解字》影印陈昌治一篆一行本,北京:中华书局,1963.

[95]周法高.中国语言学论文集[C].台北:台北联经出版事业公司,1975.

[96]颜师古.《匡谬正俗》,丛书集成初编[M].北京:商务印书馆,1936.

[97]钱大昕.潜研堂文集[M].北京:商务印书馆,1936.

[98]吴承仕.经籍旧音辩正[M].北京:中华书局,1986.

[99]沈兼士.《段砚斋杂文》,北平,1947.

[100]沈兼士.沈兼士学术论文集[M].北京:中华书局,1986.

[101]胡玉缙.许庼学林[M].北京:中华书局,1961.

[102]周祖谟、吴晓铃.方言校笺及通检[M].北京:科学出版社,1956.

[103]杨伯峻.列子集释[M].北京:中华书局,1979.

[104]王先谦.《诗三家义集疏》,北京:中华书局,1987;《释名疏证补》,上海:上海古籍出版社影光绪二十二年刊本,1984.

[105]孙诒让.月礼正义[M].北京:中华书局,1987;墨子间诂[M].北京:中华书局,1986.

[106]许　慎.《说文解字》,孙星衍平津馆仿宋小字本;陈昌治一篆一行本.

[107]徐　锴.《说文解字系传》,北京:中华书局影祁雋藻刻本,1987.

[108]段玉裁.《说文解字注》影经韵楼刻本,上海:上海古籍出版社,1981;《周礼汉读考》,《续清经解本》.

[109]桂　馥.《说文解字义证》影连筠簃本,上海:上海古籍出版社,1987.

[110]朱骏声.《说文通训定声》影临啸阁本,武汉:武汉古籍出版社,1983.

[111]郝懿行.《尔雅义疏》影印咸丰六年刻本,北京:中国书店,1982.

[112]王念孙.《广雅疏证》影嘉庆王氏家刻本,南京:江苏古籍出版社,1984;《读书杂志》,北京:中国书店,1985.

[113]阮　元等.《经籍纂诂》影阮氏原刻本,北京:中华书局,1982.

[114]杨树达.积微居小学述林[M].积微居小学金石论丛[M].北京:中华书局,1983.

[115]陈奇猷.吕氏春秋校释[M].上海:学林出版社,1984.

[116]梁启雄.荀子简释[M].北京:中华书局,1983.

[117]王　力.同源字典[M].北京:商务印书馆,1982.

[118]徐中舒.甲骨文字典[M].成都:四川辞书出版社,1988.

[119]蒋希文.徐邈反切声类[J].中国语文,1984(3).《徐邈反切的韵类》,《音韵学研究》第3辑,北京:中华书局,1994.

[120]杨　军.刘昌宗著述考[J].贵州大学学报,1996(1).

[121]盘小恩.《经典释文中刘昌宗反切考》,贵州大学研究生毕业论文.

[122]王念孙.《读书杂志》影印本,北京:中国书店.

[123]汪荣宝.《法言义疏》,北京:中华书局《新编诸子集成》本.

[124]朱起凤.《辞通》影印本,长春:长春古籍书店.

[125]符定一.《联绵字典》,北京:中华书局.

[126]《原本玉篇残卷》,北京:中华书局,1985.

[127][日]空海.篆隶万象名义[M].北京:中华书局,1995.

[128]《唐写本切韵残卷》,王国维抄本三种,1921.

[129]《刊谬补缺切韵》,内府藏唐写本唐兰仿写本,1925.

[130](宋)陈彭年等:《王仁昫刊谬补缺切韵》,故宫博物院,1948.
[131]《钜宋广韵》,上海:上海古籍出版社影印,1983.
[132]《十三经注疏》(附《校勘记》),北京:中华书局影印本,1980.
[133](北齐)颜之推.《颜氏家训》,上海:上海古籍版王利器《颜氏家训集解》本,1980.
[134](唐)颜师古.《匡谬正俗》,《小学记函》本.
[135]《说文解字》,汲古阁第五刻本;光绪十年淮南书局翻汲古阁第四刻样本;孙星衍滕花榭本;陈昌治一篆一行本,北京:中华书局,1963.
[136]《说文解字系传》,北京:中华书局,1987.
[137]《广韵》,遵义黎庶昌刻本,《古逸丛书》之十;张氏泽存堂本,北京:中国书店,1982;宋巾箱本,南京:江苏教育出版社,2005;明内府本,《小学汇函》第十四.
[138]王應麟.玉海[M].上海:上海古籍出版社,1987.
[139]欧阳修等.新唐书[M].北京:中华书局,1975.
[140]《唐大诏令集》,北京:中华书局,2008.
[141]《宋会要辑稿》,北京:中华书局,1957.
[142]《十韵汇编》,北京大学,1935.
[143]《韵镜开奁》,日本于一条室町渍屋堂新镂,1627.
[144]《七音略元至治本》,北京:北京大学,1935;台北:台北艺文印书馆,1976.
[145]《集韵》,楝亭本,北京:中国书店,1983;述古堂影宋抄本,上海:上海古籍出版社,1985;宋刻本,北京:中华书局,1988.
[146]《敦煌掇琐》,《中国科学院考古研究所考古特刊》第五号,1957.
[147]《切韵指掌图》,北京:中华书局,1962年影印严氏《音韵学丛书本》、1986年影印宋绍定刻本.
[148]《玉篇》,北京:中国书店,1983年影印泽存堂本.
[149]《类篇》,姚觐元重刻楝亭本,上海:上海古籍出版社,1988年影印汲古阁影宋抄本.
[150]《切韵考》,北京:中国书店,1984年影印成都书局本.
[151]《覆宋永禄本韵镜出版者说明》,北京:古籍出版社,1955.
[152][日]铃本真喜男.《宽永五年本韵镜解说》,东京:日本勉诚社,1978.
[153]《五音集韵》,北京:中华书局,1992.
[154]《古今韵会举要》,北京:中华书局,2000.
[155]《中原音韵》,北京:中华书局影讷庵本,1978.

[156]《洪武正韵》,《文渊阁四库全书》第 239 册,台北:台湾商务印书馆,1983.

[157]《四韵定本》,安徽省博物馆藏清抄本.

[158]《国语》,上海:上海古籍出版社,1988.

[159]《汉书》,北京:中华书局,1962.

[160]《后汉书》,北京:中华书局,1965.

[161]《晋书》,北京:中华书局,1974.

[162]《资治通鉴》,北京:中华书局,1956.

[163]《文选》,胡刻李善注本,北京:中华书局,1977;六臣注本,北京:中华书局,1987.

[164]《方言》,《丛书集成初编》,北京:商务印书馆,1936.

[165]《正续一切经音义》,上海:上海古籍出版社,1986.

[166]《四部丛刊》本《管子》、《荀子》、《淮南子》.

[167]《初学记》,中华书局标点本.

[168]《古文苑》,《丛书集成》本.

[169]《庄子集释》,北京:中华书局《新编诸子集成》本.